U0499551

知识产权保护对中国外贸高质量发展的影响研究

刘淑芳 ◎ 著

中国财经出版传媒集团

经济科学出版社

Economic Science Press

·北 京·

图书在版编目（CIP）数据

知识产权保护对中国外贸高质量发展的影响研究/
刘淑芳著 . – – 北京：经济科学出版社，2024.12
ISBN 978 – 7 – 5218 – 5152 – 6

Ⅰ.①知… Ⅱ.①刘… Ⅲ.①知识产权保护 – 影响 –
对外贸易 – 研究 – 中国 Ⅳ.①F752

中国国家版本馆 CIP 数据核字（2023）第 179201 号

责任编辑：王 娟 李艳红
责任校对：靳玉环
责任印制：张佳裕

知识产权保护对中国外贸高质量发展的影响研究
ZHISHI CHANQUAN BAOHU DUI ZHONGGUO WAIMAO
GAOZHILIANG FAZHAN DE YINGXIANG YANJIU
刘淑芳 著
经济科学出版社出版、发行 新华书店经销
社址：北京市海淀区阜成路甲 28 号 邮编：100142
总编部电话：010 – 88191217 发行部电话：010 – 88191522
网址：www. esp. com. cn
电子邮箱：esp@ esp. com. cn
天猫网店：经济科学出版社旗舰店
网址：http：//jjkxcbs. tmall. com
北京联兴盛业印刷股份有限公司印装
710×1000 16 开 15.75 印张 260000 字
2024 年 12 月第 1 版 2024 年 12 月第 1 次印刷
ISBN 978 – 7 – 5218 – 5152 – 6 定价：66.00 元
（图书出现印装问题，本社负责调换. 电话：010 – 88191545）
（版权所有 侵权必究 打击盗版 举报热线：010 – 88191661
QQ：2242791300 营销中心电话：010 – 88191537
电子邮箱：dbts@ esp. com. cn）

前　言

　　在中国经济改革开放的过程中，知识产权保护一直对中国经济社会发展、科技创新起着极为重要的推进作用。知识产权保护水平的提高不仅直接体现在营商环境、法制体系建设的不断完善和发展方面，也直接体现在对外贸易的内容、结构和动力改进中。知识产权保护不仅直接推动着知识产权等服务贸易的发展，也赋能产品贸易，使对外贸易不仅在规模上，而且在产品附加值、价值链地位等质的环节中得以不断优化。

　　正因如此，继党的十九大明确提出中国经济从高速增长转向高质量发展之后，2019 年 11 月，中共中央、国务院出台了《关于推进贸易高质量发展的指导意见》，就外贸高质量发展提出了明确的要求：外贸结构更加优化，外贸效益显著提升，外贸实力进一步增强。2020 年 8 月，商务部又出台了《关于进一步稳外贸稳外资工作的意见》，明确指出，通过国际市场布局、国内区域布局、经营主体、商品结构、贸易方式"五个优化"推进外贸高质量发展。十九届五中全会则进一步明确指出，要立足国内大循环，协同推进国内市场和贸易强国建设。2020 年 11 月，习近平总书记在主持中共中央政治局集体学习时，重申知识产权保护工作关系着我国高质量发展的方方面面。高质量外贸，是推进高质量发展，构建双循环新发展格局不可或缺的重要环节和组成部分。而作为高质量外贸的助推器，知识产权保护如何发挥更好的作用，不仅是重要的理论问题，也是现实实践过程中无法回避的重要课题。

尽管就知识产权保护如何推进外贸发展，经济学已经积累了丰富的研究成果，但具体到对中国外贸高质量发展的影响，仍有许多亟待解决的问题。首先是如何理解高质量外贸的内涵，如何界定外贸高质量发展的诸多维度并使其得以量化体现；其次是发掘中国改革开放以来知识产权保护促进外贸发展的典型事实与内在机理，这同时涉及如何评价与测度知识产权保护水平；最后是如何结合新发展格局构建的目标需要，考虑到国际贸易中保护主义、单边主义抬头、中美贸易战等复杂约束条件，立足既有基础，通过适宜的制度供给，有效地促进知识产权保护对高质量外贸的积极作用。对上述问题的尝试性解答，构成了本书的主体部分。

本书的逻辑顺序如下，以中国知识产权保护为切入视角，以中国外贸高质量发展为研究目标展开。首先，以马克思主义经济学和西方经济学中，与知识产权保护和对外贸易相关的基础理论为逻辑起点。其次，梳理国内外现有相关理论与实证文献，定义知识产权保护和外贸高质量发展的内涵。再其次，梳理我国知识产权保护和对外贸易的发展历程，并总结不同时期的作用与关系，进而从理论上分析知识产权保护对外贸高质量发展的影响机制，分别从知识产权保护对外贸结构、外贸效益、外贸竞争力的影响展开分析；通过修正的 GP 指数法测算全国和省域知识产权保护水平；构建全国和省域外贸高质量发展水平评价指标体系并测度，并从时空演变、分布动态演进、空间差异及成因等角度对省域外贸高质量发展水平进行分析。最后，分别考察全国和省域知识产权保护与外贸高质量发展、外贸结构、外贸效益和外贸竞争力之间的综合协调关系。为进一步巩固、修正与细化前述研究，实证分析知识产权保护对外贸高质量发展的影响并通过不同门槛变量考察其非线性效应，进一步实证考察知识产权保护对外贸结构、外贸效益和外贸竞争力的影响，在上述研究的基础上结合现实约束条件，给出适当的政策建议。

本书研究的主要结论有以下几点。

第一，知识产权保护对东、中、西部地区外贸高质量发展均有不同程度的促进作用，对中部地区的促进效果最好，对西部地区的促进效果最差。分别以实际人均 GDP 和外贸开放度为门槛变量，结果表明，知识产权保护对外贸高质量发展的影响表现出显著正向且边际效率递增的非线性规律；知识产权保护在外贸开放程度高的阶段更有利于外贸高质量发展水平的提升。以实际人均 GDP 为门槛变量时，东部、中部地区经济发展水平越高其知识产权保护对外贸高质量发展的推动作用越强；以外贸开放度为门槛变量时，三大地区知识产权保护对外贸高质量发展的促进作用随着外贸开放程度增强而提升。

第二，增强我国知识产权保护水平，对外贸结构、外贸效益和外贸竞争力提升产生了有效的促进作用，但在东部、中部、西部地区表现各有差异。从外贸结构上看，知识产权保护对中部地区促进效果最好，对西部地区促进效果最差。从外贸效益上看，知识产权保护对中部地区促进效果最好，对东部地区促进效果则较弱。从外贸竞争力上看，知识产权保护对中、西部地区的促进作用要强于东部地区。总体上，我国知识产权保护与外贸高质量发展、外贸结构、外贸效益和外贸竞争力的协调关系均呈越来越好的状态，但协调程度仍有待提高。

第三，对知识产权保护水平的测度表明，我国知识产权保护水平呈逐年上升的态势，但省域发展不均衡。东部地区知识产权保护水平指数均值远高于中部、西部地区的均值；除 2015 年、2017 年和 2018 年以外的其他年份，中部地区知识产权保护水平指数的均值均略高于西部地区。全国各省份知识产权保护水平均有不同程度的差异，京津冀经济圈、长江三角洲经济圈和珠江三角洲经济圈等的核心省份知识产权保护水平明显较高。

第四，通过外贸结构、外贸效益和外贸竞争力三个维度对我国外贸高质量发展水平构建评价指标体系并进行测度的结果表明，除 2009 年外，我国外贸高质量发展水平呈增长趋势，但省域外贸高质量发展不均衡。其中，东部地区外贸高质量发展水平最高，但内部省份间差距最大，不过近年来在逐渐缩小；中部地区内部省份间差异趋于均衡；西部地区内部省份间差异逐年增大。三大区域间的差距是造成我国整体外贸高质量发展水平差异的主要原因。

本书的创新点和贡献主要体现在：第一，在研究视角上，大多数文献研究发达国家间、发达国家与发展中国家间知识产权保护对外贸发展的影响，且主要集中于贸易结构、规模或效益等单一维度，而本书则结合《关于推进贸易高质量发展的指导意见》中对外贸高质量的定义，建立系统的外贸质量评价体系，并着重探究知识产权保护对中国外贸高质量发展的影响；第二，从全国和省域层面丰富和完善外贸高质量发展水平评价指标体系的构建、测度及分析，并分地区、分时段对不同地区知识产权保护在不同阶段对外贸质量的不同影响进行综合比较分析，对外贸促进政策和知识产权保护政策的精准性、差异性供给有所帮助；第三，本书尝试性地建立了两个系统的指标体系，分别评价知识产权保护水平和外贸发展质量，在指标选取和数据处理方法上有所创新；第四，本书的研究结论表明，知识产权保护对外贸质量的促进作用在不同时段和不同地域具有差异性，在实际人均 GDP 低于每人9321.45 元时，知识产权保护虽然能促进外贸发展，但不如经济发展水平超过门槛值时的作用明显，这在一定程度上证实了发展经济学对落后国家赶超过程的理论假说，即对发展中国家而言，如果缺乏一定的技术能力，知识产权保护的激励作用并不明显。

由于数据体量较大，时间跨度较长，本书研究存在有待拓展和完善的地方，如因年份数据残缺、统计口径不一致等原因，影响实证过程的展开；未能将知识产权保护对外贸质量的影响拓展到具体行业，仅从宏观视角考察知识产权保护对中国外贸高质量发展的影响等。

当前中国和世界正处于百年未有之大变局的历史关键时刻，随着中美贸易战和国际经济秩序的不断变化，外贸领域中新问题、新挑战势必层出不穷，如何在复杂变幻的环境中继续把握关键问题，从知识产权保护角度继续跟进和深化外贸高质量发展的相关研究，将是作者未来很长一段时间内主要的研究任务。

CONTENTS **目录**

绪　　论

一、研究背景和研究意义

（一）研究背景

改革开放四十多年来，中国向世界展示了惊人的增长奇迹，迎来了从站起来、富起来到强起来的伟大飞跃。1978 年，中国进出口贸易额仅为 206.4 亿美元，经过四十余年的发展中国进出口贸易额增长约 220 倍，对外贸易规模扩大约 800 倍。2009 年，中国出口贸易额达到 12016.12 亿美元成为世界第一大出口国；2010 年，中国以 29740.01 亿美元的进出口贸易额超过日本，跃居世界第二贸易大国；2019 年，中国再次以进出口贸易额 45777.04 亿美元位居世界第一，蝉联世界第一大贸易国；2020 年，中国以 46626.26 亿美元的进出口贸易总额，成为全球外贸第一大国。从改革开放到加入世界贸易组织，从贸易持续开放到贸易自由化的不断深入，在中国经济迅速增长的过程中，对外贸易起到了重要的引擎作用。但是伴随着入世红利的逐渐消退以及中国贸易发展所面临的内外部条件巨变，如何进一步促进贸易发展，让中国从对外贸易大国跻身对外贸易强国行列，亟待进一步的研究和部署。

在中国对外贸易飞速发展的过程中，知识产权保护对外贸发展的质和量都起着至关重要的作用。当代国际贸易已形成货物贸易、服务贸易和技术贸易三足鼎立的格局，知识产权对贸易附加值的影响日益显著，在贸易谈判中也扮演着越来越重要的角色。在世界贸易组织协定中，知识产权协定与多边货物贸易协定以及服务贸易总协定一同构成了世界贸易组织（WTO）的三大支柱。1994 年，国际贸易公约中第一次将知识产权保护纳入条款中，即

《与贸易有关的知识产权协议》（TRIPs）要求所有世界贸易组织成员提升知识产权保护，促进复杂多变的国际贸易良性发展，在客观上推动了知识产权保护的国际化进程，将知识产权保护与国际贸易紧密地联系在一起。此后比TRIPs 协议规定的关于知识产权保护标准更高、范围更广、效力更强的TRIPs‑PLUS（比 TRIPs 协议保护标准更高的知识产权保护条款）条款逐渐增多，国际社会关于知识产权保护的制度不断完善。与此同时，知识产权保护壁垒问题也不断深化，由此造成的贸易摩擦日益激烈，波及范围逐渐扩大。

2020 年 11 月 30 日，在中共中央政治局集体学习时，习近平总书记指出，知识产权保护工作关系着我国高质量发展的方方面面，关系着国家对外开放大局。改革开放以来，知识产权的发展就一直不断激发和保护我国创新能力的提升，促进我国对外贸易持续快速的发展。我国从国家层面部署知识产权保护战略，使知识产权保护进一步深化。一方面，我国知识产权保护意识明显提升，在专利、商标、著作、植物新品种等方面专利申请规模明显增长；另一方面，我国知识产权保护执法更加严格，特别是在中央到地方积极配合、行政司法密切协作、相关部门高效合作的情况下，处理知识产权侵权纠纷效果显著。2018 年 4 月，在博鳌论坛主旨演讲中，习近平总书记提出通过与国际经贸规则对接，充分发挥法律的威慑作用，增强知识产权保护执法水平，提高违法成本，不断提升我国知识产权保护强度。

作为世界贸易市场的主要参与者，我国对外贸易发展形势向好，但是仍面临着新一轮的挑战。从我国内部的发展环境来看，我国经济正处于增速换挡阶段，产业结构仍需进一步转型升级；在进入新常态后，我国要素成本快速上升，劳动力成本与日俱高，高投入、高耗能、高污染、低附加值的生产方式，以及内需不振、外需低迷的贸易环境都使得我国贸易成本不断加大。从国际发展环境来看，近年来贸易保护主义盛行，贸易壁垒越来越高，贸易摩擦越来越频繁，技术压制越来越严重，中美贸易关系进入胶着状态；随着中国劳动力成本的不断提高，劳动密集型产品的优势也正面临着其他发展中国家的竞争，在发达国家与发展中国家的"双重竞争"下，我国在对外贸易方面要继续保持国际市场上的竞争地位，就必须要将贸易增长模式从数量向质量方向转型。

国家高度重视知识产权保护对贸易质量提升的作用，并做出了相应部署。2017年7月17日，中央财经指导小组的第十六次会议特别指出，知识产权保护是产权保护的重要组成部分，为了给中国对外贸易发展营造出更优越的营商环境，需要不断提高我国知识产权保护水平。2017年11月20日，十九届中央全面深化改革领导小组第一次会议上，习近平总书记又强调了保护知识产权的重要性。2019年11月19日，中共中央、国务院发布《关于推进贸易高质量发展的指导意见》，强调不断优化外贸结构，持续提升外贸效益，大力增强外贸竞争力，推进外贸高质量发展。2019年12月4日，国家知识产权局根据该意见，就推进外贸高质量发展，对知识产权保护工作进行了部署，从加强知识产权保护，增强贸易创新能力、加快品牌培育、营造国际化便利化贸易环境、强化产业创新对贸易的支撑力等方面进行工作安排。2020年11月30日，在中共中央政治局第二十五次集体学习中，习近平总书记再次指出加强我国知识产权保护，关系国家安全、国家治理体系和治理能力现代化、人民生活幸福、国家对外开放大局和高质量发展。政策上的高度重视和现实发展的紧迫性，也要求理论研究对知识产权保护和外贸发展质量之间的典型事实、内在机理做出更具时效性和针对性的研究。基于此，本书拟结合中国知识产权保护与外贸发展质量的现实发展，就知识产权保护对外贸高质量发展的影响机制、表现进行针对性的研究，并提出相应的政策建议。具体包括：首先对知识产权保护水平测算并分析；其次构建外贸高质量发展评价指标体系并测度；再其次通过理论和实证分析，考察我国知识产权保护对外贸高质量发展的影响，并进行非线性实证分析，又进一步从知识产权保护对外贸结构、外贸效益和外贸竞争力三方面的影响进行考察；最后得出知识产权保护影响我国外贸高质量发展的相关政策建议。

（二）研究意义

1. 理论意义

（1）有助于丰富与发展中国特色社会主义经济学相关理论。高质量发展是习近平新时代中国特色社会主义经济思想的主要内容，而外贸高质量发展是推进高质量发展的具体实践和重要组成部分。当前，对高质量发展的内涵、着力点已经积累了相当丰富的研究成果，但专门针对外贸高质量发展的研究尚不多见，从外贸高质量发展的评价体系和具体测度，到外贸发展质量提升的内在机制和关键领域，仍有十分重要的研究价值。本书从创新、协调、绿色、开放、共享理念出发，结合相关文件精神，构建外贸高质量发展水平的评价指标体系并进行测度，同时从知识产权保护的角度针对性地分析知识产权保护对外贸高质量发展的影响机制，对丰富和发展高质量发展的理论研究具有一定的理论贡献。

（2）有助于丰富与发展关于知识产权保护与对外贸易关系的相关理论。知识产权保护作为影响对外贸易的重要制度因素，两者联系紧密，国内外学者对其影响机制和作用效果进行了较为详尽的研究，得出了很多研究成果，但其多从单一维度进行研究，如规模、利润等，就知识产权保护如何对外贸系统性质量的影响，尚不多见。且现有的研究多集中于发达国家，讨论发达国家与发达国家，或发达国家与发展中国家进口贸易进程中的知识产权保护问题，其具体结论则依据研究对象及研究背景等因素的不同而存在差异。而本书研究中国知识产权保护对外贸整体质量的影响，能够丰富和发展知识产权保护与对外贸易关系的相关理论。

本书研究证明，发展中国家知识产权保护水平是随着经济发展水平的变动而逐渐发挥对外贸的促进作用的理论在中国是成立的；我国知识产权保护水平和外贸高质量发展水平均存在发展不平衡不充分的情况，印证了党的十九大提出的解决发展中不平衡不充分方针政策的正确性；从地区视角，分别就外贸结构、外贸效益和外贸竞争力三个维度，根据知识产权保护推动外贸高质量发展的不同结论提出异质化的政策建议。希望通过知识产权保护对我国外贸高质量发展影响的经济学分析，为我国知识产权保护与外贸高质量发展提供理论基础和实证基础。

2. 现实意义

（1）有助于我国外贸高质量发展评价指标体系的建立与完善。2019年11月19日，中共中央、国务院《关于推进贸易高质量发展的指导意见》（以下简称《意见》）中，对于外贸高质量发展的总体要求中明确指出，到2022年，建立外贸高质量发展的指标、政策、统计、绩效评价体系。根据《意见》的相关精神，本书从外贸结构、外贸效益和外贸竞争力三个维度构建我国外贸高质量发展评价指标体系。与此同时，本书根据《意见》的第三十四条具体要求考虑数据的可得性，分别构建了全国和省域外贸高质量发展水平评价指标体系。从产业基础、商品结构、市场（区域）布局描述外贸结构；从外贸规模增长、经济效益、社会效益和绿色效益阐述外贸效益；

从基础设施水平、贸易发展平衡水平和贸易发展新动能刻画外贸竞争力，尽量涵盖《意见》的要求，构建出全面而科学的外贸高质量发展水平评价指标体系。

进而，本书在指标体系构建的基础上，通过测度分析，客观地评价我国外贸高质量发展水平，针对我国区域外贸高质量发展的不充分不均衡的具体情况，从不同维度为推进我国外贸高质量发展提供决策依据与政策建议。

（2）有助于为我国知识产权保护推进外贸高质量发展提供相应政策建议。2019 年 12 月 4 日，国家知识产权局根据《意见》，就知识产权保护推进外贸高质量发展的相关工作进行部署，强调加强知识产权保护，从产业支撑、品牌培育、创新、营造法制化国际化便利化贸易环境等方面推进我国外贸高质量发展。基于此，本书研究知识产权保护对外贸高质量发展的影响。从知识产权保护影响外贸结构、外贸效益和外贸竞争力三个维度分析知识产权保护对外贸高质量发展的影响，继而分析知识产权保护与外贸高质量发展的协调关系，再实证分析知识产权保护对外贸高质量发展的影响，又进一步实证分析知识产权保护对外贸结构、外贸效益和外贸竞争力的影响。通过不同维度的分析，为知识产权保护推进外贸高质量发展提供差异化、具体化、有针对性的实践依据。

二、国内外相关文献评述

知识产权保护对每个国家的外贸结构、外贸效益和外贸竞争力等外贸高质量发展的各个层面都产生着深刻的影响。对外贸易作为拉动经济增长的需求侧刺激手段，已经呈现出越来越重要的影响。同时，知识产权保护作为一种制度，在纷繁复杂的国际贸易环境中促进了理性的贸易往来，营造合理的贸易秩序；此外，还能减少国际贸易竞争中的摩擦，促进全球科技的创新。知识产权保护既是经济发展到一定程度的产物，也是世界各国外贸开放程度不断增大的必然选择。

本书从国家层面、省域层面详细考察知识产权保护对外贸高质量发展的影响。基于对现有相关文献的梳理，大致分为三类。

第一类为从不同视角、不同层面归纳总结知识产权保护对国际贸易、外贸结构、外贸效益和外贸竞争力影响机理的相关文献；第二类为知识产权保护水平指数测度的相关研究梳理，主要从国家层面和省域层面就知识产权保护水平的指数测度方法归类综述；第三类为外贸高质量发展水平指数测度的相关研究梳理，主要从国家层面和省域层面就对外贸易发展水平评价指标体系构建及指数测度方法演变进行归类综述。

最后，基于上述三类文献的归类梳理，进行简要的文献评述。

（一）知识产权保护对国际贸易的影响机制研究

在全球经济一体化背景下，知识产权保护对国际贸易发展产生了极为重要的影响，它是对外贸易保护政策的核心工具，更是对外贸易的润滑剂。布拉加等（Braga，2000）认为，1986～1994 年在乌拉圭贸易谈判期间达成的《与贸易有关的知识产权问题协定》为全球任意国家制定知识产权保护标准提供了一个模板，同时也预示着知识产权保护在国际货物贸易和国际服务贸易舞台上开始扮演着越来越重要的角色。随着国际贸易的不断发展，知识产权保护逐渐开始成为国家间贸易活动的基本制度配置。就国际贸易、外贸结构、外贸效益、外贸竞争力的影响，国内外学者进行了大量的研究，积累了丰富的研究成果，大致可分为以下几种。

1. 知识产权保护对国际贸易的影响机制研究

国际贸易活动中，知识产权保护可能产生推动助力的功效，也可能发挥如摩擦力般的反作用力，这一思路的研究大致可以分为以下几点。

（1）提高知识产权保护水平，通过"市场扩张效应"和"市场势力效应"的互相抵消，对国际贸易产生影响。马斯库斯和佩努巴蒂（Maskus and Penubarti，1995）是最早开始探究知识产权保护对国际贸易影响机制的学者。根据他们的研究，知识产权保护通过两种截然不同的作用对国际贸易产生影响，即进口国家的"市场扩张效应"和出口国家的"市场势力效应"，知识产权保护对国际贸易的影响是由两种效应的合效应决定，即由"市场扩张效应"和"市场势力效应"产生的正效应或者负效应通过相互抵消，最终对国际贸易产生影响。其影响机制是加强进口国家知识产权保护，迫使进口国家增长产品模仿和制造的成本，相应减少仿制产品的规模，从而促进了出口国家的出口贸易，呈现了"市场扩张效应"，即提升进口国家知识产权保护水平，促进出口国家的出口贸易。然而出口国在出口规模增大后，在知识产权保护的加持下，会形成对出口产品的垄断，继而选择提高出口产品的价格，相应会减少出口产品数量，但是依然能获得相同或者更高的利润，从而出现"市场势力效应"，即进口国家知识产权保护提升对出口国家的出口贸易产生了抑制作用。因为出口国家对出口产品规模意愿的选择不同，知识产权保护对国际贸易的影响效应具有不确定性。其中，进口国家的"市场扩张效应"是指，进口国家知识产权保护水平增强，提升了那些以模仿为主的企业的生产成本，减少了相应产品的模仿数量，激励了拥有知识产权的出口国家扩大出口并获得更多的利润收益；出口国家的"市场势力效应"是指出口国家凭借其拥有的垄断技术，通过提高出口产品的价格，也可以获得相同甚至更多的利润收益，反而使出口国家减少了出口数量。正是由于知识产权保护对国际贸易的影响具有两面性，因此根据不同背景和研究对象的具体情况，使得知识产权保护对国际贸易的影响效果产生了不确定性，使得这个过程值得进一步思考与验证。

有大量学者通过实证并应用具体数据对"市场扩张效应"与"市场势力效应"进行验证。根据实证研究结果得到了一个普遍的共识，即市场扩张效应大于市场势力效应，如果进口国家加强知识产权保护保护会促进其进口贸易规模增长。万君康和李华威（2005）认为，知识产权保护能够通过增加不同国家之间对外贸易交易的次数，推进两国间外贸总量的增长，并通过1992～2003年中国的数据论证了知识产权保护与外贸总规模间的正相关关系，说明增强中国知识产权保护会出现"市场势力效应"；迪万和罗德里克（Diwan and Rodrik，1989）发现如果南方提升知识产权保护将增加北方的贸易出口规模，说明增强南方知识产权保护，北方国家会出现"市场势力效应"。

（2）进口国家提高其知识产权保护，能够降低出口国家的贸易成本或者信息成本，提高进口国家的模仿成本，从而对国际贸易产生影响。史密斯（Smith，1999）认为，进口国家提高其知识产权保护，能够降低出口国家进行国际贸易的成本，最终影响国际贸易规模。其主要影响机制集中表现在三个方面：其一是激励了出口国家持续不断的创新意愿；其二是通过进口国家的知识产权保护能够有效地防止出口国家的产品被随意仿制，从而减少了出口国家的固定成本；其三是说明出口国家的产品是进口国家需要的商品，从而降低了相应的信息成本。特别是对于经济发展水平高的进口国家，提高其知识产权保护时，出口国家的企业更愿意选择扩大出口规模，即促进了国际贸易的发展。

泰勒（Taylor，1993）认为，进口国家提高其知识产权保护，相当于给出口国家的出口产品加装了"保护外壳"，主要表现为出口国家不需要专门花费管理成本对其出口产品进行相应的知识产权保护，降低了出口国家的贸易成本，最终促进了国际贸易的发展。秦和格罗斯曼（Chin and Grossman，1988）认为知识产权保护问题在南北双方的贸易关系中确实是一个有争议的问题。南方国家提高知识产权保护水平能够激励北方国家技术创新、提高北方国家福利水平，但是会增加南方国家技术模仿的成本，促进北方国家的出口和南方国家的进口需求，最终对国际贸易产生影响。

（3）进口国家提高其知识产权保护，通过进口产品的技术溢出或者自主研发创新，改变其出口产品的生产率，最终对国际贸易产生影响。从发达国家视角出发，余长林（2016）将企业异质性引入知识产权保护对出口贸易影响的研究中。从微观层面研究，进口国家提高其知识产权保护，能够降低出口国家的贸易成本，提高其出口产品的生产率，使得出口国家选择增大出口规模获得更多的利润；同时发现，进口国家经济发展水平越高，提高其知识产权保护，会使出口国家产品的生产率不断增大，促进其出口贸易规模的发展。

从新兴经济体视角出发，崔日明等（2019）认为加强新兴经济体知识产权保护水平能够提升其国内自主创新水平，降低其对进口贸易产品的依赖，对进口贸易产生阻碍作用；加强新兴经济体知识产权保护水平会阻碍其对高技术产品的吸收水平，无形中提高了对高技术产品的模仿成本，最终阻碍了其出口贸易的发展。即提升新兴经济体知识产权保护会阻碍其对外贸易的发展。

从中国实际情况出发，宋伟良等（2016）认为我国高技术企业自主创新不足且知识产权保护水平较弱，导致出口产品以加工贸易和仿制品为主，不但在国际贸易中毫无竞争力，而且因为侵权产生的诉讼费或罚款迫使很多企业减少出口或者选择不出口。为了提高我国高技术出口产品的国际竞争力需要持续加大投入，短期角度分析会增加企业成本、减少出口、丧失产品价格优势，长期角度分析有利于企业的长久发展、拥有自主研发产品技术。应用 2000~2014 年贸易数据实证发现由于中国自主创新竞争力较弱，进口知识产权保护水平的增强会阻碍中国高技术产品的出口。沈国兵等（2019）

认为知识产权保护主要通过国际技术溢出和技术创新影响出口产品质量，并通过 Tobit 模型实证发现地方政府加强省级行业知识产权实际保护强度会促进省级行业一般贸易出口产品质量的提升。

（4）出口国家会根据进口国家知识产权保护水平的强弱选择合适的贸易方式从而对国际贸易产生影响。从发达国家视角出发，费兰迪诺（Ferrantino，1993）认为对于知识产权保护水平较高的进口国，拥有技术（产品）的出口国家可以选择通过直接投资或向进口国家的公司发放知识资产许可证的方式为进口国市场服务，从而减少了出口贸易的规模。

从发展中国家的视角出发，布兰斯泰特（Branstetter，2007）认为发展中国家知识产权保护水平的提高，会使跨国公司通过建立子公司、技术许可或者 FDI 的技术溢出效应，提升发展中国家的创新水平，使得发展中国家扩大其出口贸易规模。

从中国实际情况出发，阿乌库斯和殷（Awokuse and Yin，2010）指出，中国作为一个发展中国家，已经成为世界上较大的经济体之一，但是依然是资本密集型制造业产品的净进口国家，通过 1991～2004 年的数据发现，发达国家通过 FDI 向发展中国家投资的目的地主要是中国，特别是中国加入WTO 后，积极协调和完善了其知识产权保护的法律体系，大力发展对外贸易，通过提升其知识产权保护水平促进了中国知识密集型产品进口贸易的发展，推进了其经济发展。

（5）知识产权保护对国际贸易产生的边际影响。随着知识产权保护对国际贸易影响研究的不断深入和细化，该研究对象获得了更多的研究成果。学者们发现知识产权保护对出口贸易的影响在不同的发展时段表现出了国际贸易模式的异质性，即为基于二元边际的分析与三元边际的分析。也就是说，出口贸易的增长模式开始了多元化的时代，从最初的出口贸易增长就是指出口规模的增长，发展至出口贸易增长由出口规模的增长和出口产品种类的增长来刻画，又发展为出口贸易增长由出口规模的增长、出口产品种类的增长以及出口产品价格的增长三个方面来分析。

赫梅尔和可莱诺（Hummel and Klenow，2005）把通过改变贸易模式获得的出口产品种类增量和数量增量分别定义为扩展边际和集约边际。因此，二元边际一般包括出口贸易产品规模和出口贸易产品种类，在此基础上，三元边际包括二元边际和出口贸易产品价格。

余长林（2016）利用 2000～2006 年企业层面出口数据将中国出口增长分解为扩展边际和集约边际，实证发现出口市场的知识产权保护主要通过影响企业出口的固定成本提高扩展边际（种类），但降低了集约边际（规模），说明出口产品呈现多样化态势，同时知识产权保护主要通过扩展边际促进中国的出口增长。施炳展（2010）在二元边际的基础上，加入价格边际对原分解框架进行拓展讨论三元边际，并发现 1995～2004 年中国出口贸易模式还主要集中于数量扩展边际。

2. 知识产权保护对国际贸易影响的制约因素

法尔维、福斯特和格林威（Falvey，Foster and Greenway，2006）认为进口国家通过提高其知识产权保护水平对进口贸易产生促进效应的前提有三点：其一是进口国家经济的实际发展水平已经有较大的提高；其二是进口国家高技术科研产业已经发展到相应的水平而具有较高的模仿能力；其三是进口国家需求市场还存在巨大的潜力。

（1）不同经济发展水平（阶段）、贸易开放程度会制约知识产权保护对国际贸易的影响。马斯库（Maskus，2000）认为稳定的宏观经济、开放的市场能够通过知识产权保护影响经济发展水平，并且在不同国家会产生有差异的增长。余长林（2011）认为发展中国家作为进口国家，提升其知识产权保护与美国进行贸易活动时，会因为发展中国家的经济实力与模仿能力的不同而受到不同的影响。

李霞等（2021）发现中国通过不断地提升知识产权保护，获得了出口贸易技术复杂度的持续增长，但是同时这种增长的加速度为负值，由于中国经济不断发展变化，知识产权保护要紧随经济发展的步伐，不断调整，实现最优知识产权保护强度，才能更好地推进对外贸易的发展。

顾晓燕等（2020）认为对于中国而言，随着外贸开放度的增大，提升知识产权保护水平会增加高技术进口产品模仿的成本，迫使自主研发创新、技术倒逼营销开始起到引领作用，使其出口贸易的技术复杂程度提升，促进对外贸易的发展。

（2）模仿能力、市场规模会制约知识产权保护对国际贸易的影响。惠普曼（Helpman，1992）认为知识产权保护对国际贸易的影响，根据模仿能力的不同在不同国家、不同行业均有差异。史密斯（1999）认为"市场扩张效应"和"市场势力效应"是两种对立的效应，因此美国与模仿能力不同、知识产权保护水平不同的国家进行国际贸易活动时需要根据具体国家的情况进行选择，通过美国制造业出口数据发现，对于模仿技术能力较高的进口国家，提升其知识产权保护强度会使"市场扩张效应"占优，即减少进口国仿制品、提高美国的出口量；否则会使"市场支配效应"占优，也就是对知识产权保护水平越低的国家，美国出口的产品垄断程度就越高，价格会提高而出口会减少。

马斯库斯和佩努巴蒂（1995）认为对于市场规模和模仿能力不同的进口国家，提高其知识产权保护水平，对出口国家贸易流量的影响不同。当进口国家的市场规模大且模仿能力强时，提高其知识产权保护水平能够促进出口贸易规模。基于加拿大的出口数据，拉菲卡曼（Rafiquzzaman，2002）发现了更强的专利法，使得加拿大向有强烈模仿威胁的国家出口更多，而向那些有微弱模仿威胁的市场出口更少。

余长林（2011）认为提高进口国家知识产权保护水平能够有效减少出口国家的贸易成本，从而增加出口贸易规模，即进口国家的进口规模增大。而我国是一个市场规模较大并且模仿能力较强的国家，提高我国知识产权保护水平会提高我国的进口规模，进而促进外贸的发展。

3. 知识产权保护对国际贸易影响存在国别或者地区的差异

（1）知识产权保护对国际贸易影响的国别差异。余长林（2011）利用1991～2005年中国行业数据，证实了通过知识产权保护水平的提升，在进口贸易中"市场扩张效应"占优的理论在中国也是显著存在的，并且呈现国别性差异，对来自高收入国家技术密集型行业进口贸易和来自低收入国家非技术密集型行业进口贸易影响的"市场扩张效应"更显著。沈国兵等（2010）认为加强我国知识产权保护水平对从不同国家（或地区）进口高技术产品存在差异性。

（2）知识产权保护对国际贸易影响的地区差异。胡方和曹情（2016）应用2001～2014年中国省级数据通过静、动态面板发现中国知识产权保护对出口贸易有显著促进作用且强度存在地区差异。朱树林（2013）运用我国2000～2010年省级面板数据应用GLS、GMM方法发现我国知识产权保护促进了我国出口贸易商品结构的优化，且这种影响效应在区域之间存在差异。

柴江艺等（2011）通过1997～2008年我国内地28个省市面板数据实证

发现知识产权保护对高新技术产品进口贸易的促进作用只显著存在于我国东部地区。许陈生等（2012）通过实证发现加强我国东部地区知识产权保护有利于高技术产品进口，加强中部地区知识产权保护将会对高技术产品进口产生抑制作用。张源媛和兰宜生（2013）通过1997～2010年我国省级面板数据发现，我国知识产权保护对高新技术产品进口贸易有显著正效应，东部地区知识产权保护对进口贸易具有市场扩张效应，西部地区知识产权保护对进口贸易呈现市场垄断效应。

4. 知识产权保护水平对外贸发展的影响机制研究

（1）知识产权保护对外贸结构的影响研究。韩剑（2018）发现加强双边知识产权保护水平可以促进中国知识密集型产品的进口与出口，特别是专利密集型产品和版权密集型产品，也会促进我国中间产品贸易发展，同时对于内贸结构和产业基础也有促进作用。李娜等（2018）认为知识产权保护通过技术创新、技术许可能够促进不同行业的生产能力提高，最终影响一国出口商品结构。梁红英、余劲松（2010）通过中国数据发现，2000～2006年，对于中国的出口贸易来讲，加强知识产权保护水平提高了其出口规模，同时也优化了其出口贸易结构。阿乌库斯等（2010）实证发现加强中国知识产权保护水平促进了其进口流量的增加，特别是知识密集型产品更为明显。柴江艺等（2011）运用1995～2008年中国与38个贸易伙伴国数据实证发现增强我国知识产权保护水平能够显著地促进高技术产品进口贸易的发展。

（2）知识产权保护对外贸效益的影响研究。凯瑟琳（Catherine Y. Co，2010）应用1970～1992年美国出口数据实证发现当进口国知识产权保护水平提高1个单位时，美国研发密集型出口规模会增加4%～9%，非研发密集型出口规模会下降8%～11%。卡斯滕·芬克等（Carsten Fink et al.，1999）应用双边贸易引力模型实证发现较高的知识产权保护水平对非燃料行业贸易规模有显著的积极影响，对高科技行业贸易规模有显著的负效应。马凌远（2014）运用2000～2011年中国服务业总体进口贸易数据实证发现知识产权保护水平的提升促进了中国整体服务贸易的进口，即知识产权保护的市场扩张效应大于市场势力效应。

（3）知识产权保护对外贸竞争力的影响研究。杨勤等（Yang et al.，2008）认为发展中国家提高知识产权保护水平，可以降低吸收和使用技术转让的成本，扩大出口机会，增强外贸竞争力。亢梅玲等（2016）通过实证发现增强知识产权保护水平能够促进我国知识密集型行业出口。张建宏等（Zhang et al.，2005）认为通过全球价值链的不断更新，发展中国家的出口可能增长得更快，中等收入国家的出口潜力最大。

随着全球经济一体化的发展，学者们对于知识产权保护的研究也越来越丰富。阿罗（Arrow，1962）关于创新市场失灵的研究使知识产权在经济学领域受到了关注。从投入成本的角度分析，适度的知识产权保护机制能够使付出辛苦智慧劳动的学者获得相应的回报，过于弱化的知识产权保护水平会使艰辛的技术创新轻易地被他人低成本地使用，会挫伤创新学者不断创新的动力，从而阻碍技术创新，与此同时，过度的知识产权保护强度会导致新技术的市场垄断，也会阻碍技术创新；从拥有先进技术（商品、服务）的出口国角度分析，进口国适度的知识产权保护水平能够保护出口技术（商品、服务）国家的技术寿命和收益，进口国过于弱化的知识产权保护水平会减少出口国家的产品出口量、减少创新国的利润收益、增加国际贸易摩擦；从国际贸易的角度分析，适度的知识产权保护水平能够减少贸易成本、促进创新，有利于提升国际贸易规模，过度或过低的知识产权保护水平都会增大贸易成本、阻碍创新、减少技术转移、增大贸易摩擦等。

施炳展（2020）认为对于发展中国家来说，提升其知识产权保护，可以增加高技术复杂度产品进口的种类和规模，特别强调能够促进对于创新阶段高技术的进口，最终达到优化进口贸易结构的效果，同时也指出对于处于高技术最顶端、最优质产品的进口还是很少的，发展中国家不能依赖先进技术的进口，主要还是要实现高技术产品的自主创新。所以，找到合适的知识产权保护强度，对于经济活动、贸易活动等都很有意义。

（二）知识产权保护测度的相关研究

基于理论分析、实证研究和政府政策制定等多方面需要，国内外大量学者通过设计、选择知识产权保护打分指标维度，不断地优化、改进，尽量全面地覆盖知识产权保护的因素指标。大致可以分为以下几点。

1. 国家层面的知识产权保护水平测度

对于知识产权保护的测度始于 20 世纪 90 年代，主要的测度方法有三种：问卷调查法、立法评分法和综合法（孙赫，2014）。

（1）问卷调查法。调查法是通过对国家层面相应产业的负责人、执业与专利技术相关领域案件的律师等人员的问卷调查，形成评分机制对知识产权保护测度的方法。比较典型的调查法应用，如谢伍德（Sherwood，1997）从知识产权保护相关法律的执行力度、政府管理效率、立法水平（包括版权、专利、商标、商业秘密的法律工具和少数如植物和动物生命形式等其他特殊形式的知识产权保护）、参与国际知识产权保护公约等情况、公众对知识产权保护的意识情况等方面，主要就西半球 18 个发展中国家（如阿根廷、巴哈马、巴巴多斯、巴西、智利、哥斯达黎加、厄瓜多尔、萨尔瓦多、危地马拉、印度、墨西哥、尼加拉瓜、巴基斯坦、巴拿马、巴拉圭、秘鲁、韩国和乌拉圭），访谈了相关政府工作人员、律师、知识产权协会成员、熟悉知识产权制度的相关人员（通过审核的合格人员）、私营企业管理人员、从事创新发明的学者、大学的科研人员等，进行知识产权制度评估，目的之一是及时对知识产权保护水平进行测度，减少国际贸易带来的冲突。

（2）立法评分法。立法评分法是就国家层面通过对知识产权立法的情况形成评分机制测度知识产权保护的方法。比较典型的应用立法评分法测度知识产权保护水平的指数有 RR 指数、PG 指数。拉普和罗泽科（Rapp and Rozek，1990）以美国商会制定的最低标准作为衡量下限，根据 159 个国家专利法的立法情况对其国家知识产权制度进行打分（横截面数据），最终得到的分数归为六档，分别为完全没有知识产权保护制度的国家、知识产权保护法律标准制定过低的国家（如不禁止盗版）、知识产权保护制度不够完善的国家、知识产权保护制度不够完善但是具体实施水平良好的国家、知识产权保护制度较为完善的国家和知识产权保护制度制定符合或高于美国商会制定的最低标准的国家，对应评分为 0～6 档。吉纳尔科和派克（Ginarte and Park，1997）通过五个维度作为一级指标考察了 110 个国家以专利法作为知识产权保护的水平（1960～1990 年的面板数据），打分指标主要从专利法覆盖的范围（主要从药品、化学品、食品、动植物品种、外科产品、微生物和实用新型七个方面考察）、参与国际关于专利保护的公约协定情况（是否为 1883 年《巴黎公约》（及其后的修订）、1970 年《专利合作条约》、1961 年《保护植物新品种国际公约》的参与国家）、关于丧失保护的规定（是否自愿利用发明进行产品制造或者盈利等、强制许可、撤销专利）、具体的执行情况和保护期限测度了其知识产权保护水平。

（3）综合评分法。综合评分法是将上述两种方法合并产生的新方法，即通过调查和打分相结合获得评分，形成评分机制测度相应国家知识产权保护水平的方法。随着学者们对知识产权保护的不断研究，对其进行了更精准量化，逐渐更全面地考察了知识产权保护的范围，又在立法评分法的基础加入了实际执法的评价，对于测度指标的选取也更加客观，在计算分值的时候引入数学统计方法更合理地为相应测度指标进行赋权重。如罗伯特（Robert，2000）在立法评分法的基础上引入实际执行部分，他认为国家的立法情况可以从没有法律到有最强的法律进行分类评分，那么执法实际水平也可以从没有执法到有力执法进行分类评分，如果一个国家有强有力的法律或有并不健全的法律，但是并不执行这些法律，那么对于知识产权所有人和投资者的保护方面，实际上等同于没有立法，因此知识产权保护的量化必须同时包含法规成分和执法成分两个部分。韩玉雄（2005）通过借鉴修正 GP 指数的不足，在立法评分的基础上引入动态执法力度（社会法制化程度、法律体系的完备程度、经济发展水平、国际社会监督与制衡机制）测度了转型期国家知识产权保护力度。许春明等（2008）通过知识产权保护执法强度（司法保护水平用律师比例衡量、行政保护水平用立法时间衡量、经济发展水平用人均 GDP 衡量、社会公众意识用成人识字率衡量以及国际监督制衡用 WTO 成员国衡量）和综合知识产权保护立法强度（专利法、版权法、商标法、商业秘密法以及集成电路布图设计、植物新品种等）度量中国知识产权保护水平。

2. 省级层面的知识产权保护水平测度

随着知识产权保护领域研究的不断深入，对于我国不同省、直辖市、自治区的知识产权保护的研究也越来越多。尤其我国不同区域、不同省份由于经济、社会、文化、人才等多方面的发展存在差异，使得知识产权保护的实际执法力度也存在差距，导致知识产权保护实际水平出现了差异，基于此，很多学者就区域或者省级知识产权保护水平进行了研究。

蒋玉宏等（2009）从基础资源、权力获取、权力转化和交易、行政保护、司法保护五个维度刻画了区域知识产权保护并建议各省市制定一个相对统一的统计标准以及集中对版权违法案件的管理。李静晶等（2017）通过 GP 指数描述我国省级知识产权保护立法强度，通过各地律师占比、立法时间、人均 GDP、成人识字率和是否为 WTO 成员衡量省级知识产权保护执法强度，通过乘积的形式，计算得到 2013 年我国省级知识产权保护强度，通过分析发现，经济发达的省市其知识产权保护水平也较高。向征等（2015）通过基础保障（GDP）、知识产权立法（知识产权法律规章数）、执法（结案数、审结知识产权案件数、专利执法结案数、查处商标侵权假冒案件数）、影响能力（入选全国知识产权典型案例数、裁判文书网上公开数、人均专利申请数、人均商标申请数）测度了我国 31 个省、自治区、直辖市的知识产权保护能力并发现我国省域间知识产权保护能力的差异较大。姚利民和饶艳（2009）通过中国数据，发现中国经济发达且开放的省份其知识产权保护水平也较高。朱艳丽等（2020）采用主成分分析法，运用中国 30 个省份 2007～2017 年数据，发现中国各省份知识产权保护强度具有显著的区域差距。

（三）外贸高质量发展测度的相关研究

2017 年，中国共产党第十九次全国代表大会首次提出我国经济由高速增长阶段转向高质量发展阶段，对中国经济各领域的高质量发展提出了新的要求。2019 年 11 月，中共中央、国务院出台了《关于推进贸易高质量发展的指导意见》明确指出，推进外贸高质量发展，是党中央面对国际国内形势深刻变化作出的重大决策部署，是奋力推进新时代中国特色社会主义事业的必然要求，是事关经济社会发展全局的大事。同时还指出，2022 年要建立外贸高质量发展的指标、政策、统计、绩效评价体系。外贸高质量发展的指标体系和测度是理解中国改革开放以来外贸质量变迁的重要参照系，也是把握外贸高质量发展趋势、动力和促进手段的基础。由于该意见提出的时间不久，文献的积累不多，大致可以分为以下几种。

1. 国家层面外贸高质量发展水平指数测度

对于国家层面的对外贸易发展水平指标体系的构建，当前的构建方法主要可以分为以下几点。

（1）针对对外贸易总体发展情况进行指标体系的构建和测度。不同的经济发展阶段形成了与当时阶段对应的对外贸易发展指标体系。贾怀勤等（2017）将外贸质量定义为一国或地区的外贸发展状态符合其自身发展需求的程度，同时说明外贸质量的优劣体现为其外贸战略的实现程度。喻志军等（2013）认为外贸质量的优劣体现在对外贸易整体水平的状况，中国对外贸易发展状况是动态变化的过程。

朱启荣等（2012）根据党的十七大和"十二五"的要求从外贸增长速度、外贸国际竞争力、外贸经济效益、外贸社会效益、外贸资源利用水平和外贸绿色发展水平六个方面测度了我国外贸质量水平并给出了政策建议。高金田等（2019）结合党的十八大提出的"新发展理念"，从宏观质量角度出发，基于对外贸易基本状况（增长、结构）、外贸与经济发展、外贸与新发展理念（创新、协调、绿色、开放和共享）构建了指标体系，应用熵值法测度、灰色关联分析法评价了我国外贸宏观质量。

曲维玺等（2019）基于外贸基础、外贸优化度、外贸竞争力地位、外贸综合服务和国际外贸规则地位五大维度构建了我国外贸高质量发展的评价指标体系。

（2）针对对外贸易发展的某一特征进行指标体系的构建和测度。如以对外贸易便利化水平构建指标体系（郝梦琪等，2019），以对外贸易可持续发展水平构建指标体系（李莹等，2017；谷志红等，2005；蒲艳萍等，2007；李凯杰等，2012）；以衡量对外贸易国际竞争力水平构建指标体系（毛群英，2008；谭飞燕等，2019）；以对外贸易摩擦预警水平构建指标体系（林江，2010）。

（3）针对具体行业层面对外贸易发展的水平进行指标体系的构建和测度。汤婧等（2020）梳理了国际组织对服务贸易的评价维度，即服务贸易发展情况、服务贸易开放度、服务贸易结构、服务贸易政策开放和服务贸易附加值，结合我国服务贸易的实际情况从开放与安全、结构协调、可持续发展、创新驱动和国际竞争力五个维度构建了中国服务贸易高质量发展指标评价体系，虽然没有相应的数据测度，但是给予了服务贸易高质量发展具体实施路径的建议。刘晋飞（2018）构建了制造业跨境电商企业竞争力指标体系并通过珠三角制造业跨境电商企业调查数据测度给出政策建议。

2. 省级层面的外贸高质量发展水平指数测度

我国幅员辽阔，每个省份的对外贸易发展及主要特征相去甚远，考虑到不同外贸发展水平省份的具体情况，为更好地反映其对外贸易发展水平的共性与差异性，关于省级层面外贸高质量指标体系的构建方法主要可以分为三类。

（1）在充分理解外贸高质量发展的内涵与特征的基础上，构建外贸高质量发展的指标体系。这类指标体系在构建的过程中，从框架到细节将关于外贸高质量发展的指标思考得非常全面，但指标选取可能存在操作性不足的问题，因此仅提出了指标体系构想，但未进行测度。如莱特等（2006）从进出口总值、对外贸易依存度、贸易余额、进出口商品的结构、出口对GDP增长的贡献度和贸易条件六个维度构建了对外贸易评价体系，分析了我国对外贸易关系的现状。

（2）针对区域外贸发展的某一特征对其进行指标体系的构建和测度。这一类指标体系仅描述了外贸发展的一部分，并不能诠释外贸"高质量发展"的全貌。如以外贸可持续发展为视角出发点，孙治宇和赵曙东（2010）以江苏省为例，李明生和何天祥（2005）、欧阳强和谢兮晨（2012）分别以湖南省为例，构建了对外贸易可持续发展的指标体系，运用了熵值法赋权计算出相应省份对外贸易可持续发展的综合指数并进行了总体分析。彭静和顾国达（2010）以浙江省为例，构建了区域对外贸易可持续发展指标体系，应用主成分分析法做出了综合评价。胡庆江和王泽寰（2011）、李莹等（2017）基于中国沿海五省构建了对外贸易可持续发展指标体系，分别应用层次分析法、熵权法赋权计算出沿海五省市——江苏、浙江、上海、广东和山东对外贸易可持续发展的综合评价值并分析。

又比如，以投资贸易便利化为视角出发点，彭羽和陈争辉（2014）以上海为例，构建了投资贸易便利化评价指标体系，应用层次分析法做出综合评价。再比如，以贸易开放度为视角出发点，杨朝均等（2018）采用熵权－G1法、基尼系数法和空间计量模型从贸易开放度、投资开放度、生产开放度、劳务开放度、技术开放度和旅游开放度的综合多维度视角构建了指标体系，讨论2004～2014年我国区域的对外开放度，由此发现东部沿海地区的对外开放程度最高；三大地区内部开放程差异度参差不齐，西部地区内部的差异最大，中部地区内部的差异最小。

（3）探讨局部地区的外贸高质量发展状况。此类文献只是小范围选取了某一个或某几个省份进行考察，只能体现我国某些区域的外贸高质量发展情况，但不能体现外贸高质量发展中的协调、平衡等特征。如范爱军和刘云英（2007）以山东省为例，构建了外贸增长方式评价指标体系，应用线性加权和函数法测度了山东省外贸增长综合得分，从外贸结构、外贸综合效益和可持续发展三个方面进行了分析。李鸿阶和张旭华（2019）构建了对外贸易发展质量指标体系，采用熵权 TOPSIS 法从贸易的规模、主体、市场结构、商品结构、优势、方式等方面，就福建、浙江、广东和江苏四个省份的对外贸易发展质量现状进行了描述，发现福建省对外贸易发展质量相比其他三个省还有很大的上升空间，特别对福建省的对外贸易质量发展提出了政策建议。程艺等（2018）以西南地区 61 个地级市为例，采用熵值法、泰尔指数法、收敛和标准差椭圆等方法，从对外经济发展规模、对外经济发展活力和对外经济发展密度三个角度构建指标体系，发现 2003～2014 年西南地区对外经济发展水平空间差异不断增大、对外经济发展重心南移趋势明显。

（四）简要评述

基于上述三类文献的梳理进行简要的评述。

1. 知识产权保护对外贸影响研究的简要评述

基于知识产权保护对国际贸易的影响机制、制约因素、国别区域差异等相关文献的梳理，发现现有文献在理论和实证方面都进行了大量的研究。但是就我国知识产权保护对外贸高质量发展影响的研究还很少。因此，本书尝试利用中国数据，从知识产权保护对外贸结构、外贸效益和外贸竞争力的影响三个维度细致分析我国知识产权保护对外贸高质量发展的影响，在高水平的对外开放和高质量的经济发展背景下，分析我国知识产权保护对于外贸高质量发展的影响。

2. 知识产权保护水平指数测度相关研究的简要评述

对于知识产权保护水平指数的测度，大多数文献，尤其是国内文献，主要是应用知识产权保护立法水平与知识产权保护执法水平的乘积来刻画实际知识产权保护水平。一方面，知识产权保护立法水平指数，大多是借鉴 GP 指数方法，结合我国实际情况对我国知识产权保护立法水平进行打分。另一方面，知识产权保护执法水平国家层面的研究较为丰富，根据研究目的不同，具体测度指标有一些差异，如为了贴合我国实际情况的修正 GP 指数方法（许春明和单晓光，2008）、为了方便国际比较（沈国兵和刘佳，2009）；省域层面的研究是基于国家研究的借鉴和衍生。本书分别对我国整体层面和省域层面知识产权保护水平进行测算和分析，考虑到不同地区由于经济发展水平的差异、人才聚集的不同等原因使知识产权保护的执法水平存在差异，从而正确面对现有知识产权保护水平的差距，制定更为合理的政策。

　　3. 外贸高质量发展水平指数测度相关研究的简要评述

　　外贸高质量发展水平评价指标体系和测度是理解中国改革开放以来外贸质量变迁的重要参照系，也是把握外贸高质量发展趋势、动力和促进手段的基础。长期以来，中国外贸主要以"量"为发展导向，关注外贸规模增长，因而大量研究均采用"进出口规模"这样的单一指标来度量外贸的发展。对外贸"质"的关注主要集中于技术复杂度和密集度的变化，缺乏更为多维、系统的测度体系。一方面是因为外贸的"质"和"量"本身就涉及多方面影响因素和关联领域；另一方面是关于高质量发展的理论体系尚在发展和完善之中，对外贸质量的评价也一直缺乏权威的界定。而《意见》的出台，无疑为外贸高质量发展水平评价指标体系构建提供了一个原则性的要求，本书尝试根据《意见》丰富和补充现有文献指标体系，利用全国整体层面和省域层面数据，运用熵权法对我国外贸高质量发展进行量化评估，深入研究中国外贸高质量发展水平及其均衡发展状态，特别是分析外贸高质量发展地区间差异现状、差异形成的来源、演变态势等问题，进而为我国外贸高质量发展提供衡量标准和决策依据。

三、研究思路、研究内容与研究方法

（一）研究思路

　　本书基于当前知识产权保护与对外贸易发展的国际国内经济背景，在系统梳理已有相关文献的基础上，通过对我国知识产权保护、对外贸易发展的历史进程梳理，从理论上分析知识产权保护对外贸高质量发展的影响，通过全国层面和省域层面知识产权保护与外贸高质量发展水平的测度分析，考察我国知识产权保护与外贸高质量发展的综合协调关系，并进行了知识产权保护影响外贸高质量发展的实证分析。利用规范分析与实证分析相结合的研究方法，尝试从知识产权保护优化外贸结构、知识产权保护提升外贸效益和知识产权保护增强外贸竞争力三个维度为我国知识产权保护推进外贸高质量发展提供有效的政策建议。

　　本书的研究框架如图1所示。

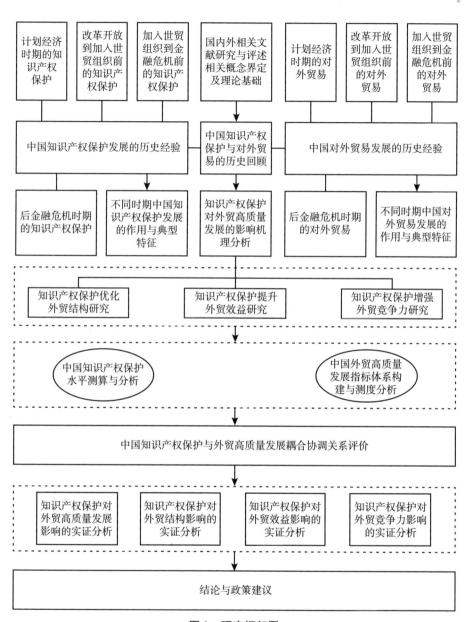

图1　研究框架图

（二）研究内容

本书的研究内容主要分为以下八个部分。

绪论部分主要就知识产权保护对外贸高质量发展影响的研究背景、研究意义、文献评述、研究思路、研究内容、研究方法以及主要创新点和存在的不足加以概括。

第一章是相关概念界定及理论基础，主要通过知识产权保护与外贸高质量发展内涵的界定，对马克思主义经济学和西方经济学中与知识产权保护和对外贸易相关内容的逻辑关系进行梳理，为知识产权保护对外贸高质量发展的影响研究打好理论基础。

第二章通过对我国知识产权保护历史发展和对外贸易历史发展的梳理，分析不同时期我国知识产权保护、对外贸易发展的意义与典型特征。

第三章从理论上分析知识产权保护对外贸高质量发展的影响机制。分别从知识产权保护对外贸结构的影响、知识产权保护对外贸效益的影响、知识产权保护对外贸竞争力的影响三个方面进行了深入分析。

第四章测算我国知识产权保护水平。首先对知识产权保护水平测度的方法步骤进行介绍；其次通过修正的 GP 指数法测算全国整体和省域层面知识产权保护水平并进行深入的分析。

第五章测度我国外贸高质量发展水平。首先介绍外贸高质量发展水平评价指标体系的构建原则和依据；其次在全国层面，在构建全国外贸高质量发展水平评价指标体系的基础上，测度了全国外贸高质量发展水平并进行分析；最后从省域层面，构建了省域外贸高质量发展水平评价指标体系，并测度了省域外贸高质量发展水平，根据测度结果，从时空演变、分布动态演进、空间差异及来源等角度分别对省域外贸高质量发展水平进行考察分析。

第六章考察中国知识产权保护与外贸高质量发展的耦合协调关系。这是本书研究的主要组成部分之一，通过耦合协调模型，分别从全国层面和省域层面计算知识产权保护与外贸高质量发展、外贸结构、外贸效益和外贸竞争力之间的耦合协调度，并进行综合协调关系分析。

为进一步巩固、修正与细化前述研究，第七章考察知识产权保护对中国外贸高质量发展的影响。具体包括：第一，进行知识产权保护对外贸高质量发展的影响分析，又通过不同门槛变量考察知识产权保护对外贸高质量发展的非线性效应；第二，考察知识产权保护对外贸结构的影响；第三，考察知识产权保护对外贸效益的影响；第四，考察知识产权保护对外贸竞争力的影响。

第八章就知识产权保护对中国外贸高质量发展的影响、中国知识产权保护发展、中国外贸高质量发展的主要结论分别进行总结并给出相应的政策建议。

（三）研究方法

1. 文献研究法

本书经过对已有文献的收集与查阅，在已有成果的基础上总结与归纳，对国内外有关知识产权保护与外贸高质量发展的相关研究进行评述。从知识产权保护对外贸高质量发展的影响视角切入研究，通过对现有文献中与知识产权保护和对外贸易相关的理论基础、理论及实证文献进行梳理分析，为本书研究知识产权保护与外贸高质量发展打好理论基础，通过梳理我国知识产权保护与对外贸易发展的历史脉络，进一步厘清本书的研究目的及意义。

2. 比较分析方法

本书主要根据对我国计划经济时期、改革开放到加入世贸组织前期、加入世贸组织到金融危机前期以及后金融危机时期的知识产权保护以及对外贸易发展历史的梳理，通过不同时期特征与现状的对比，总结发展经验以及不足。

3. 实证研究方法

本书在文献研究方法的基础之上进行定量分析，采用修正的 GP 指数法测度知识产权保护水平，构建外贸高质量发展评价指标体系，采用线性加权求和法和熵权法测度外贸高质量发展水平。通过建立面板数据回归模型，分别定量考察知识产权保护对外贸高质量发展、外贸结构、外贸效益和外贸竞争力的影响，并通过考察知识产权保护变量的系数及显著性，提出知识产权保护促进外贸高质量发展的政策建议。

四、创新与不足

（一）可能的创新之处

第一，在研究视角上，大多数文献研究发达国家间、发达国家与发展中国家间知识产权保护对外贸发展的影响，且主要集中于贸易结构、规模或效益等单一维度，而本书则结合中共中央、国务院《关于推进贸易高质量发展的指导意见》中对外贸高质量的定义，建立系统的外贸质量评价体系，并着重探究知识产权保护对中国外贸高质量发展的影响。

第二，从全国层面和省域层面丰富和完善外贸高质量发展水平评价指标体系的构建、测度及分析，并分地区、分时段对不同地区知识产权保护在不同阶段对外贸质量的不同影响进行综合比较分析，对外贸促进政策和知识产权保护政策的精准性、差异性供给有所帮助。

第三，本书尝试性地建立了两个系统的指标体系，分别评价知识产权保护水平和外贸发展质量，在指标选取和数据处理方法上有所创新。

第四，本书的研究结论表明，知识产权保护对外贸质量的促进作用在不同时段和不同地域具有差异性，在实际人均 GDP 低于每人 9321.45 元时，知识产权保护虽然能促进外贸发展，但不如经济发展水平超过门槛值时作用明显，这在一定程度上证实了发展经济学对落后国家赶超过程的理论假说，即对发展中国家而言，如果缺乏一定的技术能力，知识产权保护的激励作用并不明显。

（二）不足之处

鉴于知识产权保护和外贸高质量发展的内容较多，影响十分复杂，同时由于作者知识的局限，本书还有一些不足之处，有待改进和深入研究。

第一，指标选取还需要继续改进，如十九届五中全会提出以内需为主体，内循环和外循环互相促进。但是，国内贸易和对外贸易互相促进、共同发展并没有体现在指标体系中，因为指标体系构建时间较早，没有添加这个指标。

第二，本书研究所涉及数据的收集存在困难，特别是省域外贸数据存在残缺、统计口径不一致等情况，影响实证过程的展开。

第三，由于篇幅和精力的限制，本书仅从宏观视角考察了知识产权保护对中国外贸高质量发展的影响，未能具体深入到具体行业进行微观层面的考察，还有待未来继续学习与研究。

第一章

相关概念界定及理论基础

习近平总书记指出，创新是引领发展的第一动力，而保护知识产权就是保护创新。在这个"百年未有之大变局"的时代，厘清新时代知识产权保护的概念具有非常重要的意义。针对知识产权保护促进外贸发展的理论研究已较为丰富，但是具体到我国外贸高质量发展仍有许多亟待解决的问题，首先就是如何理解高质量外贸的内涵，如何界定外贸高质量发展的诸多维度并使其得以量化体现。为了方便后续的分析探究，本章从三个方面进行准备：首先对知识产权保护和外贸高质量发展的概念进行厘清；其次对马克思主义经济理论和西方经济学理论中与知识产权保护和对外贸易相关内容的逻辑关系进行梳理；最后对后文涉及的分析方法进行介绍，为本书开展研究打好理论基础。

第一节 概念界定

一、知识产权保护

随着知识产权由最初的法律概念逐渐进入经济学领域，知识产权保护的界定范围也在不断发生变化，知识产权保护因与诸如国际贸易等经济活动联系密切，因此在经济学研究领域越来越受到重视，本节通过对知识产权保护内涵与界定范围的分析，为后续研究奠定基础。

（一）知识产权保护的内涵

17 世纪中叶，法国法学家卡普佐夫（Carpzov）提出"知识产权"这一概念，由比利时知名的法学家皮卡第（Picardie）沿用发展。1967 年 7 月 14 日，全球 51 个国家在斯德哥尔摩正式签署《建立世界知识产权组织公约》（WIPO 公约），此公约定义了"知识产权"，即人类智力创造的成果所产生的权力（蔡小鹏，1997）。我国学者也对知识产权进行了大量研究，如张玉敏（2001）将"民事主体支配其智力成果、商业标志和其他具有商业价值的信息，并排斥他人干涉的权利"称作知识产权；张伟（2006）等将"权利人直接支配创造性智力成果、工商业标记以及法律规定的其他知识信息并享受其利益的排它性权利"作为知识产权的定义。我国法律对知识产权有明确定义，即自然人、法人或者其他组织对其在科技、文艺和商贸等领域内通过脑力劳动创造完成的智力成果所依法享有的专有权利。

知识产权保护是对通过脑力劳动创造完成的智力成果进行法律上的赋权，进而享有对该知识产权占有、支配、使用以及收益的权利。知识产权保护所指向的客体是技术创新所产生的智力成果，创新成果只有在获得知识产权确认后，才能得到法律的保护进而转化为竞争优势。

知识产权保护需要国家严格的立法，一直以来我国从立法角度建立和完善知识产权保护法律法规，建立、修订和完善《中华人民共和国专利法》《中华人民共和国版权法》《中华人民共和国商标法》等，构建知识产权保护法治环境，使知识产权保护有法可依。同时，知识产权保护严格依照相应法律进行执法，在实施执法阶段加大行政执法监督，加强知识产权保护侵权行为的惩罚力度，选择适度合理的知识产权保护执法模式，提升知识产权保护立法的执行效果。当前，我国已经建立了知识产权保护国家总体发展战略，打造了知识产权保护和治理体系的现代化模式，强化了政府公共服务和宣传知识产权保护，注重执法和司法的协调保护，形成了执法部门、司法机关等共治共建共享的知识产权保护综合保障。

（二）知识产权保护范围的发展

最初的技术激励可以追溯至 13 世纪英国王室印发的"专利证书"，这种王室荣誉在 1624 年才通过立法的形式予以确认，在最初的《专利法》中，规定任何发明人在本国内都享有专利产品的独占权，并规定了详细的权利、实施方式以及期限。蒸汽技术的诞生，也正是因为英国专利制度的优越性，迅速推动了英国建立现代工厂制度，成为新一代的"日不落帝国"。蒸汽技术的广泛运用提升了私人利益和民事交易的客观需求，在第一次工业革命中，英国不断完善其知识产权保护制度，1852 年颁布《专利法修正案》，确立了英国在知识产权保护方面的领先地位。18 世纪末期，随着城镇化迅速提升、现代交通工具覆盖增加以及国际贸易的繁荣，知识产权保护越来越发挥出其促进新技术发展的优势。但是这一时期对知识产权保护的认识存在一些分歧，以英国为例，多数制度都只保护本国权利而排斥对外国公民权利的保护，甚至鼓励本国权利人积极对外国公民权利进行侵犯，使得英国通过不断引进他国先进技术来促进自身技术的发展和革新，但与此同时，英国自主创新产品的发展空间也遭受到了极大挤兑。此外，因为专利一旦被确权将会获得极大的收益，这就导致权利保护必须经过繁冗且昂贵的过程，甚至出现了大量的寻租行为；在这一时期，英国昂贵的专利申请费用也刺激了资本家通过抄袭他国专利来获得丰厚利润。总体上，这一时期英国实施的一系列的专利保护措施在 18 世纪末期到 19 世纪不断激发出英国的本土新发明和新创造，推动着生产力飞速发展，但由于专利期漫长且保护费用昂贵，以及寻租的普遍存在，也在一定程度上阻碍了新技术的出现与发展。

与英国冗长且昂贵的专利申请制度相比，在 19 世纪中后期，美国的专利申请制度可谓是"物美价廉"，这种物美价廉的专利制度也在一定程度上激发了美国成为第二次技术革命的最大赢家。第二次技术革命萌芽时期，英国的创新能力不断下降，大量进口高技术含量的工业制品，美国却凭借外来资本以及生产力的提升和重商主义经济政策快速发展，知识产权制度的目的指向在于以公开换保护，避免重复研发从而激励创新，促进社会与科技的整体进步（尹锋林和肖尤丹，2018），这一时期，美国在电力技术、内燃机、新型交通工具领域取得了长足的进步。在这一时期，知识产权保护的内容和方式也得到了进一步发展，同时，各国知识产权保护制度呈现出严格的分割市场、地域限制特征（万鄂湘，2001），很大程度上让知识产权的流动和交流受到国别的限制，但贸易往来的频繁客观上又对知识产权的国际保护进行了更高的要求。为了更好地适应时代发展，知识产权保护经历了从单边主义向双边主义，进而向多边主义发展的过程。1883 年，十一个国家共同缔约了《保护工业产权巴黎公约》，公约的保护主体呈现出多样化的态势，并对专利发明、外观设计、商标权、产地标记以及不正当竞争等与工业相关的产权进行了明确约定，此外还约定了"国民待遇原则""优先权原则"以及"专利商标权的独立保护原则"。《保护工业产权巴黎公约》的出现更是成为国际知识产权发展的关键节点，促进了国家以及地区之间贸易的协调发展，随后出台的《伯尔尼公约》《世界版权公约》《罗马公约》等制度也在一定程度上解决了国家之间以及地区之间经济文化的矛盾冲突，不断促进国际贸易主体的相互融合。

20 世纪中后期，知识经济迅速发展成为经济发展中最重要的生产要素，以电子信息技术和生物技术为代表的第三次技术革命引发了全球经济格局的重大结构性变革（马一德，2013）。技术革新让知识产权保护范围再次经历不断的拓延，来应对新技术和新兴产业的发展，美德等工业强国纷纷对新技术保护进行立法。由于技术周期越来越短，国家、地区间的界限也越来越模糊。无论是对于自主创新强国还是对于模仿创新的国家，这一时段的知识产权保护都具有鲜明的从单维向多维发展的特征，而且知识产权保护制度的弹性也越来越大。这一时期，世界知识产权组织（WIPO）位于中心地位，《保护工业产权巴黎公约》与《专利合作条约》《与贸易有关的知识产权协定》共同构成了世界知识产权组织；为了更好地缓解发达国家与发展中国家在国际贸易中关于知识产权的冲突，解决国际贸易中频发的知识产权侵权行为，世界知识产权保护制度开始从 WIPO 向关税及贸易总协定（GATT）体制进行转换。20 世纪中后期，经过六七十年代的模仿积累，日本的半导体技术、汽车技术以及电子技术已经跨入先进国家行列。日本以《专卖略规则》《专利垄断条例》为基础确立了"技术立国"的知识产权强国战略（葛天慧，2010）。美国则凭借《1974 年贸易协定法》《1984 年贸易与关税法》第 301 条的规定对贸易中的知识产权进行保护，通过极致的"单边主义"条款维护了本国的知识产权利益（Thomas，1991）；为了更好地限制外国企业对美国知识产权的侵犯，更好地维护利益，美国全力促进知识产权与国际贸易挂钩，以从双边程序向多边贸易制度转变的方式来实现对国际知识产权制度的影响（吴汉东，2007）。

随着数字经济的发展，全世界又一次走进了新的技术周期，这一时期知识产权保护得到了进一步的重视和发展。英国的《知识产权国际战略》、日本的《知识产权战略推进计划》、美国的《国家制造化创新网络知识产权指引》都在积极面对新技术带来的机遇和挑战，不断刺激制造业创新、强化知识产权协同运用。以美国为例，面对新科技革命时代，知识产权保护更追求对创新规则的遵守，更注重知识产权保护的时效性以及保护弹性。

二、外贸高质量发展

（一）高质量发展

党的十九大报告提出"中国特色社会主义进入新时代，我国社会主要矛盾已经转化为人民日益增长的美好生活需要和不平衡不充分的发展之间的矛盾"。改革开放以来，中国向世界展示了惊人的增长奇迹，迎来了从站起来、富起来到强起来的伟大飞跃，作为世界第二大经济体，我们发现曾经粗放式的增长已经不适合新时代的基本国情，"量"增长的同时需要"质"增长的加持，创造新的增长点，实现高"质""量"的发展。

高质量发展需要持续合理的增长速度与协调的质量提升。金碚（2018）认为高质量发展是能够更好满足人民不断增长的、真实需要的经济发展方式、结构和动力状态。高质量发展的起点是已经"做大经济规模"的阶段，新时代的目标是"提升发展质量"。因此发展方式和路径具有多样性，需要以新的系统性思维方式选择可行的发展战略，各地区可以基于自身实际追求丰富多彩的生活。张军扩等（2019）认为高质量发展的本质内涵是以满足人民日益增长的美好生活需要为目标的高效率、公平和绿色可持续的发展。在过去的发展历程中，过于要求"量"而忽略"质"，但现在也不能特意发展"质"而放弃"量"，因而高质量发展要求一种协调和统一，即合适的"量"与协调的"质"一起发展，一同增长。杨虎涛（2020）认为高质量发展的核心要义在于提高经济效率与国民福祉，实现生产率、实际工资和企业利润的协同增长。"协同"增长表达了多方面、多角度的一起发展和一起增长，哪个都不能落下，哪个都不能放弃的发展态度。

周文等（2019）从政治经济学视角对高质量发展进行了解读，高质量发展的本质是物质资料生产方式的转变；高质量发展是社会经济形态由低级向高级转变的发展；高质量的发展是经济从数量追赶向质量追赶的转型，因此，高质量发展是实现中国由经济大国转变为经济强国的历史必然选择。张俊山（2019）认为经济高质量发展是新时代我国经济发展的必然要求，必须以马克思主义政治经济学的立场、观点、方法为指导，全面落实新时期中国特色社会主义的发展方略。

根据新时代中国经济高质量发展的指导思想与理念，结合现阶段中国经济建设存在的实际问题，很多学者对高质量发展进行了测度。师博等（2018）从宏观视角出发，从强度、稳定性、合理化、外向性四个方面诠释增长，从人力资本和生态资本两个方面分解社会成果，综合考量我国"以经济增长质量促进经济增长数量"的发展效果。魏敏等（2018）从经济结构优化、创新驱动发展、资源配置高效、市场机制完善、经济增长稳定、区域协调共享、产品服务优质、基础设施完善、生态文明建设和经济成果惠民十个方面归纳经济高质量发展逻辑主线，给予了实施全地域视角下的各省份经济高质量发展协同优化策略和缩减经济高质量发展水平的区域差距的政策建议。李金昌等（2019）从社会主要矛盾出发（重点思考"人民美好生活需要"和"不平衡不充分发展"）构建了经济活力、创新效率、绿色发展、人民生活、社会和谐五个维度的评价指标体系来测度高质量发展。

（二）外贸高质量发展

2019 年 11 月 30 日，中共中央、国务院出台了《关于推进贸易高质量发展的指导意见》（以下简称《意见》），《意见》明确指出，推进外贸高质量发展，是党中央面对国际国内形势深刻变化作出的重大决策部署，是奋力推进新时代中国特色社会主义事业的必然要求，是事关经济社会发展全局的大事。就何为外贸高质量发展，《意见》也给出了明确的要求：外贸结构更加优化，外贸效益显著提升，外贸实力进一步增强。因此，外贸高质量发展的内涵具有多元性，结合《意见》中的原则，本书认为外贸高质量发展的概念主要涵盖外贸结构、外贸效益和外贸竞争力三个维度，如图 1 - 1 所示。首先，通过夯实贸易发展的产业基础、优化商品结构、优化国内区域布局构建合理的外贸结构；其次，通过推动进口与出口协调发展、发展绿色贸易，实现推动经济社会发展，达到外贸规模增长、经济效益增长、社会效益增长和绿色效益增长四位一体的外贸效益；最后，考虑到建设平台体系发挥对外贸的支撑作用、促进外贸平衡发展、增添贸易发展新动能,从基础设施水平、贸易发展平衡水平和贸易发展新动能三个维度夯实外贸竞争力。

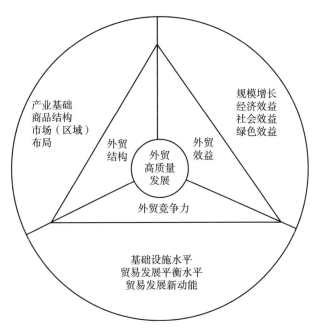

图 1-1 外贸高质量发展理论图

近年来,学者们对外贸高质量发展的内涵进行了多方面的解读。如,戴翔和宋婕(2018)认为外贸高质量发展的基本内涵主要包括两个方面,一方面包括平衡的区域结构、产业结构以及开放领域;另一方面包含促使创新成为发展的驱动力,在技术环节有充分的"质"的跃升,继续推动经济全球化的进程,同时外贸"量"依然要稳。曲维玺等(2019)认为,外贸高质量发展的内涵与特征包括雄厚的产业与科技基础,外贸发展中实现平衡、融合与优化,不断增强的外贸国际竞争力,完备的外贸综合服务制度体系以及能够制定国际经贸规则的实力。马林静(2020)认为,外贸高质量发展包含发展普惠的贸易理念,优化贸易方式、产品和产业的结构,平衡外部市场和内部区域的贸易格局,拥有持续发展的创新动力以及开放的贸易模式。裴长洪和刘洪愧(2020)认为,外贸高质量发展有五大目标,一是优化贸易结构,保持合理的贸易顺差;二是稳定货物贸易发展速度,加大发展服务贸易的力度；三是全力发展数字贸易；四是保持"一带一路"发展的好态势，开拓新的国际供应链；五是通过外贸的发展，使人民对美好生活产生满足感。

我国是一个发展中国家，对外贸易高质量发展要结合我国的基本国情，既要做到"量"的规模又要获得"质"的高度。根据《意见》的指导，本书从外贸结构、外贸效益以及外贸竞争力三个维度诠释我国外贸高质量发展。

从外贸结构的角度出发，外贸高质量发展需要协调的外贸结构。第一，无论是国内贸易还是对外贸易，都需要坚实的产业基础，要不断优化外贸结构助力外贸高质量发展。我国快速融入全球价值链分工体系的方式是制造业"低端嵌入"，这符合当时高速发展的理念，但是当规模扩张后发展的前景不容乐观。传统的劳动密集型制造业需要向技术密集型发展，同时服务业也需要进一步做大做强。当技术贸易、服务贸易和货物贸易齐头并进时，就真正夯实了外贸的产业基础，助力外贸高质量发展。对于我国来讲，现有产业门类齐全，产业基础较为完善，但是要跟上外贸高质量发展的节奏，还需要不断优化产业结构。传统产业需要向具有高附加值、高技术产业方向转型，新兴产业更要努力通过创新等方式向全球价值链顶端升级。特别是，我国以世界加工厂的身份融入全球价值链，主要擅长技术含量低的加工贸易，没有技术加持的产业很容易被取代，因此，如加工贸易产业需要不断加入知识技术新元素，实现产业结构和贸易方式的转型升级。第二，外贸高质量发展需要合理的商品结构。对外贸易就像一个大型的卖场，一方面需要商品种类繁多，满足各国客人的差异化需求；另一方面需要商品质量上乘价格合理。所以，品种齐全的商品输出，不容易受到国际贸易市场的冲击，能够减少外贸的风险；提供优质的商品可以提升我国外贸的竞争力。第三，高质量发展的外贸需要多元化的市场布局。也就是说，对外贸易的伙伴国家要均衡，既要和发达国家进行贸易活动，又要和如新兴经济体进行合作；尽管相比而言，我们更需要发达国家的前沿技术以及强大的经济市场，但是我们也需要和谐的外部环境，因此，对外贸易合作的伙伴国应该更加多元。特别是随着"一带一路""南南合作"的开始，我国在国际舞台上的合作伙伴国不再过度的集中，受到外部单一冲击的可能性也会减少。

从外贸效益的角度出发，外贸高质量发展需要不断提升外贸效益。第一，外贸高质量发展不能只关注质量的提升，还需要对外贸规模的重视，改变过去单一关注数量的发展模式，更在意在质量提升之后外贸规模的增加。因此，外贸规模增长依然是衡量外贸高质量发展的重要内容之一。第二，外贸高质量发展能够从需求侧刺激经济的发展，助力经济高质量发展，因此，外贸对经济的拉动程度和贡献程度也是外贸高质量发展关注的重要内容。第三，外贸高质量发展会提供更多的就业岗位，促进贸易各环节就业人员数量提升。与此同时，不断提升的外贸能够通过高质量的进口贸易选择更加符合人们需要的商品，满足人们对美好生活的需求。第四，外贸高质量发展需要绿色效益。高能耗、低产出的粗放发展模式已经被证明是不利于绿色发展的，外贸高质量发展要在绿色效益的前提下规划发展，通过技术创新、产业升级等方式，重在进行资源环境可持续发展为前提的外贸高质量发展。

从外贸竞争力的角度出发，外贸高质量发展需要不断增强的外贸竞争力。第一，推进外贸高质量发展需要便利化的条件设施，我国对于基础设施水平的构建与完善，都是推进外贸高质量发展的坚实基础。无论是货物贸易的周转、仓储水平，还是交通运输、网络承载水平，我国的基础建设不但在国内非常健全，也开始帮助其他国家共同实现外贸的便利化水平。第二，外贸高质量发展要重视外贸竞争力的发展。通过产业品牌和区域地标性品牌的培育，实现品牌的国际竞争力和影响力，带动相应产业和区域的发展。第三，以创新促发展，再通过保护知识产权为创新护航。长期以来，我国以人口红利获得了如加工贸易等产业的发展，通过吸引发达国家的 FDI 成为它们的代工工厂来获利；但是随着人口红利的逐渐褪去，我们发现多年的经验主要集中在代工生产及出口规模的增长，研发端和设计端的缺位导致我国外贸一直徘徊在价值链低端。我们知道，只有不断地自主创新才能撑起一条龙的出口贸易，而创新就是真正的"龙头"，因此本书认为创新才是外贸高质量发展的新动能，我们必须对创新促发展的知识产权制度予以完善。

综上所述，外贸高质量发展的基本内涵应该包括不断优化的外贸结构、不断提升外贸效益和不断增强的外贸竞争力。

第二节　相关理论与方法基础

一、理论基础

（一）马克思关于知识产权保护的思想论述及其发展

马克思、恩格斯并未建立一个系统、完整的知识产权理论，但留下了许多相关论述，他们构建了一个开放的框架，并引发了广泛而持久的讨论，在他们的基础上，后来的中外马克思主义学者对马克思的知识产权理论进行了持久的讨论和发展。

马克思知识产权观的逻辑起点来自马克思的财产理论。"给资产阶级的所有权下定义不外是把资产阶级生产的全部社会关系描述一番。"① 对于马克思来说，马克思财产理论的研究对象是有形财产。由于时代的局限性，马克思更多阐述的是关于有形财产的所有权，并没有涉及无形财产的权利。同时，马克思擅长有形财产领域的法律条例，在他的著作中有大量对于土地等具体物财产关系的诠释（谈萧，2011）。这一论述往往使人误以为马克思并没有认识到知识产权的重要性，但事实上，在讨论资本主义生产力发展、资本主义生产关系变化的过程中，在讨论创造性劳动与技术进步的过程中，马克思对知识产权始终给予了充分的关注。例如，正如前文所阐述的那样，知识产权法的孕育产生需要科技发展到一定程度之后，从西方发达国家发展的历程看，资产阶级在短短一百年积累了大量的生产力，"机器的采用，化学在工业和农业中的应用，轮船的行驶，铁路的通行，电报的使用"。② 由于科技的发明进步，要求社会生产紧跟发明创造的脚步，形成一体化的生产模式。"生产过程成了科学的应用，而科学反过来成了生产过程中的因素即所谓职能。每一项发现都成了新的发明或生产方法的新的改进的基础。"③ 在

---

① 马克思恩格斯文集（第五卷）[M]. 北京：人民出版社，2009：638.
② 马克思恩格斯文集（第五卷）[M]. 北京：人民出版社，2009：36.
③ 马克思恩格斯文集（第八卷）[M]. 北京：人民出版社，2009：356.

马克思的视野中，将智力劳动也看作生产劳动的一种，因此智力劳动也符合劳动价值理论。相应的生产商品的概念也进行了延展，包括有形的商品和无形的商品，而智力劳动产生的技术、知识等经过社会生产，可以获得技术、知识等无形商品，使生产资料亦是劳动产品，从而"增加了对制度创新的需求"（黄新华，2004）。

马克思认为在利益争夺的国家间不存在中立国家，甚至各种"私法"也是为了产生不平等而出现的，当然，知识产权法也是一样。知识产权制度的出现与扩张说明资本主义国家需要其来维护上层建筑的统治地位。[①] 或许这是因为资本主义国家生产力与生产关系之间出现了改变，需要国家通过知识产权制度，以知识商品的生产与分配巩固政权。正如恩格斯指出的那样，意识形态产生后会同观念材料结合，并对这些材料进行深入加工。资本主义的生产方式孕育出了知识产权制度，像一种基因一样，知识产权制度的意识形态具有资本主义的特征，其出现存在的目的就是使资产阶级获得更多的剩余价值。知识产权制度是一种新型激励劳动者开发自身劳动潜能的工具，虽然表面上是激励劳动者通过智力劳动赚得更多报酬，其实是资产阶级获得更多剩余价值的手段。而且知识产权制度在国际经济领域也被逐渐广泛地应用，其逐渐演变为资本拜物教。

马克思主义的批判精神在其后继者那里也得到了延伸，根据马克思关于知识产权专利制度的阐释，迈克尔·皮瑞曼作为激进政治经济学的学者，对马克思的知识产权思想进行了系统的总结和提炼。首先，正如马克思所言，磁针在电场中发生偏向的原理一旦被发现，则使用原理的成本为零，或者说阻止别人不使用定理的成本非常巨大以至于无法实现。[②] 皮瑞曼认为，马克思已经清楚地表明，与土地或大多数商品强制收取租金不同，知识产权具有非竞争性。知识产权是新产生的一种商品形态，由劳动者的一般劳动转化产生，需要花费更多的时间学习、掌握，一旦学会就可以一直使用。知识产权保护赋予发明人独自享有产权的权力，但却完全忽略了发明过程中广大劳动者的贡献，是不符合劳动价值论的。其次，马克思认为科技的发展、知识产权制度的扩张促进了生产力的提升。最后，知识产权的过分保护成为资本主

① Drahos Peter. A Philosophy of Intellectual Property [M]. Britain：Taylor and Francis, 2016：272.
② 马克思恩格斯文集（第五卷）[M]. 北京：人民出版社，2009：444.

义扩大商品化、抑制利润率下降、维持资本主义的一种新办法。皮瑞曼指出，知识产权是一种新的商品形态，它是马克思没有详细论述的剩余价值的特殊的新的转化形式，对知识产权的态度体现了资本主义矛盾的变化，对知识产权的鼓励或批评完全取决于资本主义化解内在矛盾的需要（迈克尔·皮瑞曼和靳立新，2004）。

斯拉沃热·齐泽克被称为"欧洲近十多年来最重要的思想家之一"，他在 2007 年提出资本主义的四种对抗，其中之一就是为对抗资本主义再生产的知识产权私有化。齐泽克指出，以获取利润为目的的私有财产制度在数字化工业时代已经过时（林哲元，2017）；知识产权保护问题不仅是法律问题，还需要讨论知识产权是否"共有"的问题，他认为，这种将知识产权私有化的制度是不合理的，会破坏人类文化的传播传承。同时，齐泽克还指出知识产权凝聚了大众的劳动成果，是一种公共产品，当知识产权私有化之后，就成了私有财产，会引发人们对公共产品的抢夺霸占；在数字技术迅猛发展的当下，他认为"利润租金化"依然存在，知识产权保护赋予"一般智力"私有化的权力，使其所有者拥有无数人努力后的成果并获得巨额财富。可以说知识产权的矛盾性逐渐显现，齐泽克认为需要将知识产权产生的冲突和对抗放在资本主义社会矛盾中进行分析（林哲元，2017）。

马克思的地租理论也构成了学者们发展马克思知识产权理论的源泉。马克思指出："级差地租实质上终究只是投在土地上的等量资本所具有的不同生产率的结果"，[①] 他认为"在比较肥沃的土地上劳动的工人，比起在比较不肥沃的土地上劳动的工人，劳动生产率要高些"，[②] 更重要的是，他一针见血地指出工人的"级差剩余劳动，被土地所有者装进了腰包。"[③] 级差地租是由于土地肥力优势不同，使农产品个别生产价格低于社会生产价格时所产生的超额利润转化得到的。其有两种表现形式，分别为级差地租Ⅰ和级差地租Ⅱ，它们共同的特点是都由剩余价值转化产生。级差地租Ⅰ探究了对不同土地投入相同的资本会产生不同的利润。马克思将级差地租Ⅱ定义为："是以同一土地上连续投资有不同的级差生产率为基础"[④] 产生的剩余价值

---

① 马克思恩格斯文集（第七卷）[M]. 北京：人民出版社，2009：759.
② 马克思恩格斯文集（第七卷）[M]. 北京：人民出版社，2009：838.
③ 马克思恩格斯文集（第七卷）[M]. 北京：人民出版社，2009：265.
④ 马克思恩格斯文集（第七卷）[M]. 北京：人民出版社，2009：822.

转化而成的。不同肥力的土地会产生不同的生产率，从而获得不同的剩余价值，最终产生不同的级差地租。马克思认为："我们已经看到，在耕种越来越好的土地时，能产生级差地租。当较好土地代替以前的较坏土地而处于最低等级时，也能产生级差地租；级差地租可以和农业的进步结合在一起。它的条件只是土地等级的不同。"① 可见，马克思认为土地的肥力会随着科技的进步、社会的发展而变得更加肥沃，而自然条件非常出众的耕地更容易产生垄断地租。②

基于马克思地租理论、级差地租理论等，刘刚（2016）将级差地租动态机理拓展至知识产权垄断领域。马克思地租理论中指出了资本家垄断生产条件，能够减少外部竞争，同时资本家还可以不断改善其垄断的生产条件，进而提高地租，获得更多垄断利润。刘刚认为，知识产权能够通过不断积累，提升其优势水平，可以获得更高的知识产权垄断租金，最终提升超额利润。知识产权优势有两种表现形式，其一是通过创新与技术进步等方式，使企业获得专利知识产权，进一步降低生产成本，提升技术或者产品质量；其二是通过积累商标品牌知识产权，获得客户的认可，最终提高产品价格，加速资本周转。因此，企业通过知识产权，在生产中对不断提升的技术、品牌更加依赖，不断调整提升生产方式，加速商品流通周转速度，获得更多利润。

谈萧（2011）循着马克思的思想脉络进行有关知识产权的一些思考。首先，知识产权能够推动市场经济的发展。谈萧认为在资本主义社会中，有些异化劳动中存在创造性劳动，是改进生产机制、产品和生产方式的劳动，与劳动者是否受雇佣或不平等地位没有关系。马克思多次论述资本主义市场经济会使利润率下降，竞争会促使资本家不断革新技术和产品，持续增加剩余价值。历史也不断证明创新的新技术、新产品会推动生产力的发展，也会推动市场经济的发展。其次，马克思认为，创造性劳动通过知识产权保护能够融入社会生产。"劳动产品一旦采取商品形式就具有的谜一般的性质究竟是从哪里来的呢？显然是从这种形式本身来的。人类劳动的等同性，取得了劳动产品的等同的价值对象性这种物的形式；用劳动的持续时间来计量的人

---

① 马克思恩格斯文集（第七卷）［M］. 北京：人民出版社，2009：743.
② 马克思恩格斯文集（第七卷）［M］. 北京：人民出版社，2009：743，851.

类劳动力的耗费，取得了劳动产品的价值量的形式；最后，生产者的劳动的那些社会规定借以实现的生产者关系，取得了劳动产品的社会关系的形式。"① 谈萧（2011）指出，创造性劳动是资本主义商品生产、交换体系中的一个环节。

（二）马克思主义经济学关于国际贸易的相关论述

由于种种原因，马克思未能完成《资本论》"六册计划"，但马克思关于国际贸易的许多重要论述，仍为后来的马克思主义学者提供了重要的理论源泉（许兴亚，1997）。

国际分工是国际贸易的基础。马克思指出："由于天赋（例如体力）、需要、偶然性等而自发地或'自然地产生的'分工。"② 国际分工的根本原因是生产力发展，科学技术、社会经济以及自然条件不断的发展进步，为分工（如生产和消费）提供了条件。当生产资料集中在最先进的产业时，由于技术不断进步，使生产成本不断降低，促进了劳动生产率的提升，资本家获得更多产品剩余，为了获得更高的利润，资本家希望通过国际交换达到扩张的目的，加速了国际分工。

国际分工提供了更多可供交换的产品数量，也提供了更多的产品种类。"过去那种地方的和民族的自给自足和闭关自守状态，被各民族的各方面相互往来和各方面相互依赖所代替了。物质的生产是如此，精神的生产也是如此。"③ 国际分工将全世界的生产资料转移到生产力最高的国家，随之而来的是这个国家的相关产业获得全球最高的资本利润率。而由于地理位置、资源禀赋的差异，各国都会选择交换本国的优势产品，通过优势产品进入其他国家市场，可以获得比国内更高的收益。进口他国的优势产品（技术），可以提高本国的技术水平，提高相应产业的劳动生产率。

国际价值理论是劳动价值理论在国际市场中的体现。首先，国际价值的对象是人类无差别劳动所创造的商品，因此该商品具有使用价值，又通过国际交换体现了其国际价值。而衡量其国际价值的是世界必要劳动时间，"国家不同，劳动的中等程度也不同；有的国家高些，有的国家低些。于是各国

---

① 马克思恩格斯文集（第五卷）[M]. 北京：人民出版社，2009：89.
② 马克思恩格斯文集（第一卷）[M]. 北京：人民出版社，2009：534.
③ 马克思恩格斯文集（第二卷）[M]. 北京：人民出版社，2009：35.

的平均数形成一个阶梯，它的计量单位是世界劳动的平均单位"①，由此可以看出，劳动生产率会影响国际价值量。不同国家的劳动生产率存在差异，不同国家的劳动生产率也与其劳动时间和劳动强度有关。如果资本家想通过国际交换获得更高的利润，那就需要提升国家的劳动生产率，只有使优势商品的劳动生产率远低于世界劳动平均单位，才能通过国际交换获得比平均利润更高的收益。其次，国际交换中存在国家间的不平等，就是说不同社会生产力的国家进行国际贸易时存在不平等交易。发达的资本主义国家凭借先进技术产品拥有低于世界必要劳动时间的产品，使其成为在国际贸易中的获利国家。最后，由于国内和国际价值存在差异，使资本家看到了资本运动和扩张的机会。但是落后国家也可以把握住国际贸易的机会，有效利用国际交换节约本国的劳动，挖掘自身的优势，提升本国劳动生产率。

就国际贸易的许多制度性问题，马克思也有过重要的论述。马克思提到，促使他开始研究经济问题的最初动因就是关于自由贸易与保护关税的博弈辩论。② 对于国际贸易中自由主义和保护主义的关系，马克思和恩格斯通过很多著作表达或者揭示了资本主义国际贸易的根本问题，这些文献启发了更多学者就对外贸易问题的思考。

马克思认为，资本主义发展到一定程度之后，国际贸易的产生是一种必然，而世界贸易则是机器大工业必不可少的条件。③ 工业发展需要大量的资本、劳动力，也需要能够大量销售产品的市场，而国际贸易的产生为工业发展提供了所需的资本、劳动力和市场。19 世纪 40 年代，英国通过工业革命成为全球最先进的国家，使得资本主义生产方式格外流行，同时自由主义和保护主义的辩论在西方国家一直没有结论。因为这个论点，马克思和恩格斯对贸易自由主义更为青睐，因此对于这个辩题，他们进行了很多分析论证，比如资本主义生产的基础是自由贸易与自由竞争，只有这样才可以匹配工业革命创造的巨大生产力。与此同时，他们也不否认贸易保护主义的影响，比如英国是最早实行贸易保护关税政策的国家，英国的现代工业体系发达，机器的发明使手工劳动黯然失色。④ 总的来说，马克思和恩格斯认为贸

① 马克思恩格斯文集（第五卷）［M］. 北京：人民出版社，2009：645.
② 马克思恩格斯文集（第二卷）［M］. 北京：人民出版社，2009：588.
③ 马克思恩格斯文集（第九卷）［M］. 北京：人民出版社，2009：110.
④ 马克思恩格斯文集（第九卷）［M］. 北京：人民出版社，2009：258.

易自由主义的实施，需要根据不同时段不同国家具体分析，发达的英国实行自由主义的原因是生产力巨大、工业发达，优势明显的英国希望欧洲其他国家成为其资源来源地和商品出口市场；然而欧洲各国不会愿意成为英国的贸易附属国，恩格斯认为德国应该实施保护贸易政策，才能使竞争处于劣势的部门不会破产（马克思和恩格斯，1957）。为此，欧陆国家保护关税就成了理所当然的选择。

这意味着，马克思和恩格斯认识到，发达国家和发展中国家进行的国际贸易中存在不平等贸易，一方面，发达国家的劳动生产率高、生产力高，而发展中国家技术水平低；另一方面，在国际贸易中，由于生产率不同、技术水平差异等因素，使得发展中国家与发达国家的竞争不对等。发展中国家想在国际贸易中减少不平等，就需要提高生产力，提高本国科学技术水平、自主创新水平，通过缩小与发达国家之间的生产率差异，降低发达国家的超额剩余价值，从而减少国际不平等贸易。在恩格斯看来，美国想要发展成一个实力雄厚的工业国家，最好的办法是选择贸易保护政策，迫使英国无法将工业产品倾销至美国，如果选择自由贸易政策是无法与英国竞争的（罗云等，2020）。

（三）中国历届领导人对知识产权保护和对外贸易重要阐述及其理论价值

1. 知识产权保护

毛泽东关于知识产权的论述并不多，但都是结合中国经济社会发展初期的具体情况，鲜明地表达了他对知识产权的基本判断。新中国成立初期，我国的经济、社会、文化等多方面都比较薄弱，对于知识产权的需求较弱，但是随着经济、科技创新、对外贸易等方面的发展，内因发生了巨大的变化，知识产权的作用逐渐开始凸显。毛泽东曾说："我们不能走世界各国技术发展的老路，跟在别人后面一步一步地爬行。我们必须打破常规，尽量采用先进技术，在一个不太长的历史时期内，把中国建设成为一个社会主义的现代化的强国"。由此可见，努力创新是国家不断发展的动力源泉，也是国家竞争力的基石，知识产权保护既能保护创新、促进国家竞争力，也能推进我国成为现代化强国。

邓小平理论中也富含了关于知识产权的思想。首先，中共十一届三中全会以后，邓小平同志提出"科学技术是第一生产力"，这说明生产力的解放和发展需要科技的大力推动。1981 年，邓小平同志指出中国需要建立专利制度，应该尽早通过专利法（韩秀成，2018）。也就是说，知识产权保护是生产力发展到一定程度，激励不断创新的重要方式。其次，邓小平认为中国的发展离不开世界。我国通过引进外资、引进技术等方式提升了科技的发展、实现了产业的升级，同时，因为知识产权制度的建立与完善，为外商投资提供了相对较好的保护平台，能够吸引更多更优质的外商进行投资。再其次，邓小平同志提出改革开放，他认为只有不断开放，不断加强国际交流合作，通过知识产权制度激励技术创新，可以提升我国的国际竞争力。最后，我国还处于社会主义初级阶段，社会主义市场经济体制的发展为知识产权保护提供了发展的土壤。无论是知识商品、科学技术都可以通过知识产权保护证明其价值和使用价值，同时知识产权制度塑造了井然有序的、法治的市场，促进了社会主义市场经济体制的发展。

胡锦涛在 2006 年 1 月 9 日全国科学技术大会上指出，我国要培育出大量拥有自主创新能力和知识产权的企业，有助于提高国家的竞争力（胡鞍钢，2014）。2006 年 3 月 27 日，胡锦涛在中共中央政治局第三十一次集体学习时指出，加强我国知识产权制度建设，大力提高知识产权保护水平，充分发挥知识产权在建设创新型国家的支撑作用，胡锦涛强调，知识产权工作要以科学发展观为统领，处理好激励创新、知识产权保护、生产力发展与国家长远发展之间的关系，健全知识产权保护体系（夏先良，2009）。首先，发展是第一要义，知识产权保护是国家竞争力的重要因素。其次，科学发展观更注重全面协调可持续发展，就要求知识产权保护激励创新。最后，科学发展观要求深入推进产业结构调整，转变经济发展方式，需要通过知识产权保护政策的完善，促进产业结构优化配置，使产业升级转型，以创新型产业为目标向产业链高端攀升。

2013 年以来，习近平总书记就提升知识产权保护工作发表了一系列重要讲话。2013 年 6 月 5 日，习近平总书记在致成都《财富》全球论坛贺信中指出，中国政府一直保护投资者的合法权益，同时一直加强知识产权保护。[①] 2015 年 11 月 18 日，习近平总书记在亚太经合组织工商领导人峰会上

---

① 本节中 2013 年以来习近平主席讲话来自人民网习近平系列重要讲话数据库。

指出，中国将不断加强知识产权保护，营造更加公开透明、高效平等的市场环境。2016 年 5 月 30 日，习近平总书记在全国科创大会、两院院士大会、中国科协第九次全国代表大会上指出，通过加强知识产权保护，激励科研人员、创新人才以知识、成果获得更多收益。2017 年 7 月 17 日，在中央财经领导小组第十六次会议中，习近平总书记进行了要加大知识产权侵权违法行为惩治力度的讲话。2018 年 4 月 10 日，在博鳌亚洲论坛开幕式上，习近平总书记指出加强知识产权保护，提高中国经济竞争力。2019 年 4 月 26 日，在第二届"一带一路"国际合作高峰论坛开幕式上，习近平总书记指出加强知识产权保护是推动高质量发展的内在要求。2020 年 11 月 30 日，在十九届中央政治局第二十五次集体学习时，习近平总书记指出，要加强知识产权保护宣传教育，深度参与世界知识产权组织框架下的全球知识产权治理，推动完善知识产权国际规则和标准，强化知识产权全链条保护。

党的十九大报告明确指出，倡导创新文化，强化知识产权创造、保护、运用。习近平新时代中国特色社会主义思想关于知识产权保护主要体现在"五个关系""两个转变"与六个工作部署等方面。"五个关系"是指加强知识产权保护关系到国家治理体系和治理能力现代化，加强知识产权保护关系到高质量发展，加强知识产权保护关系到人民生活幸福，加强知识产权保护关系到国家对外开放大局，加强知识产权保护关系到国家安全。"两个转变"则是强调我国正在从知识产权引进大国转变为知识产权创造大国，知识产权工作正在从追求数量转变为提高质量，"十四五"规划中"每万人口高价值发明专利拥有量"代替了"每万人口发明专利拥有量"这一指标，这足以说明，现阶段更加注重高质量的知识产权创新。六个工作部署具体来讲就是要加强知识产权保护工作顶层设计，要提高知识产权保护工作法治化水平，要强化知识产权全链条保护，要深化知识产权保护工作体制机制改革，要统筹推进知识产权领域国际合作和竞争，要维护知识产权领域国家安全，建立形成完善的预警和防控机制体系。

2. 对外贸易

毛泽东曾指出："人民共和国的国民经济的恢复和发展，没有对外贸易的统制政策是不可能的"，并且强调："对内的节制资本和对外的统制贸易是这个国家在经济斗争中的两个基本政策。"由此可见，毛泽东主席对新中国的对外贸易一直十分重视。首先，毛泽东认为我国的对外贸易应该建立在平等互利的基础上，1952 年 4 月召开的莫斯科国际经济会议上，中国代表团表示："我国对外贸易的基本政策是在平等互利的基础上与各国政府和人民恢复并发展通商贸易关系"。其次，毛泽东认为我国对外贸易经济活动应该实事求是。1959 年，他谈到"对外贸易，一收购、二出口、三进口，这三层宝塔我看都有主观，要打个七折"，他认为我国的对外贸易还是应该根据我国发展的实际情况，实事求是、量力而行地安排部署。最后，毛主席认为外贸是内贸的补充和辅助，同时外贸也很重要。1959 年中央政治局会议上，毛泽东曾提到："国外市场极为重要，不可轻视，不能放松"。

邓小平提出改革开放政策，他曾说："中国的发展离不开世界。"开放的中国愿意和世界上任何一个友好的国家开展对外贸易活动，"对外开放政策只会变得更加开放。路子不会越走越窄，只会越走越宽。"首先，邓小平提出要解放和发展生产力。"不要关起门来，我们最大的经验就是不要脱离世界，否则就会信息不灵，睡大觉，而世界技术革命却在蓬勃发展。"通过对外贸易，我国可以获得科学技术的提升，促进生产力的发展和解放。其次，邓小平允许一部分人先努力致富，再帮助不富裕的地区，最终达到共同富裕。在对外贸易方面也是如此，他指出"要利用现在有利的和平国际环境来发展自己"可以通过对外贸易先局部富裕，再实现共同富裕。沿海城市、经济特区等可以先利用自己的优势在对外贸易过程中积累经验，国家也相应实行优惠政策，先富裕起来，再逐步扩展延伸到内地，通过不同程度的开放，带动内陆地区一起富裕。①

胡锦涛在 2003 年 10 月 14 日十六届三中全会上明确指出："统筹国内发展与对外开放"，在 2004 年 9 月 16 日十六届四中全会上指出："加快发展的战略思想并掌握对外开放的主动权，全面提高对外开放的水平"，在 2007 年 10 月 15 日党的第十七次全国代表大会上指出："中国将始终不渝奉行互利共赢的开放战略"，始终强调我国一直坚持对外开放，科学地发展对外贸易。首先，发展是第一要务，对外贸易的发展需要国家制定并实施正确的对外贸易政策，实现又快又好的发展。其次，对外贸易需要协调可持续发展，对外贸易模式要向有科技含量、重质量的方向稳定发展，以减少环境污染、减少要素资源浪费的目标高效率发展。最后，对外贸易需要全面发展，坚持

---

① 本段邓小平同志讲话内容选自龚云（2012）。

引进来和走出去相结合，从宏观和微观层面，全方位地融入世界经济体系中。①

　　2013 年以来，习近平总书记就强化我国对外贸易工作发表了一系列重要讲话。2014 年 12 月 5 日，在中共中央政治局第十九次集体学习时，习近平总书记强调站在新的历史起点上，必须适应经济全球化新趋势、准确判断国际形势新变化，推进更高水平的对外开放，加快实施自由贸易区战略，加快构建开放型经济新体制，以对外开放的主动赢得经济发展的主动、赢得国际竞争的主动。2015 年 9 月 15 日，在中央全面深化改革领导小组第十六次会议上，习近平总书记强调以开放促改革、促发展，巩固外贸传统优势。2015 年 12 月 21 日，在中央经济工作会议上，习近平总书记强调要继续抓好优化对外开放区域布局、推进外贸优进优出。2016 年 10 月 15 日，习近平总书记致信祝贺第一百二十届中国进出口商品交易会开幕，信中明确指出广交会要贯彻创新、协调、绿色、开放、共享的发展理念，促进外贸结构优化升级。2018 年 12 月 19 日，在中央经济工作会议上，习近平总书记强调稳外贸、稳外资，推动我国全方位对外开放。2020 年 2 月 12 日，中共中央政治局常务委员会（分析新冠肺炎疫情形势研究加强防控工作）上，习近平总书记指出要支持外贸企业抓紧复工生产。2020 年 2 月 23 日，在统筹推进新冠肺炎疫情防控和经济社会发展工作部署会议上，习近平总书记强调要推进更高水平对外开放，稳住外贸外资基本盘。2020 年 11 月 4 日，在第三届中国国际进口博览会开幕式上的主旨演讲中，习近平总书记提到要促进外贸创新发展，中国将挖掘外贸增长潜力，推动跨境电商等新业态新模式加快发展，培育外贸新动能，为技术要素跨境自由流动创造良好环境。2021 年 3 月 5 日，十三届全国人大四次会议上，习近平总书记强调我国实行高水平对外开放，促进外贸外资稳中提质。

　　党的十九大报告中，习近平总书记提出推进贸易强国建设。从创新、协调、绿色、开放、共享的新发展理念出发，第一，我国要成为创新强国，科学技术是第一生产力，创新是发展的永动机。通过创新，可以使我国拥有最尖端的技术、使我国的产业发展向价值链的顶端攀升、使我国的出口商品附加值含量更高、使我国外贸竞争力不断加强，因此，创新是成为贸易强国最

---

　　① 本段胡锦涛的讲话内容来自《中国改革开放新时期年鉴》。

重要的因素。第二，协调发展是贸易强国的基础。产业基础协调发展，各产业全面充分发展，且比例协调发展，协调的产业基础是贸易强国的基础；效益协调发展，经济效益均衡发展，好的经济效益更能支撑良好的贸易发展，良好的社会效益能够通过外贸满足人们美好生活的需要，资源有效的配置也是协调发展的一部分。第三，绿色发展是可持续发展，也是贸易强国的根本。绿水青山就是金山银山，环境、资源是制约因素也是根本因素，可以从根本上保障高质量的发展。第四，通过多种开放形式，不断拓展我国的外贸市场结构，推进外贸强国的发展。第五，共享的理念通过外贸，构建人类命运共同体。

（四）西方经济学相关基础理论

科斯第一定理认为，如果在市场交易的过程中不考虑交易成本，那么无论如何界定产权，对资源配置都没有影响。但科斯第二定理认为，现实世界的市场交易一般都存在交易成本，无法达到帕累托最优。对于不同的产权界定会产生截然不同的资源配置，会对效率产生不同的效果。由于交易成本的客观存在，现实社会的经济活动需要对产权进行明确界定，如果产权范围合理而适中，通过最优资源配置能够提升效率，获得更多产出。在对外贸易中，知识产权保护一定会产生相应的成本并体现在贸易成本中，如知识产权的保护时效、制度的实施成本等。也正因如此，知识产权如何界定、如何保护，对经济效率有着至关重要的影响。

从知识产权的必要性而言，合理而清晰的产权和市场交易可以解决外部性问题，进而解决"公有地悲剧"。以知识产权为例，当人人都想利用别人研发出来的免费知识和技术权利为自己创造利益时，必然导致创新和新知识供给不足，清晰的产权和市场交易则可以刺激经济主体的创新，可以促进更富创新含量的知识产权的出现。从这一角度而言，知识产权的必要性在于具有极强的激励机制。但知识产权作为一种无形的私权利，很难被控制如抄袭、模仿等，如果知识产权在不加控制和保护的情况下，一定会出现如上"公有地悲剧"般的经济外部性问题，进而阻碍创新。但过度的知识产权保护尤其是知识产权保护的时长、对象的特定性等，又容易滋生垄断和寻租，同样也会阻碍社会福利的长期改进，如何合理安排和界定知识产权并通过制度成本较低且行之有效的体制予以保障，长期以来一直是产权理论、法经济学方向学者们的关注焦点。

在不平等发展理论中，知识产权保护对不同发展阶段和不同发展水平的国家具有不同的效应，知识产权的确是激励创新的重要手段，但发展中国家的知识产权保护需要有选择性，发展中国家需要在特定地区，针对既定的活动，给予有价值的知识临时性的垄断专利保护。赖纳特指出，适当的知识产权保护从来都是和贸易政策紧密相关的。15 世纪末期，早期资本主义国家所建立的两种不同制度均服务于类似目的，通过专利法对新知识的保护以及通过关税保护使新知识得到扩散。这两种制度都是建立在同一类型的经济观念基础之上的，通过鼓动不完全竞争推动新知识的创造及其在地理上的传播。为了新发明、新创造更好地发展，对其定制暂时的、具有垄断性质的专利权制度和关税制度，甚至不惜扭曲制成品价格，比起通过市场定价，这些刻意的制度"使价格发生了错误"，但却助推了这些国家产业的发展（赖纳特，2010，第 53 页）。

在穷国和富国的贸易中，不对称的知识产权保护将扩大国家间的经济差距，版权和专利产品在国际贸易中的比例日益增长，本质上是穷国和富国在知识、创新和技术能力上差距的体现，福特主义大规模生产作为曾经的技术—经济范式时代，贫困国家可以通过"反向工程"来追赶富裕国家，但现在大量知识密集型产业都受到专利权保护，落后国家由于缺乏技术能力、模仿能力，想要进行"反向工程"实现赶超几乎不再可能（张夏准和郝正非，2002）。由于现代产业的服务业化程度越来越发达，工业越来越倾向于"无重量化"，且更加难以在特定地理区域内进行培育。越来越多的贸易商品受到版权和专利的保护，实际上加大了发展中国家的赶超难度，从另一个角度看，蕴含在不平等贸易之中的专利和版权保护可以给发展中国家很多启示，即应当将现代资本主义的发展理解为一个不完全竞争的体系。历史地看，在当代发达国家的富国历程中，新知识都是有目标的、大规模公共支出的副产品，而专利制度和关税保护作为一对孪生制度也不是自然演化而成，而是被有意识地创造出来的产物，以保障发明能在新的地理区域内生根。发展中国家可以从发达国家的富国历程中总结经验，并针对性地去制定出合适的外贸政策。

二、具体方法

（一）耦合协调模型

耦合协调模型，最初是物理学中的概念，后来逐渐渗透到物理学之外的其他领域，在经济学领域也经过了很多学者的拓展和应用。本书通过耦合协调模型来测度知识产权保护与外贸高质量发展水平的耦合协同程度，是从耦合程度和协同程度两个方面做出的科学而客观的评价。

1. 耦合

耦合是指两个及两个以上系统（或运动形式）具有彼此影响的关系，通过相互之间不断的多种作用力的权衡，最终达到协同的现象。耦合度是对系统（或运动形式）之间进行持续不断作用程度的度量。为了能够有效分析知识产权保护与外贸高质量发展两个系统之间的耦合关系，本书借鉴相关文献（魏金义等，2015；赵多平等，2017；唐晓华等，2018；白丽，2020）构造了能够较全面反映知识产权保护系统与外贸高质量发展系统协同效应的耦合度评价模型，即：

$$C = 2\sqrt{\frac{u_1 u_2}{(u_1 + u_2)^2}} \qquad (1-1)$$

其中，C 表示知识产权保护系统与外贸高质量发展系统的耦合度，且 C 的取值范围是（0，1]，当 C 值越大时，知识产权保护系统与外贸高质量发展两个系统之间的耦合水平越高。当 $C=1$ 时，表示其耦合度最大，知识产权保护系统与外贸高质量发展两个系统内部达到最佳耦合状态。u_1 表示知识产权保护系统，u_2 表示外贸高质量发展系统。

2. 协调度

协调度是对知识产权保护系统与外贸高质量发展系统二者之间紧密配合状态程度的度量。通常，两个系统的发展阶段都处于高水平时，其耦合度也会相应较高，但是耦合度模型中也会出现两个系统发展水平都较低时，两个系统耦合度较高的情况，因此，为了避免这种虚高的耦合假象，并且能够进一步诠释两个系统之间互相耦合的协调程度，相应引入评判知识产权保护系统与外贸高质量发展系统交互耦合的协调度评价模型，即：

$$T = \alpha u_1 + \beta u_2 \qquad\qquad (1-2)$$

其中，T 表示知识产权保护系统与外贸高质量发展系统协调效应的协调指数，α、β 表示待定系数，且 $\alpha + \beta = 1$。结合本书的研究内容，将知识产权保护与外贸高质量发展看作相同重要的系统，将 α、β 确定为 0.5 和 0.5。

3. 耦合协调度

耦合协调度用来表示知识产权保护系统与外贸高质量发展系统综合协调指数，即：

$$D = \sqrt{C \times T} \qquad\qquad (1-3)$$

其中，D 表示知识产权保护系统与外贸高质量发展系统的综合协调指数，D 的取值范围是 $[0, 1]$。当 D 值越大时，说明两个系统之间协调效果越好；反之，就说明两个系统之间的协调性很差；当 $D = 1$ 时，达到知识产权保护系统与外贸高质量发展系统协调度的最大值，即两个系统达到最佳协调状态；当 $D = 0$ 时，表示知识产权保护系统与外贸高质量发展系统处于无关状态。

为更好地呈现知识产权保护与外贸高质量发展两个系统的协调发展情况，参照相关学者的研究成果（陈基纯等，2011；周德田等，2020），将耦合协调度划分为 10 个等级，如表 1 - 1 所示。

表 1 - 1　知识产权保护与外贸高质量发展系统耦合协调等级评价标准

耦合协调度	耦合协调评价
0 ~ 0.09	极度失调
0.1 ~ 0.19	严重失调
0.2 ~ 0.29	中度失调
0.3 ~ 0.39	轻度失调
0.4 ~ 0.49	濒临失调
0.5 ~ 0.59	勉强协调
0.6 ~ 0.69	初级协调
0.7 ~ 0.79	中级协调
0.8 ~ 0.89	良好协调
0.9 ~ 1	优质协调

（二）熵权法

本书构建了中国外贸高质量发展水平评价指标体系和省域外贸高质量发展水平评价指标体系，然后通过统计方法计算相应指标对应的指数值，层层构造直至目标指标层。

具体计算步骤有以下几点。

1. 基础指标无量纲化处理

这一步骤是将描述外贸高质量发展水平的基础指标进行预处理，即对评价指标体系中的各项指标分正向指标和负项指标进行标准化处理，计算公式为：

$$X_{ij} = \begin{cases} \dfrac{x_{ij} - \min(x_{1j},\ x_{2j},\ \cdots,\ x_{nj})}{\max(x_{1j},\ x_{2j},\ \cdots,\ x_{nj}) - \min(x_{1j},\ x_{2j},\ \cdots,\ x_{nj})}, & \text{当 } x_{ij} \text{ 为正向指标时} \\[3mm] \dfrac{\max(x_{1j},\ x_{2j},\ \cdots,\ x_{nj}) - x_{ij}}{\max(x_{1j},\ x_{2j},\ \cdots,\ x_{nj}) - \min(x_{1j},\ x_{2j},\ \cdots,\ x_{nj})}, & \text{当 } x_{ij} \text{ 为负向指标时} \end{cases}$$

$$(1-4)$$

其中，x_{ij} 表示实际值，X_{ij} 表示标准化后的值，i 为年份（$i=1,\ 2,\ \cdots,\ n$），j 为指标个数（$j=1,\ 2,\ \cdots,\ m$）。

2. 熵权法

熵权法作为一种客观赋权的数学方法，通过对指标离散程度的分析进行赋权。因此在实际操作的过程中，可以缓解因数据变化程度平缓导致信息不足的问题，也能够避免人为赋权时主观因素带来的干扰，同时可以解决指标间信息叠加交叉的问题，使得数据的隐含信息能够更合理科学地呈现出来。

第一步，根据 X_{ij} 计算信息熵值，计算公式为：

$$E_j = -\left(\sum_{i=1}^{n} z_{ij} \ln z_{ij} \right) / \ln(n) \qquad (1-5)$$

其中，$z_{ij} = X_{ij} / \sum_{i=1}^{n} X_{ij}$，且规定当 $z_{ij} = 0$ 时，$z_{ij} \ln z_{ij} = 0$。

第二步，计算各项指标的权重，计算公式为：

$$\omega_j = (1 - E_j) / \sum_{j=1}^{m} (1 - E_j) \qquad (1-6)$$

其中，$\sum_{j=1}^{m} \omega_j = 1$。

3. 线性加权求和法

线性加权求和法是应用熵权法得到的各评价指标权重信息后合成为单一指数的方法，其计算出的综合得分含于（0，1）。对于本书而言，计算出的综合得分越大，说明其外贸高质量发展水平越高；计算出的综合得分较小，说明其外贸高质量发展水平不足。应用线性加权求和法得到综合评价的分数，计算公式为：

$$F_i = \sum_{j=1}^{m} \omega_j X_{ij} \tag{1-7}$$

需要特别说明的是，本书中第五章第三节省域外贸高质量发展水平评价指数均值是由各省份外贸高质量发展水平综合评价指数通过简单算术平均计算得到的。同理，应用相同的方法处理区域层面外贸高质量发展水平均值。

（三）核密度估计方法

核密度估计方法作为一种研究不均衡分布较为成熟的非参数估计方法，其通过平滑的峰值函数拟合样本函数，对不同时间点样本分布特征的对比考察，能够以连续函数的密度曲线描述外贸高质量发展水平的分布位置、形态、延展性、演变趋势等特征。常见的核密度函数根据圆滑程度和表现形式有三角核函数、四角核函数、高斯核函数和 Epanechnikov 核函数等，本书借助高斯核密度估计方法估计样本观测期内区域外贸高质量发展水平的概率密度，公式为：

$$\hat{f}_h = \frac{1}{n} \sum_{i=1}^{n} K_h(F - F_i) = \frac{1}{nh} \sum_{i=1}^{n} K \frac{F - F_i}{h} \tag{1-8}$$

其中，$K(\cdot)$ 表示核函数，h 表示带宽（控制核估计精度的重要参数，通常会选择较小的带宽，能保证其精确度较高、均方误差小）。作为加权函数或者平滑函数的核函数，需要满足：

$$\begin{cases} \lim_{x \to \infty} K(F) \cdot F = 0 \\ K(F) \geq 0 \\ \int_{-\infty}^{+\infty} K(F) \mathrm{d}f = 1 \\ \sup K(F) < +\infty \\ \int_{-\infty}^{+\infty} K^2(F) \mathrm{d}f < +\infty \end{cases} \tag{1-9}$$

应用这种非参数估计方法分析中国区域外贸高质量发展水平的分布动态，公式为：

$$K = \frac{1}{\sqrt{2\pi}} \exp\left(-\frac{F^2}{2} \right) \qquad (1-10)$$

（四）Dagum 基尼系数法

比起其他描述地区差异及其分解的测度方法（比如泰尔指数法、基尼系数法等），Dagum 基尼系数法的优点是能够充分地解释地区间差距的空间缘由，也能够精准地刻画子样本的分布形态，还可以有效地解析子样本数据之间是否存在由交叉、重叠带来的差异问题。本书借鉴 Dagum 基尼系数及其分解法（Dagum. C, 1997），通过计算外贸高质量发展水平的均值对其基尼系数进行平均处理，使得 Dagum 基尼系数能够很好地刻画出各区域外贸高质量发展水平的相对差异，从而进一步对 2002～2018 年全国和东、中、西部三大区域的外贸高质量发展水平的差异以及产生的原因进行分析。

首先，计算全国外贸高质量发展水平的总体差异，其计算公式为：

$$G = \frac{\sum\limits_{j=1}^{k} \sum\limits_{h=1}^{k} \sum\limits_{i=1}^{n_j} \sum\limits_{r=1}^{n_h} \left| F_{ji} - F_{hr} \right|}{2n^2 \overline{F}} \qquad (1-11)$$

其中，G 为全国外贸高质量发展水平的总体差异，k 为地区划分的总个数，n 为省份总个数，$j(h)$ 分别表示不同地区，$i(r)$ 为地区划分的个数，$F_{ji}(F_{hr})$ 为第 $j(h)$ 个省份的外贸高质量发展水平综合得分值，$\overline{F}$ 为某个地区所有省份的外贸高质量发展水平综合得分平均值，$n_j(n_h)$ 为 $j(h)$ 地区内包含的省份个数且满足 $\overline{F}_h \leqslant \overline{F}_j \leqslant \cdots \leqslant \overline{F}_k$。

其次，根据 Dagum 基尼系数的分解方法，将全国外贸高质量发展水平的总体差异基尼系数分解为 3 个部分，分别为：地区内差距的贡献 G_w（东、中、西三大地区内部外贸高质量发展水平的差异）、地区间差距的贡献 G_{nb}（东、中、西部地区两两之间外贸高质量发展水平的差异）和超变密度的贡献 G_t（东、中、西部三大地区间外贸高质量发展水平交叉重叠产生的影响效应），即：

$$G = G_w + G_{nb} + G_t \qquad (1-12)$$

其中，超变密度是划分子样本时交叉项对总体差距（体现三大地区之间外贸高质量发展水平交叉叠加的基尼系数余数）的影响。

具体的计算步骤有以下几点。

第一步，计算地区间外贸高质量发展水平贡献率的差值 d_{jh}，其计算公式为：

$$d_{jh} = \int_0^\infty dP_j(F) \int_0^F (F - x) dP_h(x) \qquad (1-13)$$

第二步，计算超变一阶矩 p_{jh}，其计算公式为：

$$p_{jh} = \int_0^\infty dP_h(F) \int_0^F (F - x) dP_j(x) \qquad (1-14)$$

第三步，计算 $j(h)$ 地区间相对外贸高质量发展水平贡献率的影响程度 D_{jh}，其计算公式为：

$$D_{jh} = \frac{d_{jh} - p_{jh}}{d_{jh} + p_{jh}} \qquad (1-15)$$

第四步，计算 j 地区内的基尼系数 G_{jj}，其计算公式为：

$$G_{jj} = \frac{\sum_{i=1}^{n_j} \sum_{r=1}^{n_j} |F_{ji} - F_{jr}|}{2n_j^2 \overline{F_j}} \qquad (1-16)$$

第五步，计算 j、h 地区间的基尼系数 G_{jh}，计算公式为：

$$G_{jh} = \frac{\sum_{i=1}^{n_j} \sum_{r=1}^{n_h} |F_{ji} - F_{hr}|}{n_j n_h (\overline{F_j} + \overline{F_h})} \qquad (1-17)$$

第六步，计算地区内差距的贡献 G_w、地区间差距的贡献 G_{nb} 和超变密度的贡献 G_t，计算公式为：

$$G_w = \sum_{j=1}^k G_{jj} p_j s_j \qquad (1-18)$$

$$G_{nb} = \sum_{j=2}^k \sum_{h=1}^{j-1} G_{jh} (p_j s_h + p_h s_j) D_{jh} \qquad (1-19)$$

$$G_t = \sum_{j=2}^k \sum_{h=1}^{j-1} G_{jh} (p_j s_h + p_h s_j)(1 - D_{jh}) \qquad (1-20)$$

其中，$p_j = \dfrac{n_j}{n}$；$s_j = \dfrac{n_j \overline{F_j}}{n \overline{F}}$。

第二章

中国知识产权保护与对外
贸易发展的历史回顾

马克思认为，科学的理论是根据历史发展的脉络经过思考总结提炼而成的，因为"对现实的描述会使独立的哲学失去生存环境，能够取而代之的充其量不过是从对人类历史发展的考察中抽象出来的最一般的结果的概括。"① 对于不同历史时期发展特征的总结，能够让我们梳理出事物演进的规律，远眺未来，同时对脚下的路径进行规划和思考。本章将对我国知识产权保护发展历史与对外贸易发展历史进行梳理，通过归纳总结不同时期我国知识产权保护、对外贸易发展的意义与典型特征及其关系，为后续的分析论证做好理论基础。

第一节　中国知识产权保护发展的
历史回顾与阶段性特征

知识产权保护的基础是完善的知识产权保护制度。随着我国经济的不断发展，在国家大力倡导创新的政策下，我国科技创新竞争力逐步增强；与此同时，科技成果的数量迅猛增长，也要求知识产权保护范围和强度的扩展与提升。尤其是伴随着我国对外贸易的发展，不论是国家还是企业都充分意识

---

① 马克思，恩格斯. 德意志意识形态（节选本）[M]. 北京：人民出版社，2018：18.

到，想要在国际市场上保持竞争力，那么产品必须要有自主科技创新，也就更加需要知识产权保护。

纵观发达国家知识产权保护制度的发展之路，都是在经济发展到一定程度、工业体系较为完善的情况下，当技术模仿和创造能力都有一定基础后才逐步开始发展与完善的。每一个开始知识产权保护的国家，都经历了根据局部需求开始的选择保护，逐渐拓展至全方位深度的主动保护，并逐渐根据经济发展的需要从保护水平较弱的产业或者产品入手，不断增加保护强度。为了更清楚地分析我国知识产权保护发展的变化过程，本节将根据中国经济发展的不同阶段，从立法和执法两个方面，对知识产权保护制度的发展进行梳理，以探讨其变化的规律。冯晓青（2019）将我国 70 年知识产权保护制度发展分为改革开放前、改革开放初期、20 世纪末到 21 世纪初期和 21 世纪以来四个阶段进行分析，马一德（2014）将改革开放以来的知识产权保护制度分为 1978～1992 年被动立法阶段、1992～2001 年被动调整阶段、2001～2008 年适应阶段和 2008 年至今的主动调整阶段，结合本书的研究内容，本书将从以下四个阶段对我国知识产权保护制度发展历程进行分析总结。

一、计划经济时期的知识产权保护

（一）计划经济时期知识产权保护的立法情况

新中国成立初期，各行各业都开始了新的篇章，但是知识产权保护是个例外。一个现实的情况就是新中国成立初期的经济水平还比较落后，使得对知识产权的认识以及对于知识产权保护的意识还是比较片面。在社会主义公有制下，知识产权是人的脑力劳动成果也是生产资料，因而必须拥有公有制的属性。为了顺应新中国法律制度逐渐完善的需求，在计划经济时期，我国还是先后出台了部分知识产权保护的相关法律法规。从著作权的立法角度看，1957 年由文化部出台的《保障出版物著作权暂行规定（草案）》对著作权的保护客体、保护时限与相应的侵权法律责任给予了具体规定，但是因为很多原因这部法律未能推行。从专利权的立法角度看，1950 年，政务部颁布了新中国第一部涉及专利制度的法律规范《保障发明权与专利权暂行条例》；1954 年，政务院颁布了《有关生产的发明、技术改进及合理化建议奖励暂行条例》；1963 年，国务院颁布了《中华人民共和国发明奖励条例》和《技术改进奖励条例》替换了之前的两个条例，对专利进行更为详细的规制。从商标法的立法角度看，1950 年，政务院颁布了《商标注册暂行条例》，经过十多年的实践应用，在 1963 年颁布《商标管理条例》后，废止了前一个条例。从这个时间阶段来看，政府颁布的各项条例是符合计划经济特点的，在这个对于私有权利相对比较抵触的时期，对知识产权保护制度发展有很大的限制，知识产权保护立法处于极度稚嫩的阶段。

（二）知识产权保护的执法情况

虽然计划经济时期知识产权保护的立法情况远不能和现在相比，知识产权属性也有很大差别，但是在当时已经体现出公权力对于知识产权侵权的重视。由于受时代发展的局限性，相应知识产权保护的条例执行效果还是很差。由于知识产权保护制度是以激励为主要目的实行的保护性法律条款，必然要通过市场流转来体现产品被保护的价值，而计划经济体制下的市场流转受到极大遏制，知识产权保护的发展动力较弱。在计划经济时期，我国对外贸易发展水平比较低，对知识产权保护的要求也较低。

二、改革开放到加入世界贸易组织前的知识产权保护

（一）知识产权保护的立法情况

1978 年改革开放之后，社会各界和政府部门对知识产权保护的重视程度明显提高。因为"四个现代化，关键是科学技术的现代化"，对于科学技术的重视直接延伸到对于知识产权保护的重视上；从著作权的立法角度看，1978 年后，著作权制度开始获得恢复与完善，1990 年 9 月新中国第一部《中华人民共和国著作权法》颁布；1998 年 11 月《中华人民共和国著作权法修正案（草案）》审议通过，2001 年 10 月修改实施。从专利权的立法角度看，1983 年 3 月《中华人民共和国专利法》在第六届全国人大常委会四次会议上通过，正式确定技术发明与科学创造是《中华人民共和国专利法》保护的对象；1992 年 9 月《关于修改〈中华人民共和国专利法〉的决定》颁布，通过知识产权保护对象、时限等多方面的修改，使得我国知识产权保

护制度可以顺利与国际接轨；为了能够顺利加入 WTO，2000 年我国对《中华人民共和国专利法》进行再次修改。从商标法的立法角度看，1983 年 3 月实施的《中华人民共和国商标法》对保护的对象及具体保护程序进行了详细的规定，作为新中国第一部《中华人民共和国商标法》，其具有跨时代的意义，1993 年对《中华人民共和国商标法》进行了修正，2001 年对《中华人民共和国商标法》进行了第二次修正。在这个阶段，我国对品牌意识越加重视，塑造我国自己的商标品牌是我国在对外贸易竞争中极为有力的一种方式。

改革开放以后，外部环境的影响以及自身技术创新的需求使我国对于知识产权保护的态度有了非常大的转变。首先，国家对于创新特别是技术创新给予了极大的激励和支持，使得人民对于这种无形的财富有了更深入的了解和认可，对知识产权保护制度的接受程度大幅提升。其次，我国的经济不断发展壮大，技术水平也提升很快，通过不断对外开放，引进外资和技术促使知识产权保护水平不断提高。总之，随着经济的大步向前，对外开放的不断深入使得知识产权保护立法水平稳步提升。

（二）知识产权保护的执法情况

改革开放后，随着知识产权保护立法强度的提升，执法强度也在不断增强。

从知识产权保护的收案数据来看，1989 年为 376 件；1990 年 435 件；1992 年为 612 件；1993 年为 543 件；1994 年为 625 件；1995 年为 882 件；1996 年为 1036 件；1997 年为 1237 件；1999 年为 1247 件；2000 年为 1496 件。从《中国法律年鉴》的统计数据中可以明显看到，知识产权保护的收案数据基本上呈逐年递增态势，说明这个时段，人们对于知识产权保护的意识有大幅提升。

从知识产权保护的结案数据来看，1989 年为 289 件；1990 年 421 件；1992 年为 578 件；1993 年为 548 件；1994 年为 516 件；1995 年为 883 件；1996 年为 979 件；1997 年为 1332 件；1999 年为 1098 件；2000 年为 1534 件。从《中国法律年鉴》的统计数据中可以观察到，知识产权保护的结案数据也呈逐年上升的趋势，这足以说明我国知识产权保护的执法水平有很大的提升。

（三）知识产权保护与加入国际公约

我国知识产权保护水平的上升与不断加入关于知识产权保护相应的国际公约组织也有很大关系。自改革开放以来，我国开始积极融入和对接国际规制，1979年，我国与美国签订了《中美贸易协定》，在对外贸易中开启了关于知识产权保护的相应规定；1980年，我国正式加入世界知识产权组织；1985年，我国成为《保护工业产权巴黎公约》的成员，正式在国际上对我国的工业产权进行保护；1989年，我国加入《商标注册马德里协定》，使需要进行商标注册的中外人士均可以有依可循地申请注册。这一时期，我国通过加入与知识产权保护有关的国际公约，特别是与世界贸易组织所需要的制度接轨，促进了我国知识产权保护的制度建设，提高了我国知识产权保护水平。

三、加入世界贸易组织到金融危机前的知识产权保护

（一）知识产权保护的立法情况

我国《专利法》在2020年完成第四次修正，使《专利法》变得更加完善。可以说，从改革开放到加入世界贸易组织再到2008年，仅仅30年，我国通过不断努力制定并完善了知识产权保护法律制度，是非常惊人的成绩。

由于对外开放的不断深入，我国知识产权保护在国际环境与国际贸易的驱动下进一步优化。总之，随着快速发展的经济水平和持续的对外开放，我国知识产权保护水平从加入世界贸易组织以后到2008年金融危机到来之前出现了分散扩张到集约改革的发展势头，使得知识产权保护立法逐步走向成熟。

（二）知识产权保护的执法情况

随着我国对知识产权保护重视程度的提升，立法更加具体，执法水平也有相应提高。

从侵权纠纷专利案件数量变化的角度分析，2002年，我国侵权纠纷专

利立案案件总计 1399 件，结案案件总计 1216 件；2003 年，我国侵权纠纷专利立案案件总计 1448 件，结案案件总计 1179 件；2004 年，我国侵权纠纷专利立案案件总计 1414 件，结案案件总计 1181 件；2005 年，我国侵权纠纷专利立案案件总计 1360 件，结案案件总计 1140 件；2006 年，我国侵权纠纷专利立案案件总计 1227 件，结案案件总计 952 件；2007 年，我国侵权纠纷专利立案案件总计 986 件，结案案件总计 733 件；2008 年，我国侵权纠纷专利立案案件总计 1092 件，结案案件总计 838 件。通过与上一时间阶段对比，能够很明显地看到，2002 年我国加入 WTO 后，知识产权保护水平突然提升至和国际水平相接轨的程度，使得 2001 年与 2002 年我国侵权纠纷专利立案案件总计与结案案件总计成倍地上升；随后，通过不断的适应，我国侵权纠纷专利立案案件总计与结案案件总计开始有逐年下降趋势，到 2007 年和 2008 年开始趋于平稳。

从查处冒充专利行为案件数量变化的角度分析，2001 年我国查处冒充专利行为立案案件总计 561 件，2002 年我国查处冒充专利行为立案案件总计 1124 件，2001 年我国查处冒充专利行为结案案件总计 551 件，2002 年我国查处冒充专利行为结案案件总计 1042 件，可以看出 2001 年与 2002 年结案与立案案件总数都呈现出成倍的上升趋势；2007 年我国查处冒充专利行为立案案件总计 681 件，2008 年我国查处冒充专利行为立案案件总计 601 件，2007 年我国查处冒充专利行为结案案件总计 681 件，2008 年我国查处冒充专利行为结案案件总计 601 件，可以看出到 2008 年立案案件总数呈现下降平稳的态势，同时，特别注意到 2007 年和 2008 年立案与结案总数相同，说明在这个时间阶段我国知识产权保护执法水平先较快地增长后逐渐下降趋于平稳状态。

从查处假冒他人专利行为案件数量变化的角度分析，2001 年我国查处假冒他人专利行为立案案件总计 24 件，2002 年我国查处假冒他人专利行为立案案件总计 116 件，2001 年我国查处假冒他人专利行为结案案件总计 22 件，2002 年我国查处假冒他人专利行为结案案件总计 111 件，可以看出 2001 年与 2002 年结案与立案案件总数呈现了成倍的上升；2007 年我国查处假冒他人专利行为立案案件总计 32 件，2008 年我国查处假冒他人专利行为立案案件总计 59 件，2007 年我国查处假冒他人专利行为结案案件总计 32 件，2008 年我国查处假冒他人专利行为结案案件总计 59 件，可以看出到

2008 年立案案件总数呈现下降—平稳—上升的波动态势，但是立案与结案数相同，这意味着我国知识产权保护执法水平有明显的提升。

四、后金融危机时期的知识产权保护

（一）知识产权保护的立法情况

2008 年以来，西方国家普遍受到金融危机的影响，而中国经济独树一帜。后金融危机时代对于我国的发展既是挑战又是机遇。很多学者都认为这一时期中国已经站在了新技术革命的起跑线上，我国应当抓住技术革新的机遇迅速抢占新技术的制高点；与此同时，西方国家又忌惮我国弯道超车，在国际知识产权保护方面步步紧逼。特殊的历史环境也造就了我国新的知识产权保护时代。面对新的机遇和挑战，何炼红（2019）提出我国知识产权法治体系的建设应当以"先中央政策统筹，后地方立法推进，再国家统一立法"的方式进行规划发展。刘强和孙青山（2020）提出在民法典时代，知识产权条款应当在民法典各分编中进行完善，建立知识产权立法的体系。

与前三个阶段截然不同的是，2008 年 6 月国务院颁布了《国家知识产权战略纲要》，将知识产权保护提升到国家战略的角度进行规划。国家知识产权战略说明了知识产权保护制度对国家发展的重要性。首先，从最初被迫开始知识产权保护，到自主地制定适合我国经济发展、促进对外贸易发展、激励科技创新等一系列知识产权保护机制的变化来看，根据我国实际情况制定出与发展阶段相适应的知识产权保护纲要机制的重要性；其次，在对外贸易活动中，知识产权保护既是对我国含有知识产权科技创新产品的保护，也是对外贸易摩擦的解决依据，完善的知识产权保护体系有利于我国推进高质量贸易的发展；最后，对于知识产权保护的重视是我国经济发展水平巨大提升后的需求，是对外贸易水平惊人飞跃后的需要，也是科技创新水平进入到关乎国家竞争力新阶段的必要。

在知识产权保护立法、执法等方面，这一时期都有更为深入的探索。在立法方面，2012 年，我国第三次对《中华人民共和国著作权法》进行修改，2013 年，我国第三次对《中华人民共和国商标法》进行修改，2019 年，我国第四次对《中华人民共和国商标法》进行修改，2020 年我国进入民法典时代，对知识产权保护统一立法又有了更新、更高的要求。在司法体系方面，2013 年，我国开始探索建立知识产权法院路径；2016 年，我国建立知识产权保护综合管理体制，通过高效的体制进一步促进知识产权保护的提升；2018 年，我国设立最高人民法院知识产权法庭。此外，2015 年，国务院颁布了《关于新形势下加快知识产权强国建设的若干意见》，部署我国将在 2020 年前关于知识产权保护中需要突破的关键问题；2017 年，习近平总书记强调要加强知识产权保护，特别是在建立优质的营商环境方面；2018 年，习近平总书记在博鳌亚洲论坛中指出通过提高知识产权保护激励中国经济竞争力的提升；2020 年，中央政治局第二十五次集体学习时再一次强调要推动知识产权保护与国际贸易规则和标准的完善。同时，习近平总书记指出，保护知识产权，就是保护创新。2020 年 5 月 28 日，第十三届全国人民代表大会第三次会议通过，于 2021 年 1 月 1 日起施行的《中华人民共和国民法典》的第五章第一百二十三条规定了 8 种形式的知识产权，分别为：（1）作品；（2）发明、实用新型、外观设计；（3）商标；（4）地理标志；（5）商业秘密；（6）集成电路布图设计；（7）植物新品种；（8）法律规定的其他客体。新发展阶段，知识产权的保护关系到国家安全、国家对外开放大局、人民幸福生活、国家治理体系和治理能力现代化以及高质量发展。

（二）知识产权保护的执法情况

经过不断努力，我国知识产权保护制度逐渐完善，知识产权保护的执法能力有很大的提高，人们对于知识产权保护的认识也有了全面的提升。

从专利申请数的角度来看，2009 年，我国专利申请数为 976686 项，2019 年，为 4380468 项，2019 年的申请数为 2009 年的 4.49 倍；2009 年，我国发明专利申请数为 314573 项，2019 年为 1400661 项，2019 年的申请数为 2009 年的 4.45 倍。从申请数来看，我国专利申请数目的提升较为明显，其主要原因是国家竞争力整体的提升，同时也有知识产权保护的激励作用。

从侵权纠纷专利案件数量变化的角度分析，2009 年，我国侵权纠纷专利立案案件总计 937 件，结案案件总计 741 件；2018 年，我国侵权纠纷专利立案案件总计 33976 件，结案案件总计 33256 件；从查处冒充专利行为案件数量变化的角度分析，2009 年，我国查处冒充专利行为立案案件总计 548 件，结案案件总计 548 件；2009 年，我国查处假冒他人专利行为立案案件总计30件，结案案件总计30件；从查处专利执法其他纠纷案件数量变化的角度分析，2009年，我国专利执法其他纠纷立案案件总计26件，结案案件总计17件；2018年，我国专利执法其他纠纷立案案件总计621件，结案案件总计512件。从数据中可以显著看出，我国知识产权保护执法力度提升，立案案件数量大幅提升，结案案件数量也同样上升，从数量和效率的角度都能说明我国知识产权保护执法水平的优化和提升。

五、不同时期知识产权保护的作用与典型特征

"其中每一代都立足于前一代所奠定的基础上，继续发展前一代的工业和交往，并随着需要的改变而改变他们的社会制度。"[①] 新中国成立七十多年来，随着我国经济实力的强大，对外贸易的发展壮大、科技创新的提高，对于知识产权保护制度的要求也在不断提升，在上述不同阶段中，中国知识产权保护发展的作用与典型特征也有所差异。

首先，计划经济时期知识产权保护覆盖面有限、知识产权保护的需求与政策供给都处于较低的水平，这是由这一时期经济发展的计划指令性质所决定的，但对外贸易的规模也较为有限，人们对于产权保护的意识比较匮乏，知识产权保护在这个时段对经济发展、社会发展以及外贸发展起到的作用并不突出。

其次，从改革开放到2008年金融危机前是中国知识产权保护全面发展的阶段。随着我国实行改革开放政策，为了与国际接轨并尽快融入世界贸易体系，我国在知识产权保护方面付出了极大的努力，可能在这个发展过程中一路跌跌撞撞，道路曲折弯曲，但是在改革开放后的三十年内，我国还是迅速完善了知识产权保护制度，达到了与国际接轨的水平。从立法和执法两方面看都有长足发展，这是因为，随着经济不断的发展，知识产权保护制度是必然出现的产物，国际市场分工与交换都需要国际规则制约与润滑，知识产权保护充当了这个关键的角色。在这个阶段，市场经济体制的变革，使得对于知识产权保护的需要程度更加迫切。我国科技创新的发展需要相应适度的知识产权保护制度的激励。

---

① 马克思，恩格斯. 德意志意识形态（节选本）［M］. 北京：人民出版社，2018：20.

最后，后金融危机时期，中国的知识产权保护进入了国家战略部署阶段，其突出标志是不仅立法和执法水平进一步提高，覆盖面更为广泛，而且国家在战略层面还给予了高度重视。特别是 2013 年以后的高质量发展阶段，知识产权保护制度的制定和实施被上升到与我国的国家安全、国家治理体系和治理能力现代化水平密切相关的高度。

总体上，当前知识产权保护关系到我国对外开放大局以及经济高质量的发展。需要根据我国具体产业的发展特点，实施适度的知识产权保护；根据不同层面的需求和目标进行不断的完善和改进，以实现我国全面的知识产权保护高质量发展。

第二节　中国对外贸易发展的历史回顾与阶段性特征

新中国成立七十余年来，我国对外贸易经历了贸易规模从较小到世界第一，贸易结构从简单到布局合理，贸易范围从很少的周边国家到全世界，贸易产品从单一货物到拥有货物、服务、技术贸易全方位的种类等变化。在七十多年的发展中，通过对外贸易结构的不断优化，对外贸易效益的不断增长，以及对外贸易竞争力的不断增强，我国对外贸易实现了从内贸的附属作用到与内贸并驾齐驱的新发展。这样举世瞩目的成就是七十年来不断努力的结果。参考盛斌和魏方（2019）的研究，本节根据对外贸易发展不同时段的特点，结合本书研究的内容，将我国七十多年的对外贸易发展历程分为四个阶段。

一、计划经济时期的对外贸易

（一）1949～1957 年对外贸易起步阶段

这个阶段的新中国百废待兴，经济在恢复起步阶段，对外贸易也是如此。1949 年 3 月，在中国共产党七届二中全会上毛泽东提出"人民共和国的国民经济的恢复和发展，没有对外贸易的统制政策是不可能的"（盛斌和魏方，2019）。1949年9月，中国人民政治协商会议第一届全体会议通过《中国人民政治协商会议共同纲领》，1949年10月成立了中央贸易部，1950年12月颁布了《对外贸易管理暂行条例》及《对外贸易管理暂行条例实施细则》，随后又颁布了一系列对外贸易制度，并建立起了以中央贸易部为核心的管理机构，恢复开办相应的对外贸易业务。这个阶段是国家计划经济体制下保护贸易政策的最初阶段，这时对外贸易的主要目的是为国民经济生产发展服务，因此这个阶段主要是以进口贸易为主。这一阶段的后期，即"一五"时期，一方面1953年6月《全国对外贸易计划工作程序办法》的颁布说明计划经济体制下的外贸计划集中，另一方面1950年4月与苏联签订了《中苏贸易协定》，使我国进出口贸易额有大幅度的增长，特别是1956年我国的进出口贸易差额由贸易逆差转变为贸易顺差，开始了我国基本趋于平衡的对外贸易发展。[①]

（二）1958～1977年对外贸易缓慢发展阶段

这一时期是以自力更生为主、争取外援为辅的发展战略时期。1958年2月，外贸部提出的"大进大出"政策使得外贸计划指标偏高，再加上中苏关系恶化，我国经济发展受到了较大冲击，所以在这一时期对外贸易只是我国整个发展战略的有限补充。直至20世纪70年代，中美关系有所向好，我国在对外贸易方面适度地放开了企业的经营权，增加了外贸口岸，引进了先进技术设备，加快了我国工业化的进程，促进了我国对外贸易的发展。

总体来看，我国计划经济时期的对外贸易对国民经济发展的影响具有局限性。从外贸结构角度分析，虽然我国对外贸易的对象范围有所扩大但依然较为有限；产业结构不健全，工业发展相对落后，使得外贸商品结构较为单一。从进出口贸易总额角度分析，1950年为11.3亿美元，1958年为38.7亿美元，1977年为148亿美元，1977年的进出口贸易总额是1950年的13.1倍，外贸规模增长明显。从外贸竞争力角度分析，出口产品以资源产品、农产品为主，少量出口的轻工业制品技术含量较低，贸易竞争力较弱，同时外贸活动以进口贸易为主，贸易条件不平衡。作为对外贸易的初始阶段，一系

---

① 本节中的数据，没有特说明时，2000年之前的数据来自《新中国六十年统计资料汇编》，2000年之后数据分别来自《新中国六十年统计资料汇编》《中国统计年鉴》《中国贸易外经统计年鉴》、国家统计局、世界银行。

列方针政策的逐步实施，使得我国对外贸易慢慢进入正常的运行轨道，通过不断地借鉴和探索开启了对外贸易的新气象。

二、改革开放到加入世界贸易组织前的对外贸易

（一）1978～1991 年对外贸易摸索阶段

这个阶段是我国对外贸易的改革探索阶段。改革开放使我国对外贸易政策发生了极大的变革，1979 年国务院颁布《以进养出试行办法》《开展对外加工装配和中小型补偿贸易办法》，1988 年 2 月国务院颁布《关于加快和深化对外贸易体制改革若干问题的规定》，1990 年 12 月国务院颁布《关于进一步改革和完善对外贸易体制若干问题的决定》，对原有外贸体制进行了改革，即打破高度集中的外贸体制，我国对外贸易开始兼顾进口保护和出口鼓励的开放贸易政策，开展贸易承包经营责任制、海关特殊监管区、外汇"双轨制"等体制改革，确立了"两头在外"的加工贸易生产模式，虽然我国对外贸易还没有真正与世界市场和全球体制进行全面接轨，但通过经济特区的建立、沿海开放城市的试点等方式，尝试性开启对外开放的发展道路，逐步开始注重增长、就业、出口等规模性增长的目标。

（二）1992～2001 年对外贸易开放突破阶段

这个阶段是我国对外贸易的开放突破阶段。1992 年，党的十四大提出以建立社会主义市场经济体制为中国经济体制改革目标，并比照国际规则进行市场化改革，为中国对外贸易发展注入了新的动力。1994 年，《关于进一步深化外贸体制改革的决定》《中华人民共和国对外贸易法》《出口货物退（免）税管理办法》等外贸法律制度相继出台，尤其是实施逐步放开的外贸经营权、跳水式调低的关税、人民币双重汇率的并轨等，大力推动外贸体制的市场化改革。在大量政策的加速推动下，外资企业成为这个阶段中国对外贸易的最主要力量，主要通过 FDI、先进技术、中间投入品等方式将具有"人口红利"优势的中国打造成了"世界加工厂"。1995 年 12 月，我国取消了 176 个税目商品的进口配额制度和进口许可证（黄汉民，2019），

1998 年，我国对重点企业进出口经营权进行登记备案，1999 年 1 月，我国许可非公有制经济进行对外贸易活动，这说明我国在对外贸易领域主张市场化的改革，取消了进出口指令性计划，以出口贸易为导向，加强了对外开放。

总体来看，从改革开放到加入世界贸易组织前的对外贸易通过简政放权，调动了地方、企业（外企）进出口贸易的主动性，通过承包经营责任制、自负盈亏等改革进一步深化了改革开放。从货物贸易进出口总额的角度分析，1978 ~ 1991 年进出口贸易差额以贸易逆差为主，1992 ~ 2001 年进出口贸易差额以贸易顺差为主，特别是第二个阶段发展中我国为了促进出口贸易做了很多工作，比如成立专门为进出口贸易提供政策性金融支持、专门帮助中小企业出口的基金协会等；1978 年，我国货物贸易进出口总额为 206. 4 亿美元，2001 年为 2661 亿美元，可以明显看出改革开放对于外贸规模的促进作用是非常强劲的。从外贸结构角度分析，在改革开放初期，加工贸易与一般贸易都较为薄弱，从 1993 年之后，加工贸易增长趋势加快；而从商品结构分析，初级产品进口总额 1980 年为 69. 59 亿美元，2001 年为 457. 43 亿美元；工业制成品进口总额 1980 年总额为 130. 58 亿美元，2001 年为 1978. 10 亿美元，两者都呈现了飞速的增长。从服务贸易角度分析，1982 年我国服务贸易出口总额为 26. 7 亿美元，服务贸易进口总额 20. 2 亿美元，相比于我国货物贸易来讲，我国服务贸易基础较差，以国际旅游为例，1992 年我国国际旅游收入为 39. 47 亿美元，2000 年为 162. 24 亿美元，增长超过了 4 倍。

三、加入世界贸易组织到金融危机前的对外贸易

随着中国加入 WTO，在履行 WTO 成员国义务的同时也拥有了对外贸易的更多机会，这是我国对外贸易全面深化的阶段，通过履行入世承诺享有了贸易自由化政策，我国货物贸易规模以前所未有的规模和速度"爆炸"式增长。但是，我们可以看到我国的对外贸易属于"以量取胜"的粗放型发展模式。加入 WTO 是我国对外贸易的一个转折点，中国贸易的大门更加开放，与世界贸易的连接更加紧密。与此同时，我国面临的外部环境也发生了巨大改变，一方面对外贸易规模大幅度增长，另一方面相应的贸易摩擦、环

境污染等问题也随即而来。

在 2002 年之前，我国为加入 WTO 做了很多努力，比如从 1992 年开始取消全部进口调节税，1997 年降低高新技术产品进口关税等。加入 WTO 之后我国履行承诺，并且实行了对接国际规则的对外贸易政策，特别是在《中华人民共和国专利法》《中华人民共和国商标法》和《中华人民共和国著作权法》等知识产权法规的基础上，依据《与贸易有关的知识产权协定》进行了相应的修订。知识产权保护强度的加强，既是对我国技术贸易中相应产品的保护，又是对相应企业的激励。与此同时，我国还先后颁布了《中华人民共和国反补贴条例》《中华人民共和国技术进出口管理条例》《中华人民共和国货物进出口管理条例》《中华人民共和国反倾销条例》等对接 WTO 的相应政策。

从加入世界贸易组织到 2008 年金融危机前的这个阶段，我国对外贸易取得了骄人的成绩。从货物贸易进出口规模来看，2002 年为 6207.7 亿美元，2007 年为 21761.8 亿美元，也就是说 2007 年是 2001 年时的 3.51 倍，涨幅明显。从服务贸易进出口规模来看，2002 年为 927.6 亿美元，2007 年为 2654.5 亿美元，2007 年是 2002 年的 2.86 倍，而这个阶段服务贸易出口与进口的差额趋于零，说明服务贸易的进出口贸易发展得较为平衡。从国际合作的角度来看，2002 年，我国实际利用外资 550.11 亿美元，2007 年为 747.68 亿美元；2002 年，我国对外承包工程完成营业额为 111.94 亿美元，2007 年为 406.43 亿美元；2004 年，我国对外直接投资净额为 54.98 亿美元，2007 年为 265.06 亿美元，可以看出在这个阶段，我国在贸易领域对外开放的力度很大，而且持续地坚持更大的开放力度。

从外贸竞争力来看，2002 年高技术产品出口金额为 679 亿美元、进口金额为 828 亿美元，2007 年高技术产品出口金额为 3478 亿美元、进口金额为 2870 亿美元，可以看出高技术产品出口总额增长幅度要高于高技术产品进口的增长幅度；2004 年高新技术产品出口金额为 1655.36 亿美元、进口金额为 1614.14 亿美元，2007 年高新技术产品出口金额为 3478.25 亿美元、进口金额为 2869.86 亿美元，可以看出高新技术产品出口总额增长幅度要高于高新技术产品进口的增长幅度。由此可见，这个阶段我国对外贸易在高（新）技术出口方面取得了较大的进步。

四、后金融危机时期的对外贸易

(一) 2008~2012 年的对外贸易情况

2008 年的全球金融危机对我国经济也产生了巨大的冲击，面对突发的金融海啸，我国政府迅速做出了相应的政策调整，以缓冲危机带来的不良影响。在对外贸易方面，主要以稳定为主，对于进口贸易出台相应临时性的保护政策，比如对于特定商品取消其关税的优惠政策，将进口许可证毫无数量限制地签发给进口商等措施，以保证进口商品的供给；在出口贸易方面，持续提供贸易便利化、减少（取消）商品出口税等政策，促进商品出口贸易稳定的增长。金融危机对我国货物贸易进出口规模有很大的影响，2009 年呈现了这个阶段最低的进口、出口规模，分别为 12016.1 亿美元和 22075.4 亿美元，但其依然呈现了高于 1500 亿美元的贸易顺差，这主要是因为对外贸易的政策调整，在稳定的基础上就出口面给予了相应的激励政策（比如加大出口信用保险和出口信贷力度，主动提供贸易便利化条件，特别是提高海关通关服务等方面），取得了出口总额的增长。2012 年 9 月，国务院颁布的《关于促进外贸稳定增长的若干意见》中指出稳定与增长是今后外贸发展的重要任务。

(二) 2013 年至今的高质量发展阶段对外贸易情况

2012 年 4 月，商务部印发《对外贸易发展"十二五"规划》，给予"十二五"我国对外贸易发展的明确方向，即 2011~2015 年重在保证外贸效益稳定的增长、外贸结构协调的发展、外贸进出口既充分又均衡的扩大等，推动外贸高质量的发展，使我国由贸易大国迈向贸易强国的道路更加坚实；2013 年 11 月出台的《中共中央关于全面深化改革若干重大问题的决定》对我国对外贸易发展提出了更高的要求，提出要构建开放型经济新体制、实施高水平对外开放新格局；2017 年 10 月，党的十九大报告提出了"全面开放"的新理念；2017 年，在"一带一路"国际合作高峰论坛上，习近平主席宣布从 2018 年起开始举办中国国际进口博览会；2018 年 7 月，国务院颁布了《关于扩大进口促进对外贸易平衡发展的指导意见》，调整了过去只重视出口的增长，忽略了对先进技术等我国需要的、处在产业链顶端的产品或者原料的进口，开始对我国外贸高质量发展中供给侧的进口给予政策支持；2019 年 11 月，中共中央、国务院出台了《关于推进贸易高质量发展的指导意见》，该文件指出推进贸易高质量发展，是党中央面对国际国内形势深刻变化作出的重大决策部署，是奋力推进新时代中国特色社会主义事业的必然要求，是事关经济社会发展全局的大事；2020 年 8 月，国务院办公厅印发的《关于进一步做好稳外贸稳外资工作的意见》中指出我国外贸面临复杂严峻形势，要做好稳住外贸主体，稳住产业链供应链，支持贸易新业态发展等工作。

2009 年，我国以 12016.6 亿美元成为世界第一出口贸易大国；2020 年，我国货物贸易进出口总值 32.16 万亿元，成为世界货物贸易第一大国。新的时代赋予我们新的任务，中国对外贸易发展的重点已经从以往的规模扩张转变为现今的高质量发展、全方位开放。国家努力使国内体制与全球化趋势更相适应、开放的内涵进一步升级，高质量发展要求更高质量的贸易与外资，通过建立开放型的市场经济体制，实现建设人类命运共同体的目标（张幼文，2019）。

五、不同时期对外贸易发展的作用与典型特征

（一）助力中国经济发展

对外贸易的高速发展对于中国经济的增长有着重要意义。积极融入全球贸易体系，实施经济体制改革，优化经济结构，促进产业升级与国际接轨，对外贸易直接或间接地带来了就业和收入水平的提升，跨国文化的频繁互动为国内文化产业的迅速扩大提供了动力（余振和王净宇，2019）。张小宇等（2019）从实证的角度识别了中国对外贸易与经济增长的动态关联机制，实证结果表明：在长期均衡视角下，出口贸易对产出的促进作用大于进口贸易；在短期动态视角下，进口（出口）贸易对经济增长表现出逐渐增强（变弱）的拉动效应；在特殊时间点如 1978 年、2001 年和 2008 年，出口（进口）贸易对经济增长表现出逐渐减弱（增加）的拉动效应。1952~2019 年中国实际 GDP 增长率、贸易出口总额增长率变化趋势如图 2-1 所示。

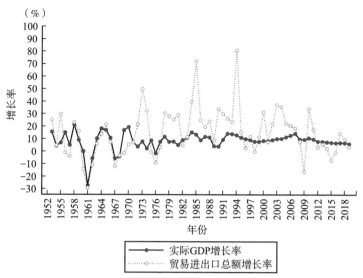

图 2 - 1　1952 ~ 2019 年中国实际 GDP 增长率、
贸易进出口总额增长率变化趋势图

作为从需求侧能够促进经济增长的对外贸易，在过去的七十多年中助力我国成为世界第二大经济体。从图 2 - 1 中可以看到，我国对外贸易进出口总额的增速与我国经济发展的增速基本同起同落。1961 年，我国实际 GDP 增长率出现了新中国成立以来的最小值，同时贸易进出口总额的增长率也出现了七十多年来的最小值；同样，在 1967 年、1976 年、1989 年、2009 年等年份，出现了实际 GDP 增长率的极小值，对外贸易进出口总额增长率也一起出现了极小值；然而在 1958 年、1973 年、2007 年等年份，当 GDP 飞速增长时，对外贸易进出口总额增速也在其身后依托着助力着。在我国对外贸易发展的过程中，通过不断优化对外贸易的结构、增强对外贸易的竞争力、提高对外贸易的效益，推动了我国对外贸易的高质量发展水平，促进了我国经济高质量发展。当前，我国努力实现外贸高质量发展，看似在发展贸易，实则是从需求侧推动经济发展，助力世界恢复生机。

（二）助力世界贸易发展

对外开放不仅促进了我国发展，也为世界经济增添了活力。2018 年，我国贡献了世界经济增量的 30%，成为世界经济增长的"加速器"。通过经济转型和高质量发展，我国的开放成果能够更好地惠及全世界；我国能更广泛深入地参与国际分工体系，并通过更为深入的开放推动全球共同发展，增进世界发展道路的多样性和包容性（杨丹辉，2019）。2013 年，我国提出"一带一路"倡议，仅 2019 年的 1 月到 7 月，我国企业对"一带一路"沿线 52 个国家非金融类直接投资就已经高达 79.7 亿美元；此外，我国还在"一带一路"沿线的 61 个国家新签对外承包工程项目合同 3642 份，通过共商、共建、共享"一带一路"越来越深地参与并引领国际化、全球化的历史进程（王鹏，2019）。现在的中国，是一个勇于承担大国责任和义务，引领南南合作进程，积极主动推进"一带一路""金砖"等广大发展中国家共同发展的大国，在提供资金、国际机制创新、发展经验等方面都贡献了中国方案（杨娜，2019）。1960～2019 年中国进、出口贸易总额世界占比变化趋势如图 2 - 2 所示。

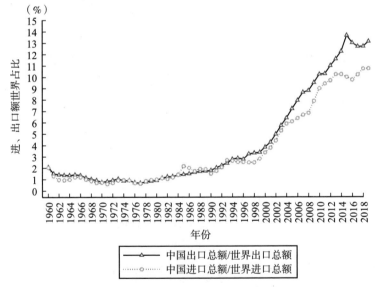

图 2 - 2　1960～2019 年中国进、出口贸易总额世界占比变化趋势图

从图 2 - 2 中可以明显看到，中国出口总额世界占比、进口总额世界占比的增长，特别是加入 WTO 之后。中国通过加入 WTO 打开了世界贸易的大门，但同时，中国也将对外贸易的"门钥匙"交给了愿意共同为世界贸易添砖加瓦的其他国家。由图 2 - 2 可知，从时间序列的角度分析，在加入

WTO 前，也就是 1960～2001 年，不论是出口贸易世界占比还是进口贸易世界占比，都可以分成两个时间阶段，第一个时间段是 1960～1977 年，在这个时段，出口贸易世界占比和进口贸易世界占比对应图 2-2 中 1960 年的起点都很低，分别为 2.09% 和 2.04%，从 1960 年开始出口贸易世界占比和进口贸易世界占比曲线开始了缓慢波动的下降状态，这种占比逐渐减少的情况一直持续到 1977 年，此时出口贸易世界占比为 0.69%、进口贸易世界占比为 0.64%；从 1978 年开始，进入了第二个时间段，比起第一个时间段进口、出口世界占比没有特别大的波动情况，1978～2001 年，似乎我国对外贸易突然从世界占比趋于零的状态开启了上升态势，于是从 1978 年开始进口、出口世界占比均波动着上升，一直到 2001 年，此时出口贸易世界占比为 4.27%、进口贸易世界占比为 3.78%。进入 2002 年，我国出口贸易总额世界占比开始了指数式曲线的上升模式、我国进口贸易总额世界占比开始了对数式曲线的增长，出口贸易总额世界占比在 2015 年出现了一个小的“波峰”，对应的占比值为 13.65%，进口贸易总额世界占比在 2016 年出现了一个小的“波谷”，对应的占比值为 9.76%，2019 年我国进口贸易、出口贸易世界占比值分别为 10.74% 和 13.12%。由此可以看出，我国改革开放以后，外贸发展得越来越好。

（三）中国对外贸易发展的挑战与机遇

新中国成立七十多年来，对外贸易取得了巨大的进步，外贸的巨大变化可以归结为以下四个方面的原因：逐步推进外贸管理体制改革，全面释放外贸发展活力；适时调整对外贸易发展战略，充分发挥比较优势；主动加入WTO，深度融入经济全球化进程；增设各类开放型经济园区，不断优化营商环境（曲维玺和赵新泉，2019）。在这“百年未有之大变局”下，展望未来，中国对外贸易发展依然要从结构、效益和竞争力等方面继续努力。

第一，大力优化外贸结构。相比于建国初期，如今我国的外贸结构已经形成了一整套成熟的发展模式，但是为了应对当下国内外不断动态变化的贸易环境，还需要从产业、商品以及市场等多方面改善和优化外贸结构。从贸易方式来看，改革开放初期，我国一般贸易的基础高于加工贸易，但随着我国逐渐融入全球价值链的需要，在政策和机遇的推动下，加工贸易开始飞跃式的发展，2003 年，我国一般贸易出口额已经超过加工贸易出口额，但是，加工贸易依然占比较高，因此，加工贸易需要向品牌、技术、附加值高的方向升级转型，还要大力发展一般贸易，提升我国在全球价值链中的位置，向产业链上游技术先进方向努力。从外贸商品种类来看，新中国成立以来，我国服务贸易的发展幅度很强劲，但是与货物贸易相比，发展空间还是非常大，未来需要大力发展服务贸易，特别是要结合数字时代的技术发展，拓展服务贸易的边界。从外贸营商环境来看，随着中美贸易摩擦等出现，在发展高技术产业的同时需要建构多元化的外贸地理结构，发展不同层次的贸易伙伴，参与全球治理，避免国际贸易保护主义、单边主义抬头。

第二，持续提升外贸效益。我国对外贸易规模庞大，从需求侧促进经济高质量发展，同时未来还要不断从可持续发展的角度，大力发展外贸绿色效益。绿水青山就是金山银山，我国的资源与环境发展关乎生态文明，对于资源消耗过度、对环境破坏严重的粗放型产业的转型升级任重道远，特别是加工贸易中的高耗能、无技术的低端产业。从社会效益来看，我国对外贸易的发展日趋成熟，就业岗位提供的环节也在逐渐完善；随着进口贸易结构的优化，进口产品的质量与技术含量也有所提高，能够更好地满足人们美好生活的需要。

第三，不断增强外贸竞争力。建设贸易强国，自主知识产权的科技创新要当先，而打造中国品牌更需要自主创新的支撑。2018 年，我国机电产品出口额远高于高新技术产品出口额，高技术产品出口额占工业制成品出口额的比重为31.6%，全球500 强企业中我国有129 家，由此看来，我国货物贸易出口的主力产品依然是工业制成品，我国在品牌培育方面的提升空间仍然很大。未来，我国还是需要大力发展创新与自主研发，实现全球全价值的中高端攀升，在数字时代打造出更具国际实力的外贸竞争力。

新中国成立七十多年来，对外贸易发展之路经历了风风雨雨，在中国共产党的领导下，经过不断的探索、调整逐渐形成了一套适合我国对外贸易发展的模式，回顾我国对外贸易发展的历程，通过积极的总结与经验的积累，争取在未来取得更大的成就。

六、不同时期中国知识产权保护与对外贸易的关系

马克思说："交换的深度、广度和方式都是由生产的发展和结构决定的。"[①]

---

① 马克思，恩格斯. 马克思恩格斯全集（第三十卷）[M]. 北京：人民出版社，1995：40.

我国对外贸易的发展是由新中国成立初期为国民经济生产发展服务的计划外贸，到成为拉动经济发展"三驾马车"之一，对外贸易与知识产权保护的关系也由疏离变得亲密，这都与我国不断发展的生产力有关。因此，在不同的发展阶段，知识产权保护与对外贸易的关系也有所不同。

第一，计划经济时期知识产权保护与对外贸易的关系并不紧密。我国对外贸易的发展定位是国内贸易的有限补充，外贸的发展对经济发展的促进作用有限，外贸结构单一，外贸竞争力较弱；知识产权保护立法不健全，执法水平相对薄弱，人民对于知识产权保护的意识淡薄。因此，在这个时间阶段，我国贸易产品的技术含量较低，对知识产权保护的需求不足，相应政策制度也在逐步建立过程中，知识产权保护对外贸的影响较小。

第二，从改革开放到加入世界贸易组织前，知识产权保护与对外贸易的关系越来越紧密，逐渐开始互动。在这个阶段，我国开始改革开放，通过进口贸易、引进外资等多种方式，提升了我国贸易产品的科技含量，也认识到了科学技术的重要性；通过出口贸易将我国优势产业的商品销至外国市场，提升了我国产品的（专利）品牌意识与自信。在这个阶段，发达国家知识产权保护制度已经较为完善，在外贸发展过程中也积累了更多的保护经验，同时其技术产品的科技含量更高，而我国知识产权保护制度在对外贸易开放过程中逐渐建立健全，在国际舞台的话语权不足，因此，在对外贸易过程中，知识产权保护被迫与国际接轨，更多地充当了我国对外贸易融入全球贸易的润滑剂。

第三，从加入世界贸易组织到 2008 年金融危机前，知识产权保护与对外贸易的关系逐渐融洽。在加入世界贸易组织前，我国迅速将知识产权保护水平提升至国际水平，而加入世界贸易组织为我国对外贸易发展提供了更高的平台。在这个阶段，我国的知识产权保护立法水平已经较为完善，执法水平也得到了很大的提升，同时我国的外贸对经济发展的拉动作用更强；我国外贸商品的种类更加多元化并且科技含量更高，外贸竞争力增强，对于知识产权保护的需求也从被动转变为主动。因此，随着我国经济的发展，知识产权保护与对外贸易的关系转变为互相需要。

第四，后金融危机时期，知识产权保护与对外贸易的关系已经转变为不可缺少的亲密关系。我国已经从国家战略部署角度对知识产权保护进行了规划，同时也在推进实现贸易强国计划。为了更好地推进我国外贸高质量发展，国家知识产权局配合商务部部署了相应知识产权保护工作。由此可见，知识产权保护已经渗透到外贸发展的各个环节，对外贸产品创新、外贸法制化便利化建设等都产生了极大的影响，特别是在 2013 年以来高质量发展阶段，知识产权保护与外贸的关系更加紧密，知识产权保护对外贸的影响也更大。

第三章

知识产权保护对外贸高质量
发展影响的机理分析

恩格斯说:"一个民族要想站在科学的最高峰,就一刻也不能没有理论思维。"① 本章就知识产权保护对外贸高质量发展的影响进行了展开分析。

基于前文对外贸高质量发展内涵的界定,结合现有理论研究和实证研究文献发现知识产权保护在一国对外贸易发展的道路上起着越来越重要的作用。加强知识产权保护,进口国家会增加产品模仿的成本,提升进口规模,形成市场扩张效应,同时会使出口国家拥有产品的垄断权力,产生市场势力效应,两种效应互相抵消最终产生对外贸发展的影响,因此提升知识产权保护对外贸发展的影响具有不确定性。那么,知识产权保护是怎么对外贸高质量发展产生影响呢?考虑到知识产权保护影响外贸高质量发展的机制较为复杂,因此本章在已有文献的基础上,从优化外贸结构、提升外贸效益和增强外贸竞争力三个方面展开分析了知识产权保护对外贸高质量发展的影响。第一,从优化外贸结构入手,知识产权保护通过促进产业结构转型和升级、合理配置外贸商品结构以及拓展多样化外贸市场布局结构等方面对外贸高质量发展产生影响;第二,从提升外贸效益着手,分析知识产权保护通过外贸规模、经济效益、社会效益和绿色效益等方面对外贸高质量发展产生影响;第三,从增强外贸竞争力入手,提升知识产权保护通过加强贸易便利化、提升外贸品牌影响力、激励创新等方面对外贸高质量发展产生影响。因此,知识

---

① 马克思,恩格斯. 马克思恩格斯选集(第三卷)[M]. 北京:人民出版社,2012:875.

产权保护对外贸高质量发展的影响是一个综合效应，是由多种影响的合效应决定的。

知识产权保护对外贸高质量发展的影响如图 3 – 1 所示。

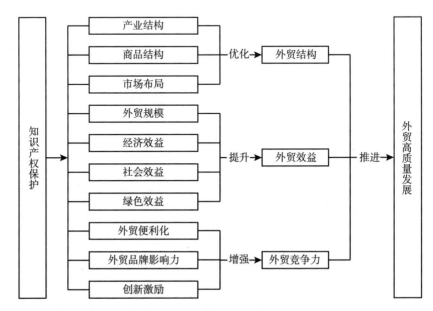

图 3 – 1　知识产权保护对外贸高质量发展影响分析图

第一节　知识产权保护与外贸结构优化

马克思认为："一定的生产决定一定的消费、分配、交换和这些不同要素相互间的一定关系。"① 由此可见，产业、商品和市场是由生产来决定的。本节探讨知识产权保护对外贸结构的优化作用。首先，根据外贸结构的内涵，分别从知识产权保护对产业结构的优化作用、知识产权保护对商品结构的优化作用以及知识产权保护对市场布局的优化作用三个方面进行展开分析。其次，对知识产权保护优化外贸结构进行相关数理模型与拓展分析。

---

① 马克思，恩格斯. 马克思恩格斯选集（第二卷）［M］. 北京：人民出版社，1995：17.

一、知识产权保护对外贸结构的影响

（一）优化产业结构

提升知识产权保护水平，能够吸引外商直接投资，改变产业结构。第一，增强一国的知识产权保护，外商直接投资意愿增强，通过对技术密集型产业的投资，能够通过技术溢出效应或者先进管理方式等方面促进相应产业技术水平的提升，使相应产业向高附加值贸易转型，有利于产业结构的升级。第二，增强一国的知识产权保护，外商直接投资大量劳动密集型产业，会促使产业发展以低技术加工贸易为主，而加工贸易技术含量低、可取代性强，以高污染高耗能为主，因此通过劳动密集型产业并不利于产业结构的优化。

提升知识产权保护水平，会增加技术引进或技术模仿的生产成本，改变产业结构。第一，知识产权保护水平的提升会形成过高的生产成本，迫使低技术产业无法通过技术引进或者技术模仿提升自身的技术水平，只能选择在没有技术或者低技术产业中寻求发展机会，无法实现其产业结构的升级转型。第二，知识产权保护水平的提升会减少高技术产业对外国先进技术进口的依赖，促进持续自主创新，实现产业升级。

提升知识产权保护水平，通过资源有效配置，改变产业结构。对于创新程度较高的地区来说，通过提升知识产权保护，能够激励创新，吸引创新意识强、创新程度高的商品或者产业聚集，提升地区产业结构的升级和重塑（Munshifwa et al.，2016）。

（二）优化商品结构

加强知识产权保护，能够提高出口商品的竞争力，促进出口商品结构升级。知识产权保护的增强，可以集中配置优质资源，促进技术创新，提升出口商品技术含量，实现商品结构优化。屠年松等（2019）认为对于高收入国家来讲，可以通过知识产权保护力度的增强，加快其服务业在全球价值链中的攀升。

加强知识产权保护，能够促进企业通过技术许可获得生产高新技术商品的能力，实现出口商品结构的优化。外贸商品结构体现了对外贸易的风险强度，如果一国出口贸易中商品种类过于单一，其外贸风险比较大。提升知识产权保护水平，通过技术许可或者技术转让，可以丰富一国产品的种类，优化高技术商品结构。

加强知识产权保护，以激励创新改变企业劳动生产率而提升单位出口产品的价值，优化出口商品结构（李娜等，2018）。知识产权保护的提升，可以通过创新，从而缩短单位时间内劳动生产率，增强出口产品自身的价值，提升出口产品的竞争优势，实现商品结构的优化。

（三）优化市场布局

提升知识产权保护水平，能够通过减少国家间的贸易摩擦，营造良好的外贸营商环境，促进两国的贸易往来，实现外贸市场结构的优化。一方面，通过知识产权保护水平的增强，可以提高我国企业的维权意识和敏感度，使其在碰到侵权纠纷时，能够合理合法地捍卫权益。另一方面，知识产权保护水平的提高可以避免企业因为不懂法而产生出口贸易的侵权纠纷，被迫选择减少出口或者放弃出口市场。

提升知识产权保护水平，能够提升出口产品质量，从而获得更多国家的准入资格，使外贸市场分散化，优化外贸市场结构。由于全世界低迷的经济形式，国际贸易的需求也相应缩小，而知识产权保护的提升，可以促进进口贸易来源国更加多元化，增强与外贸伙伴的交流，提升国际认可度。一个国家的贸易伙伴越多，外贸风险相对越小，在风云变化莫测而又低迷的全球经济背景下，如果对外贸易过于依赖某一个国家，外贸风险强度过大。例如，我国通过搭建贸易平台拓展外贸市场，尤其是"一带一路""南南合作"等，以贸易平台的形式实现了与更多国家的交流合作，优化了我国对外贸易市场结构。

对于出口贸易国来说，进口国家提升知识产权保护水平，能够通过减少出口国家的贸易成本，增强有先进技术国家的出口意愿，将先进技术出口而且不用担心技术被模仿，提升出口贸易规模，促进出口市场多元化；对于进口国家来说，加强其知识产权保护强度可以获得先进技术进口，促进进口市场多元化。

二、相关模型及其拓展

本部分借鉴唐保庆和吴飞飞（2018）的模型,[①] 主要通过知识资本的流动情况，讨论一个国家 i 的产出增长模型，以两个部门为例，讨论知识产权保护对外贸结构的优化作用。

假设这个国家有两个部门，分别为创新部门 Y 和非创新部门 Z。创新部门仅需要知识资本作为要素投入，两个部门的生产函数分别可记为：

$$Y = A_Y K_1^{\alpha Y} \tag{3-1}$$

$$Z = A_Z K_0 K_2^{\alpha Z} L^{\beta Z} \tag{3-2}$$

其中，A 表示生产率，K_0 表示两个部门间无法流动的资本，K_1 和 K_2 表示两个部门间可以流动的知识资本，L 表示非创新部门的劳动力资本，α、β 表示产出弹性并且都大于 1。

将总的知识资本记为 K，则有：

$$K_0 + K_1^{\alpha Y} + K_1^{\alpha Z} = K \tag{3-3}$$

引入知识产权保护 λ，则有：

$$\alpha_Y = f(\lambda) = ae^\lambda \tag{3-4}$$

其中，$a > 0$，$ae^\lambda > 1$，$\lambda > 1$，当 λ 越大时表示知识产权保护越强，当 λ 越小时表示知识产权保护越弱。

将 $\alpha_Y = f(\lambda) = ae^\lambda$ 代入 $Y = A_Y K_1^{\alpha Y}$，可得：

$$Y = A_Y K_1^{\alpha e^\lambda} \tag{3-5}$$

创新部门其成本表示为：

$$C_Y = K_1 p_1 \tag{3-6}$$

其中，p_1 表示为知识资本所支付的价格。

$$p_1 = s/\lambda \tag{3-7}$$

其中，$s > 0$，如果知识产权保护较强，那么非创新部门的知识资本进入创新部门会产生较高流动成本；如果知识产权保护较弱，那么非创新部门的知识资本进入创新部门会产生较低的流动成本。

[①]　原模型通过知识产权保护的提升，讨论区域间服务业结构的发散。

由 $Y = A_Y K_1^{\alpha e\lambda}$、$C_Y = K_1 p_1$ 和 $p_1 = s/\lambda$ 得到创新部门的利润，即为：

$$\pi_Y = p_1 A_Y K_1^{\alpha e\lambda} - \frac{sK_1}{\lambda} \qquad (3-8)$$

由利润最大化，可得：

$$\frac{\partial \pi_Y}{\partial K_1} = p_1 A_Y \alpha e^{\lambda} K_1^{\alpha e\lambda - 1} - \frac{s}{\lambda} = 0 \qquad (3-9)$$

则有：

$$K_1^* = \left(\frac{\lambda}{s} p_1 A_Y \alpha e^{\lambda} \right)^{\frac{1}{1-\alpha e\lambda}} \qquad (3-10)$$

可得创新部门的产出可以表示为：

$$Y = A_Y \left[\left(\frac{\lambda}{s} p_1 A_Y K_0^{rY} \alpha e^{\lambda} \right)^{\frac{1}{1-\alpha e\lambda}} \right]^{\alpha e\lambda} \qquad (3-11)$$

此时，假设知识产权保护表示为 λ_1，非创新部门所有可流动资本都投入至创新部门，则非创新部门的利润为：

$$\pi_Z = p_1 A_Y K_2^{\alpha e\lambda_1} + p_2 A_Z K_0 L^{\beta Z} - \frac{sK_2}{\lambda_1} \qquad (3-12)$$

其中，p_2 为非创新部门为非创新劳动所支付的价格。

由利润最大化，可得：

$$\frac{\partial \pi_Z}{\partial \lambda_1} = p_1 A_Y K_2^{\alpha e\lambda_1} \ln K_2 + \frac{sK_2}{\lambda_1^2} > 0 \qquad (3-13)$$

则有：

$$K_2^* = \left(\frac{\lambda_1}{s} p_1 A_Y \alpha e^{\lambda_1} - \frac{\lambda_1}{s} p_2 A_Z L^{\beta Z} \right)^{\frac{1}{1-\alpha e\lambda_1}} \qquad (3-14)$$

可得非创新部门所有可流动资本都投入至创新部门后的产出可以表示为：

$$Z' = A_Z K_0 L^{\beta Z} \left(\frac{\lambda_1}{s} p_1 A_Y \alpha e^{\lambda_1} - \frac{\lambda_1}{s} p_2 A_Z L^{\beta Z} \right)^{\frac{1}{1-\alpha e\lambda_1}} \qquad (3-15)$$

非创新部门的利润对知识产权保护求导，可得：

$$\frac{\partial \pi_Z}{\partial \lambda_1} = p_1 A_Y K_2^{\alpha e\lambda_1} \ln K_2 + \frac{sK_2}{\lambda_1^2} > 0 \qquad (3-16)$$

由式（3-16）可以说明，知识产权保护水平越高，非创新部门所有可流动资本都投入至创新部门后的产出利润越高。也就是说提高知识产权保护，资本更愿意投资创新部门，促进创新部门产业升级或者非创新部门产业转型。

当知识产权保护较弱时，创新部门的创新产出会相对减少。创新部门所有可流动资本会进入非创新部门，抢夺非创新部门的利润，投入到创新部门的知识资本减少，创新产出会相应减少，不利于创新部门的长远发展，会阻碍创新产业与非创新产业的升级转型。

综上所述，提升知识产权保护水平，会导致不同产业的结构发生变化，最终影响外贸结构的变化。

第二节　知识产权保护与外贸效益提升

马克思曾说："人们奋斗所争取的一切，都与他们的利益有关。"[1] 这里的利益范围很广，也包括效益。本节探究知识产权保护对外贸效益的提升作用。首先，根据外贸效益的概念，主要从知识产权保护对外贸规模增长的提升作用、知识产权保护对经济效益的促进作用、知识产权保护对社会效益的促进作用和知识产权保护对绿色效益的提升作用四个方面进行分析。其次，对知识产权保护提升外贸效益进行数理模型分析。

一、知识产权保护对外贸效益的影响

（一）提升外贸规模

从进口贸易规模视角分析，知识产权保护水平的提升，使更多的产品种类通过进口贸易进入一国，可以提升其进口贸易规模。如在高技术产品、高新技术产品进口方面，发展中国家通过知识产权保护水平的提升，能够激发更多发达国家企业的出口意愿，通过降低技术溢出、减少贸易成本的方式，增加出口规模。但是，对于真正顶端的技术或产品，发展中国家还是很难通过进口贸易获得，这不仅仅与发展中国家知识产权保护水平有关，而且与发

---

① 马克思，恩格斯. 马克思恩格斯全集（第一卷）［M］. 北京：人民出版社，1956：82.

展中国家的经济发展水平、模仿能力、发达国家的出口意愿等都有关系。

从出口贸易规模视角分析，知识产权保护水平的提升，能够促进一国出口贸易规模的增加。第一，知识产权保护水平的提升，通过提高一国自主创新水平，提升生产率、降低生产成本、提高产品质量等，增加一国出口贸易规模。第二，知识产权保护水平的提升，会使低技术产业扎堆进入加工贸易生产领域，在一国国内贸易中对高技术产业市场进行抢夺，迫使高技术产业出口贸易规模增加。

（二）提升经济效益

经济的发展是任何一个国家都无法回避的议题，外贸高质量发展能够从需求侧对经济发展产生刺激作用，知识产权保护也会通过多种途径对经济发展产生作用。

第一，知识产权保护通过要素配置和技术溢出效应，促进经济增长。知识产权保护水平提升，能够集中优质资源，促进创新，减少不良竞争，形成完善的高技术产业链，通过技术溢出效应，实现经济增长。知识产权保护促进经济增长的路径是知识产权保护通过合理配置人力资源，实现技术自主创新与模仿，进而达到提升经济发展的作用。

第二，知识产权保护对外贸高质量发展的影响依赖于经济发展水平。一国的经济发展水平或者经济发展阶段能够影响知识产权保护对外贸高质量发展的作用效果，在不同发展阶段寻求最适合的知识产权保护强度，才是影响外贸高质量发展的决定因素。

（三）提升社会效益

知识产权保护对就业的影响具有双面性。一方面，对于知识产权保护意识薄弱的企业，通过侵权获得生产技术，当知识产权保护水平提升，使侵权的企业不能继续低成本地获得生产技术，继而提升了生产成本，企业无以为继而倒闭，会使低技术人员失业。另一方面，知识产权保护水平越高，创新企业的就业规模就越大，特别是在那些主张坚持不断创新的新企业中更加明显（魏浩，2017），能够促进高技术人员的就业规模。

知识产权保护的增强，可以提升进口产品的质量，满足人们对美好生活的需要。在知识产权保护较弱的情况下，很多优质产品没有进入一国的意愿，使得这种产品在这个国家购买困难，但是知识产权保护的提升，可以增大优质产品的进口规模和种类，一方面能够带动生活质量的提升，另一方面通过技术溢出等效应提升一国相应产品生产水平，提升本地替代产品的生产机会和技术进步，实现人们的需求。

（四）提升绿色效益

绿水青山就是金山银山，知识产权保护通过促进创新，集中优质资源，实现资源的合理配置，在一定程度上对绿色效益产生促进作用的同时也制约着相应产业的发展。

知识产权保护的增强，能够促进技术进步，改变高耗能低产出的状况，从而可以通过选择低耗能高产出的新技术，实现绿色效益。相应产业的发展需要以节能减排为前提，通过技术发展逐渐转向集约型增长发展模式。根据发达国家的发展历程分析，经济发展的初始阶段都是以环境、资源为代价而获得增长，因此，国家应当更快地发展经济，更少地破坏绿色效益。

知识产权保护的增强，能够促进产业升级转型，减少对中间品的依赖，使高耗能高污染的加工贸易转型升级，促进绿色效益良性发展。比如我国在高速发展阶段，通过加工贸易提升了我国外贸规模的增长，却牺牲了绿色效益。发达国家通过多种方式将加工组装工厂投建、搬迁转移到我国，将那些对环境污染严重、对资源消耗大的生产加工环节转移至我国，对我国的绿色效益产生了严重的负面影响。但是，2005 年 8 月，习近平提出的"两山"重要思想，扭转了牺牲环境的传统发展模式，只有提升知识产权保护水平，以绿色效益的发展为前提，才能使外贸高质量发展更长远。

二、相关模型及其拓展

本部分应用新贸易引力模型，在安德森和温科特（Anderson and Wincoop，2003）模型和假设的基础上进行简单拓展，说明了提升知识产权保护，通过影响贸易成本对外贸效益产生的影响。

假设 1：全球经济共同体中有 N 个国家，每个国家只生产并供应一种固定商品。

假设 2：每个进口国家的消费者均具有相同的偏好，记为：

$$U_j = \left(\sum_i \beta_i^{\frac{\sigma-1}{\sigma}} c_{ij}^{\frac{\sigma-1}{\sigma}} \right)^{\frac{\sigma}{\sigma-1}}, \ j = 1, 2, \cdots, N \qquad (3-17)$$

其中，U_j 表示进口国家 j 不变替代偏好消费者效用，c_{ij} 表示进口国家 j 消费者对出口国家 i 商品的消费量，β_i 表示是一个符合正态分布的参数，σ 表示所有商品之间的替代弹性且 $\sigma > 1$。

需要满足的预算约束条件记为：

$$y_j = \sum_i p_{ij} c_{ij} \qquad (3-18)$$

其中，y_j 表示国家 j 的进口预算，p_{ij} 表示国家 j 消费者购买国家 i 商品的价格。

考虑到国际贸易之间有一定的成本因素，因此，令 t_{ij} 表示 i 和 j 国家之间的贸易成本，令 p_i 表示出口国家 i 减去贸易成本后的商品实际价格，则有：

$$p_{ij} = p_i t_{ij} \qquad (3-19)$$

则国家 i 通过出口商品到国家 j 获得的收入记为：

$$x_{ij} = p_{ij} c_{ij} \qquad (3-20)$$

那么，国家 i 通过向全球 N 个国家出口商品获得的总收入记为：

$$y_i = \sum_j x_{ij} \qquad (3-21)$$

因为 P_j 是 j 国家的消费价格指数，可记为：

$$P_j = \left[\sum_i (\beta_i p_i t_{ij})^{(1-\sigma)} \right]^{1/(1-\sigma)} \qquad (3-22)$$

则有在消费者效用最大化和预算约束条件下的消费者对商品的需求函数为：

$$x_{ij} = \left(\frac{\beta_i p_i t_{ij}}{P_j} \right)^{(1-\sigma)} y_j \qquad (3-23)$$

假设 3：当市场出清时，可得：

$$y_i = (\beta_i p_i)^{(1-\sigma)} \sum_j \left(\frac{t_{ij}}{P_j} \right)^{(1-\sigma)} y_j, \ \forall i \qquad (3-24)$$

此时，令全世界总收入为：

$$y^W = \sum_j y_j \qquad (3-25)$$

那么，国家 j 的收入全世界占比 θ_j 可记为：

$$\theta_j = \frac{y_j}{y^W} \qquad (3-26)$$

假设 4：贸易成本在贸易交易的国家间是对称的，则有：

$$P_j^{1-\sigma} = \sum_i P_i^{\sigma-1} \theta_i t_{ij}^{1-\sigma}, \ \forall j \qquad (3-27)$$

整理后，可得贸易引力方程为：

$$x_{ij} = \frac{y_i y_j}{y^W} \left(\frac{t_{ij}}{P_i P_j} \right)^{(1-\sigma)} \qquad (3-28)$$

对贸易引力模型中贸易成本进行一阶求偏导，可得：

$$\frac{\partial x_{ij}}{\partial t_{ij}} = (1-\sigma) \frac{y_i y_j}{y^W} \left(\frac{t_{ij}}{P_i P_j} \right)^{(1-\sigma)} \qquad (3-29)$$

由已知的条件，可以得到：

$$\frac{\partial x_{ij}}{\partial t_{ij}} < 0 \qquad (3-30)$$

式（3-30）说明在贸易引力模型中，外贸效益是贸易成本的单调减函数，随着贸易成本的递增，外贸效益呈现下降态势。此时，需要考虑具体因素对贸易成本的影响。比如出口国家可能需要考虑进口国家的语言情况、关税规定、人口数量、知识产权保护水平和经济制度等具体成本项目，[①] 于是，在模型中要尽量较为全面地考虑贸易成本的范围，具体表示为：

$$t_{ij} = peop_i^{\lambda_1} \cdot peop_j^{\lambda_2} \cdot dis_{ij}^{\lambda_3} \cdot language_{ij}^{\lambda_4} \cdot bou_{ij}^{\lambda_5} \cdot e^{\lambda_6 tariff_j + \lambda_7 ipr_i + \lambda_8 ipr_j}$$

$$(3-31)$$

其中，$peop_i$、$peop_j$ 分别表示国家 i 与国家 j 的人口总量，dis_{ij} 表示国家 i 与国家 j 之间的地理距离（一般用两个国家首都之间的地理距离表示），$language_{ij}$ 表示产生贸易活动国家 i 与国家 j 之间的语言使用情况，bou_{ij} 表示国家 i 与国家 j 之间公共的边界的情况，$tariff_j$ 表示国家 j 的关税税率，ipr_i、ipr_j 分别表示国家 i 与国家 j 的知识产权保护水平，λ 表示参数且 $\lambda \in R$。

由此，可以得到关于外贸效益与知识产权保护水平的新模型，即：

$$x_{ij} = \frac{y_i y_j}{y^W} \left(\frac{peop_i^{\lambda_1} \cdot peop_j^{\lambda_2} \cdot dis_{ij}^{\lambda_3} \cdot language_{ij}^{\lambda_4} \cdot bou_{ij}^{\lambda_5} \cdot e^{\lambda_6 tariff_j + \lambda_7 ipr_i + \lambda_8 ipr_j}}{P_i P_j} \right)^{(1-\sigma)}$$

$$(3-32)$$

对式（3-32）中国家 i 的知识产权保护水平求一阶偏导数（同理求国

① Wagner B J. Export Entry and Exit by German Firms [J]. Weltwirtschaftliches Archiv, 2001, 137 (1)：105-123.

家 j 知识产权保护水平的一阶导数），可得：

$$\frac{\partial x_{ij}}{\partial ipr_i} = \lambda_7 (1-\sigma) \frac{y_i y_j}{y^w} \left(\frac{\begin{array}{c} peop_i^{\lambda_1} \cdot peop_j^{\lambda_2} \cdot dis_{ij}^{\lambda_3} \cdot language_{ij}^{\lambda_4} \cdot \\ bou_{ij}^{\lambda_5} \cdot e^{\lambda_6 tariff_j + \lambda_7 ipr_i + \lambda_8 ipr_j} \end{array}}{P_i P_j} \right)^{(1-\sigma)}$$

$$(3-33)$$

根据（3-33）式可以看出，知识产权保护水平对外贸效益的影响主要由 $\lambda_7 (1-\sigma)$ 的符号决定：

当 $\lambda_7 (1-\sigma) > 0$ 时，$\frac{\partial x_{ij}}{\partial ipr_i} > 0$，即知识产权保护水平对外贸效益的影响是正向效应。

当 $\lambda_7 (1-\sigma) < 0$ 时，$\frac{\partial x_{ij}}{\partial ipr_i} < 0$，即知识产权保护水平对外贸效益的影响是负向效应。

也就是说，此时外贸效益是知识产权保护水平的复合函数 $x_{ij}[t_{ij}(ipr_i)]$。

如果

$$\begin{cases} \dfrac{\partial x_{ij}}{\partial ipr_i} > 0 \\ \dfrac{\partial x_{ij}}{\partial it_{ij}} < 0 \end{cases} \qquad (3-34)$$

即随着知识产权保护水平的提升，贸易成本反而会呈下降趋势，那么此时知识产权保护水平对贸易成本的影响是负向效应，但知识产权保护水平对外贸效益的影响是正向效应；

如果

$$\begin{cases} \dfrac{\partial x_{ij}}{\partial ipr_i} < 0 \\ \dfrac{\partial x_{ij}}{\partial it_{ij}} > 0 \end{cases} \qquad (3-35)$$

即随着知识产权保护水平的提升，贸易成本也会呈上升趋势，那么此时知识产权保护水平对贸易成本的影响是正向效应，但知识产权保护水平对外贸效益的影响是负向效应。

综上所述，就推动外贸高质量发展水平来讲，提升知识产权保护水平，可以通过贸易成本对外贸效益产生影响。

第三节　知识产权保护与外贸竞争力增强

列宁说过："运输——对外联系的物质手段"①，这是对外贸易便利化的体现，是外贸竞争力中的重要组成部分。本节主要探究知识产权保护对外贸竞争力的促进作用。首先，根据外贸竞争力的内涵，主要从知识产权保护对外贸便利化的提升作用、知识产权保护对外贸竞争力的促进作用、知识产权保护对创新的激励作用三个方面进行分析。其次，对知识产权保护增强外贸竞争力进行数理模型分析。

一、知识产权保护对外贸竞争力的影响

（一）促进外贸便利化

知识产权保护能够通过创新促进基础设施建设的升级，使交通基础设施技术含量更高，为贸易发展提供更便利的基础。我国在贸易基础设施建设方面卓有成效，交通基础设施建设对内贸与外贸的发展均有促进作用。一方面，通过便利的交通设施，能够降低内贸的成本进而促进国内贸易发展，另一方面，通过贸易条件的提升促进对外贸易的增长。因此，交通基础设施建设对对外贸易发展具有正向作用。特别是近些年，例如中欧班列的开通对国际贸易的促进明显，其通过基础设施的建设将沿线国家互联互通，重构了国际贸易的经济地理。同时，交通基础设施建设体现了一个国家坚实的贸易竞争力，是外贸高质量发展的"硬件设施"，只有硬实力与软实力都不断提升，才能更好地助力外贸高质量发展。

知识产权保护为跨境电商技术发展提供了更好的发展空间。外贸便利化还包括通关程序的透明化、通关手续的高效化，特别是随着数字贸易的发展，外贸综合服务平台还为相应的贸易伙伴提供了专属的便利化服务。尤其

---

① 列宁. 列宁全集（第四十二卷）［M］. 北京：人民出版社，1987：330.

是互联网普及水平带来了不分国界的大量贸易输出，技术水平的提升，知识产权保护制度的加持，才能获得更加安全的外贸发展。如《知识产权保护条例》规定，海关发现货物有侵权的嫌疑时，发货人员或者收货人员可以先提供与货物价值相同的担保，让货物先通关，使得通关效率更加高效；国际结算支付的便利性使得国家间金融服务发展飞速，知识产权保护也承担了保护国家安全的重要作用。

（二）增强外贸品牌影响力

提升知识产权保护，培育有自主知识产权的品牌，可以提升外贸竞争力。

对于不同行业，可以根据其行业的特色，培育出含有自主知识产权的品牌，形成自主知识产权的设计、自主知识产权的研发、自主知识产权的生产、自主知识产权的管理等，同行业品牌的培育，提升行业品牌外贸竞争力。我国一直在努力向全球价值链的中高端攀升，具体到行业层面，就需要异质性的政策支持。如低技术产业呈现大而不强的状态，因此在重视出口规模的同时也需要进行品牌战略的部署，从专业角度引进技术，或者具体针对性地采取有侧重的知识产权保护模式，以培育扶持含有自主知识产权的品牌为目标，行业品牌外贸竞争力需要通过技术含量或者技术质量的提升呈现，还需要配合相应的出口政策，才能打造出行业品牌外贸影响力。

对于不同地区，要结合地区资源，形成地区性品牌，通过地理标志品牌培育，形成有自主知识产权的区域品牌，通过国际市场提升区域品牌影响力。地理标志品牌依靠地区的自然禀赋，可能是优美的自然生态环境，需要考虑到生态保护与自然资源情况，也可能是历史人文资源，无论是哪种特色的地理标志品牌，都需要与国际保护标准接轨，以国际地理标志产品保护的模式进行打造和培育。对于已经享誉国际的区域品牌及时进行知识产权保护强度的调整。

根据品牌具体情况也可以进行地理标志和行业品牌组合策略，提升知识产权保护，增强我国的外贸品牌影响力。

（三）进一步激励创新

在对外贸易环节，产品创新研发（技术研发）不可避免地会产生知识溢出（技术溢出），知识产权保护的提升能够使创新产品获得最有效的保护，将溢出效应减少到最小。通过增强知识产权保护，不但能够减少企业自身需要花费在创新成果上的保护成本，还可以加速企业将专利成果产业化的速度，将专利—生产—销售一体化。

知识产权保护的提升，能够增强企业的科研创新能力，吸引更多资本对研发进行投入，实现持续创新研究。当资本看到创新技术（产品）的潜力，会有意愿进行投资，而通过技术（产品）创新获得更多投资的企业会努力进行更高级的创新，以获得更多的信任，吸引更多更好的资本投入，形成一个良性的循环。提升知识产权保护，通过持续良好的创新成果，可以获得投资信任，为下一阶段创新提供支持；新的创新通过合适的知识产权保护，能够巩固资本的信任，获得更多投入来继续研发创新，长此以往，会提升产品（技术）的外贸竞争力。

创新是增强外贸竞争力，实现外贸高质量发展的根本驱动力。知识产权保护对创新产生促进效应，需要寻找适度的知识产权保护强度。对于我国来讲，只有结合我国的经济发展阶段，充分考虑产业的模仿能力等因素，为创新制定适度的知识产权保护强度，才能增强外贸竞争力，实现外贸高质量发展。

二、相关模型及其拓展

本节参考张亚斌和易先忠（2006）模型，通过南北分析框架下的内生增长模型分析知识产权保护对外贸竞争力的影响。根据保罗·罗默（Romer，1990）[①] 与巴罗和萨拉依·马丁（Barro and Sala-i-Martin，1997）[②] 的基本分析框架，考虑到我国的基本国情，假设一个国家是发展中国家，基于罗默（1990）的内生技术进步模型，进行简单的拓展，从国家层面分析知识产权保护对外贸竞争力的影响。沿用中间产品种类扩张的内生技术进步模型，假设一个国家的经济结构分为三个部分，分别为最终产品部门、中间产品部门、研发部门，将创新分为两类，分别为自主创新和国外模仿创新。

---

① Romer P M. Endogenous Technological Change [J]. Nber Working Papers, 1989, 98 (98): 71 - 102.

② Barro R J, Sala-I-Martin X. Technological Diffusion, Convergence, and Growth [J]. Journal of Economic Growth, 1997, 2 (1): 1 - 26.

最终产品厂商为完全竞争者，通过购买中间产品，投入人力资本，生产最终产品且仅生产一种产品。中间产品厂商是垄断竞争者，主要是购买研发部门的创新产品，生产中间产品。研发部门主要是进行创新，通过人力资本和知识资本的投入，进行创新研发活动。假设一国的人力资本保持不变来进行分析。

假设1：最终产品部门的生产函数采用柯布—道格拉斯（Cobb – Douglas）函数形式，即为：

$$Y = AH_Y^{\alpha} \sum_{i=1}^{N} x_i^{\beta}, \ A > 0, \ \alpha > 0, \ \beta > 0, \ \alpha + \beta = 1 \qquad (3-36)$$

其中，Y 表示最终产品的产出规模，N 表示中间产品的种类数量，A 表示最终产品生产率，H_Y 表示最终产品部门投入的人力资本量，x_i 表示第 i 种中间产品数量。中间产品是连续的且可以完全替代的，所有最终产品厂商的最终产品生产率都是相同的，考虑到最终产品部门的生产函数是一次齐次的具有对称性，假设最终产品 Y 的价格为1，由于最终产品部门投入的人力资本边际成本与人力资本在最终产品中获得的边际产品价值相同且边际产品价格与中间产品 i 价格相同，即为：

$$\frac{\partial Y}{\partial x_i} = \beta AH_Y^{\alpha} x_i^{\beta-1} \qquad (3-37)$$

根据最终产品厂商的利润最大化条件，可以得到中间产品 i 的逆需求函数为：

$$p_i = \beta AH_Y^{\alpha} x_i^{1-\beta} \qquad (3-38)$$

其中，p_i 表示第 i 种中间产品的价格。则中间产品的需求函数为：

$$x_i = H_Y \left(\frac{\beta A}{p_i}\right)^{\frac{1}{\alpha}} \qquad (3-39)$$

假设2：假设中间产品市场是垄断竞争的，而创新产品只能从研发部门购买，以维持正常的生产活动。根据罗默（1990）与巴罗和萨拉依·马丁（1997），生产1单位中间产品需要投入1单位最终产品进行生产，即生产1单位中间产品的可变成本为1，中间产品生产部门从研发部门购买创新产品投入的资本就是生产中间产品的固定成本。所以，中间产品厂商的利润函数为：

$$\pi_i = p_i x_i - r x_i \qquad (3-40)$$

其中，r 为参数。考虑到中间产品厂商的利润最大化，可得中间产品的垄断价格为：

$$p_i = \frac{r}{\beta} \tag{3-41}$$

由于 $0 < \alpha < 1$，$0 < \beta < 1$，且所有中间产品的生产总量相同，可得中间产品厂商的需求函数为：

$$x_i = \beta^{\frac{2}{\alpha}} A^{\frac{1}{\alpha}} H_Y r^{\frac{1}{\alpha}} \tag{3-42}$$

假设 3：假设研发部门是具有充分竞争性的，通过投入人力资本和知识资本获得创新产出，通过将创新产品出售给中间厂商获得收益。知识资本分为自主创新和国外模仿创新，根据 Mondal 和 Gupta（2006）[①]、易先忠等（2007），可得研发部门的生产函数形式为：

$$\dot{N} = \delta H_N \left[\varphi N + (1 - \varphi) A(H)(N^* - N) \right], \quad 0 < \varphi < 1, \quad N < N^* \tag{3-43}$$

其中，$\dot{N}$ 表示研发部门的创新增量，δ 表示研发部门的生产率，H_N 表示研发部门投入的人力资本，φ 表示国内的知识产权保护水平，N 表示国内创新总量，N^* 表示国外创新总量，$(1 - \varphi) A(H)(N - N^*)$ 表示国外模仿创新。当 φ 越大时，$(1 - \varphi) A(H)(N - N^*)$ 会越小，对国外模仿获得的创新会相应减少；当 $\varphi = 1$ 时，$(1 - \varphi) A(H)(N - N^*) = 0$，即国内不通过国外模仿获得创新，创新仅依靠自主创新；当 φ 越小时，$(1 - \varphi) A(H)(N - N^*)$ 会越大，对国外模仿获得的创新会相应上升；当 $\varphi = 0$ 时，$(1 - \varphi) A(H)(N - N^*) = A(H)(N - N^*)$，即国内创新只能通过国外模仿，没有自主创新。

由于研发市场具有充分的竞争性，研发部门进行创新的成本等于其出售给中间产品厂商的价格，则中间产品厂商通过购买研发部门的创新产出可得的收益的贴现值可表示为：

$$P(t) = \int_t^\infty \pi(t) e^{-\int_t^s r(v)} \, \mathrm{d}v \mathrm{d}t \tag{3-44}$$

其中，$P(t)$ 为研发成本。当市场均衡时，$P(t) = \dfrac{\alpha x}{\beta}$。

假设 4：假定消费者偏好是无限期生存的拉姆塞（Ramsey）家庭，则效

① Debasis Mondal and Manash Ranjan Gupta. Innovation, Imitation and Intellectual Property Rights: A Note on Helpman's Model [J]. Journal of Economics, 2006, 87 (1): 29 - 53.

用函数可以表示为：

$$U = \int_0^\infty e^{-\rho t} u(t)\,\mathrm{d}t,\ \rho > 0 \qquad (3-45)$$

其中，ρ 为消费者的主观时间贴现率，则瞬时效用函数可以表示为：

$$u(t) = \frac{C(t)^{1-\theta} - 1}{1-\theta},\ 0 < \theta < 1 \qquad (3-46)$$

其中，$C(t)$ 表示 t 时刻消费，$\dfrac{1}{\theta}$ 表示跨期替代弹性。

消费者预算约束为：

$$\int_0^\infty \left[C(t) - W(t) \right] e^{-\int_0^t r(s)\,\mathrm{d}s}\,\mathrm{d}t \leqslant K(0) \qquad (3-47)$$

其中，$W(t)$ 表示工资报酬，$K(0)$ 表示初始财富积累。假设利率 r 是不变的，构建如下汉密尔顿函数：

$$H = \int_t^\infty e^{-\rho t} \frac{C(t)^{1-\theta} - 1}{1-\theta}\,\mathrm{d}t - \lambda \left[\int_0^\infty \left[C(t) - W(t) \right] e^{-\int_0^t r(s)\,\mathrm{d}s}\,\mathrm{d}t - rK(0) \right]$$

$$(3-48)$$

对 $C(t)$ 进行一阶求导，令 $\dfrac{\partial H}{\partial C(t)} = 0$，则消费增长率的一般表达式为：

$$\dot{g} = \frac{r - \rho}{\theta} \qquad (3-49)$$

其中，$\dot{g}$ 表示消费增长率。

假设 5：经济系统处在均衡状态情况下，最终生产部门与研发部门的人力资本可以达到自由流动的状态，当最终生产部门的生产达到最优，其人力资本报酬率为：

$$W_Y = \alpha A H_Y^{\alpha-1} \sum_{i=1}^N x_i^\beta \qquad (3-50)$$

当研发部门的生产达到最优，其人力资本报酬率为：

$$W_N = \frac{P\delta \left[\varphi N - (1-\varphi) A(H)(N^* - N) \right]}{\beta} \qquad (3-51)$$

因为最终生产部门的人力资本工资报酬与研发部门的人力资本工资报酬是相等的，可得：

$$H_Y = \frac{rN}{\beta\delta \left[\varphi N + (1-\varphi) A(H)(N^* - N) \right]} \qquad (3-52)$$

考虑到均衡状态，总产出也可以表示为：

$$Y = AH_Y^\alpha N \left(A^{\frac{\beta}{\alpha}} \beta^{\frac{\beta}{\alpha}} H_Y r^{-\frac{\beta}{\alpha}} \right) \tag{3-53}$$

又因为 r 不变，H_Y 不变，因此对上式两边取对数求导后，可得研发部门的创新增长率与最终生产部门的生产增长率是相同的。又考虑到均衡状态下消费增长率与总产出的增长率相同，所以在均衡状态下，总消费增长率、总产出增长率和经济增长率（创新率）是相同的。

下面假设所有的产出都用在对外贸易活动中，意味着所有的产出都进行出口贸易。那么由基本模型可知，在均衡状态下，总消费率和创新率是相等的，可以表示为：

$$g = \frac{r^2 N^2 \left[\varphi N + (1-\varphi)A(H)(N^* - N) \right]}{\beta^2 \delta} \tag{3-54}$$

由于本节的核心考察对象是知识产权保护对外贸竞争力的影响，因此对知识产权保护求偏导数，可得：

$$\frac{\partial g}{\partial \varphi} = \frac{r^2 N^2 \left[N - A(H)(N^* - N) \right]}{\beta^2 \delta} = \frac{r^2 N^2}{\beta^2 \delta} \left[N + A(H)N - A(H)N^* \right]$$

$$\tag{3-55}$$

知识产权保护对外贸竞争力的影响由 $\frac{1}{\delta} \left[N + A(H)N - A(H)N^* \right]$ 的符号决定。

当 $\frac{1}{\delta} \left[N + A(H)N - A(H)N^* \right] > 0$ 时，知识产权保护对外贸竞争力表现出正向促进作用，此时，国内创新的总量超过模仿总量并且研发部门的生产率为正数；当 $\frac{1}{\delta} \left[N + A(H)N - A(H)N^* \right] < 0$ 时，知识产权保护对外贸竞争力表现出抑制作用，此时，国内创新的总量低于模仿总量并且研发部门的生产率为正数。

综上所述，当国内创新的总量超过模仿总量时，提升知识产权保护水平对外贸竞争力表现出正向促进作用；当国内创新的总量低于模仿总量时，提升知识产权保护水平对外贸竞争力表现出阻碍作用。

第四章

中国知识产权保护
水平测度与分析

　　坚持创新是我国现阶段的核心任务，知识产权保护作为国家发展的战略支撑，对加强原创性、引领性自主创新、进一步推进外贸高质量发展具有很大的促进作用。为了更好地进行知识产权保护对中国外贸高质量发展的影响研究，对知识产权保护进行科学的测度是重要的一个环节。本章内容共分为三节：第一节介绍知识产权保护水平的测度方法；第二节运用修正的 GP 指数法对 2002～2018 年中国国家层面知识产权保护水平进行科学的测算，并根据测算结果进行分析；第三节运用修正的 GP 指数法对 2002～2018 年中国省域知识产权保护水平进行科学的测算，并根据测算结果进行省域对比分析。

第一节　知识产权保护水平测度的相关方法

　　本书应用修正的 GP 指数方法对中国知识产权保护水平进行科学的测度。修正的 GP 指数方法具体的测度步骤为：步骤一，应用 GP 指数法测度中国知识产权保护立法水平；步骤二，科学地测度中国的知识产权保护执法水平；步骤三，根据步骤二的结果对步骤一的结果进行修正，得到中国知识产权保护水平的测度结果。

一、立法水平测度方法

知识产权保护 GP 指数法是由吉纳特和帕克（Ginarte and Park，1997）提出，从国家司法角度对知识产权保护立法情况进行评分测度的方法。随着全球一体化的发展，知识产权保护在外贸领域越来越受到重视，众多学者对于 GP 指数方法进行了改进和完善，逐渐对其进行了更精准量化，开始更全面地考察知识产权保护立法水平的打分范围。具体操作方法为：用五个一级类别项目来为知识产权保护立法水平打分，每个一级类别项目每年总分为 1 分，且各年具体分数由所有二级类别项目的算数平均值度量；五个一级类别项目的加总和即为我国各年份知识产权保护立法水平指数值。具体一级类别项目以及二级类别项目如表 4 - 1 所示。

二、执法水平测度方法

随着学者们对知识产权保护的不断研究，经过对不同测算方法的结果对比，发现发展中国家知识产权保护执法水平确实存在不足的情况，逐渐开始在立法评分的基础上加入实际执法的评价，通过知识产权保护执法水平对其立法水平进行修正，从而纠正 GP 指数法对知识产权保护立法水平偏高的打分。本书在进行测算维度选取的过程中，考虑到我国知识产权保护执法的实际水平，参照许春明和单晓光（2008）、姚利民和饶艳（2009）的计算方法，同时兼顾数据的可得性，从五个维度度量了我国知识产权保护执法水平，取五个维度的算数平均值表示我国知识产权保护执法水平。

度量我国知识产权保护执法水平的五个打分维度及计算方法如下。

第一，司法保护水平。完善而且执行力强的司法系统是知识产权保护执法水平的坚实后盾，当知识产权纠纷案件出现时，专业的司法人员能够及时有效地、有理有据地处理，就是将知识产权保护立法水平转换成现实执法水平的有力体现。因此，将"律师人数占总人口比重"作为衡量司法保护水平的维度（韩玉雄和李怀祖，2005；姚利民和饶艳，2009），当律师人数占总人口比重小于万分之五时，司法保护水平分值即为实际比重除以万分之五，反之，司法保护水平的分值等于1。

第二，行政保护及管理水平。完备的法律体系是知识产权保护执法的基石，执法人员在处理知识产权保护案件时能够有法可依、有具体而完备的法律条款支撑，就会产生明晰而高效的执法效率。基于此，用"立法时间"的长度来衡量行政保护及管理水平（韩玉雄和李怀祖，2005；许春明和陈敏，2008），当立法时间小于 100 年，行政保护及管理水平的分值为实际立法时间除以 100，反之，行政保护及管理水平的分值等于 1。因为新中国第一部宪法从 1954 年开始实施，而本书考察的时间阶段为 2002～2018 年，立法时间不超过 100 年，因此行政保护及管理水平的分值为相应年份的实际立法时间除以 100。

第三，经济发展水平。经济的发展水平会影响知识产权保护执法水平的发展。基于大量学者的研究结果，考虑到知识产权保护水平与经济发展水平的密切关系，将"实际人均 GDP"作为衡量经济发展水平的指标（韩玉雄和李怀祖，2005），当实际人均 GDP（美元）低于 1000 美元时，经济发展水平的分值等于实际人均 GDP（美元）除以 1000，反之，经济发展水平的分值等于 1。

第四，社会公众意识。社会公众是知识产权保护推广宣传的主要对象，当知识产权保护这粒"种子"深深地埋在公众的心中时，保护知识产权的意识才有机会"燎原"。考虑到我国的国情，社会公众意识的衡量指标为"人均专利申请量"（姚利民和饶艳，2009），当人均专利申请量小于 10 件/万人时，社会公众意识的分值为人均专利申请量除以 10，反之，社会公众意识的分值等于 1。

第五，国际监督。我国加入 WTO 之后，我国的对外贸易发展更加丰富，履行的知识产权保护职责也更多，因此，将"WTO 成员"作为国际监督的度量指标（许春明和单晓光，2008），如果是 WTO 成员则国际监督的分值等于 1，反之，国际监督的分值等于 0。借鉴许春明和单晓光（2008）的处理办法，基于 1986 年我国开始复关谈判，所以从 1986 年开始到加入WTO 后的第五年（即 2005 年），国际监督的分值从 0 均匀增长至 1。

三、保护水平测度方法

为了科学地测度知识产权保护水平，借鉴沈国兵和刘佳（2009）的做法，采用知识产权保护立法水平与执法水平的乘积来衡量知识产权保护水平，记为 *ipp*，其计算公式为：

$$ipp = Lipp \times Eipp \qquad\qquad (4-1)$$

其中，*Lipp* 表示知识产权保护立法水平，*Eipp* 表示知识产权保护执法水平。

四、数据来源说明

本书样本的考察期为 2002～2018 年。选取 2002 年为起始年份的原因是我国在 2001 年 12 月加入 WTO，为了便于数据的收集以及横纵向的可比性而进行的选择。因此，从本章开始，文中样本考察期、样本观测期等均表示 2002～2018 年。

本章的数据是从国家知识产权局统计年报、国家统计局、《中国统计年鉴》、《中国律师年鉴》、《中国法律年鉴》、《中国社会统计年鉴》、EP 数据平台以及各省份统计年鉴等中选取了 2002～2018 年全国及 30 个省份（由于数据缺失，不包括港澳台和西藏地区，所有省、自治区、直辖市统称为各省份）的相应数据，对于个别缺失数据采用前后两年数据的平均值或前后年份数据填补。

第二节　全国知识产权保护水平测度与分析

根据第一节的方法，本节对全国整体知识产权保护水平进行测度，并根据测度结果进行分析说明。

一、立法水平测度结果

考虑到我国的实际情况，参照韩玉雄和李怀祖（2005）、池建宇和王树悦（2014）对于 GP 指数法的统计和呈现方式，测度我国知识产权保护立法水平。具体计算结果如表 4-1 所示。

表 4 – 1　　　　　　　2002 ~ 2018 年全国知识产权保护立法水平

序号	项目描述	2002 年	2003 年	2004 年	2005 年	2006 年	2007 年	2008 年	2009 年	2010 年
1	覆盖范围									
1.1	药品专利	1	1	1	1	1	1	1	1	1
1.2	化学品专利	1	1	1	1	1	1	1	1	1
1.3	食品专利	1	1	1	1	1	1	1	1	1
1.4	动植物品种专利	0	0	0	0	0	0	0	0	0
1.5	医用器材专利	1	1	1	1	1	1	1	1	1
1.6	微生物沉淀物专利	1	1	1	1	1	1	1	1	1
1.7	实用新型专利	1	1	1	1	1	1	1	1	1
	指数小计	0.8571	0.8571	0.8571	0.8571	0.8571	0.8571	0.8571	0.8571	0.8571
2	国际条约成员									
2.1	WIPO 公约	1	1	1	1	1	1	1	1	1
2.2	巴黎公约	1	1	1	1	1	1	1	1	1
2.3	专利合作条约	1	1	1	1	1	1	1	1	1
2.4	布达佩斯条约	1	1	1	1	1	1	1	1	1
2.5	斯特拉斯堡协定	1	1	1	1	1	1	1	1	1
2.6	洛迦诺协定	1	1	1	1	1	1	1	1	1
2.7	国际植物新品种保护公约	1	1	1	1	1	1	1	1	1
2.8	TRIPS 全部公约	1	1	1	1	1	1	1	1	1
	指数小计	1	1	1	1	1	1	1	1	1
3	权力丧失的保护									
3.1	专利的计划许可	0	0	0	0	0	0	0	0	0
3.2	专利的强制许可	1	1	1	1	1	1	1	1	1
3.3	专利撤销	0	1	1	1	1	1	1	1	1
	指数小计	0.3333	0.6667	0.6667	0.6667	0.6667	0.6667	0.6667	0.6667	0.6667
4	执法措施									
4.1	专利侵权的诉前禁令	1	1	1	1	1	1	1	1	1

续表

序号	项目描述	2002 年	2003 年	2004 年	2005 年	2006 年	2007 年	2008 年	2009 年	2010 年
4.2	专利侵权的连带责任	1	1	1	1	1	1	1	1	1
4.3	专利侵权人举证责任	1	1	1	1	1	1	1	1	1
	指数小计	1	1	1	1	1	1	1	1	1
5	保护期限	1	1	1	1	1	1	1	1	1
	GP 指数	4.1905	4.5238	4.5238	4.5238	4.5238	4.5238	4.5238	4.5238	4.5238

序号	项目描述	2011 年	2012 年	2013 年	2014 年	2015 年	2016 年	2017 年	2018 年
1	覆盖范围								
1.1	药品专利	1	1	1	1	1	1	1	1
1.2	化学品专利	1	1	1	1	1	1	1	1
1.3	食品专利	1	1	1	1	1	1	1	1
1.4	动植物品种专利	0	0	0	0	0	0	0	0
1.5	医用器材专利	1	1	1	1	1	1	1	1
1.6	微生物沉淀物专利	1	1	1	1	1	1	1	1
1.7	实用新型专利	1	1	1	1	1	1	1	1
	指数小计	0.8571	0.8571	0.8571	0.8571	0.8571	0.8571	0.8571	0.8571
2	国际条约成员								
2.1	WIPO 公约	1	1	1	1	1	1	1	1
2.2	巴黎公约	1	1	1	1	1	1	1	1
2.3	专利合作条约	1	1	1	1	1	1	1	1
2.4	布达佩斯条约	1	1	1	1	1	1	1	1
2.5	斯特拉斯堡协定	1	1	1	1	1	1	1	1
2.6	洛迦诺协定	1	1	1	1	1	1	1	1
2.7	国际植物新品种保护公约	1	1	1	1	1	1	1	1
2.8	TRIPS 全部公约	1	1	1	1	1	1	1	1
	指数小计	1	1	1	1	1	1	1	1
3	权力丧失的保护								

序号	项目描述	2011 年	2012 年	2013 年	2014 年	2015 年	2016 年	2017 年	2018 年
3.1	专利的计划许可	0	0	0	0	0	0	0	0
3.2	专利的强制许可	1	1	1	1	1	1	1	1
3.3	专利撤销	1	1	1	1	1	1	1	1
	指数小计	0.6667	0.6667	0.6667	0.6667	0.6667	0.6667	0.6667	0.6667
4	执法措施								
4.1	专利侵权的诉前禁令	1	1	1	1	1	1	1	1
4.2	专利侵权的连带责任	1	1	1	1	1	1	1	1
4.3	专利侵权人举证责任	1	1	1	1	1	1	1	1
	指数小计	1	1	1	1	1	1	1	1
5	保护期限	1	1	1	1	1	1	1	1
	GP 指数	4.5238	4.5238	4.5238	4.5238	4.5238	4.5238	4.5238	4.5238

从表 4-1 中可以看出，用 GP 指数测度方法得到的我国 2002～2018 年知识产权保护立法水平基本保持在 4.5238。

二、执法水平测度结果

根据本章第一节知识产权保护执法水平测度方法，从五个维度打分计算，得到 2002～2018 年我国知识产权保护执法水平的相应分数，如表 4-2 所示。

表 4-2　　　　　　2002～2018 年全国知识产权保护执法水平

年份	知识产权保护执法水平
2002	0.5479
2003	0.5699

续表

年份	知识产权保护执法水平
2004	0.5891
2005	0.6219
2006	0.6413
2007	0.6546
2008	0.6799
2009	0.7083
2010	0.7525
2011	0.7778
2012	0.7846
2013	0.7911
2014	0.7994
2015	0.8085
2016	0.8182
2017	0.8288
2018	0.8495

根据表4-2可以明显看出，2002~2018年我国知识产权保护执法水平逐年提升，观测前期增速较快，观测后期增速逐渐平稳。

三、全国总体保护水平测度结果

根据前文计算的知识产权保护立法值和知识产权保护执法值，由式（4-1）计算得到2002~2018年我国知识产权保护水平。朱树林（2013）认为，我国仅用了20年就将知识产权保护水平从中国标准过渡到了国际标准，是非常不容易的。这样的成就经历了一个充满艰辛的过程，提供了一个他国可以学习的优秀范本，同时创造了一个飞跃提高的成绩。通过以上计算得到的2002~2018年全国知识产权保护水平指数，如表4-3所示。

表4-3   2002~2018年全国知识产权保护水平

年份	知识产权保护水平
2002	2.2960
2003	2.5779
2004	2.6651
2005	2.8134
2006	2.901
2007	2.9614
2008	3.076
2009	3.2043
2010	3.4043
2011	3.5187
2012	3.5496
2013	3.5787
2014	3.6163
2015	3.6574
2016	3.7013
2017	3.7493
2018	3.8429

四、结果分析

根据2002~2018年全国知识产权保护水平指数值绘制了全国知识产权保护水平及增长率变化趋势图，如图4-1所示。从图中可以明显看到，我国知识产权保护立法水平较高，而知识产权保护执法水平较低，因此通过执法水平修正立法水平后得到的全国知识产权保护水平比较能够反映我国实际知识产权保护水平。在观测期内，全国知识产权保护立法水平保持稳定的态势，全国知识产权保护执法水平走势稳中有升，但是相对变化幅度偏小。从修正 GP 指数法的效果来讲，2002 年全国知识产权保护立法水平为 4.1905，实际有 54.79% 得到了执行，2018 年我国知识产权保护立法水平为 4.5238，实际有 84.95% 得到了执行，说明全国知识产权保护执法水平在不断增强。同时，知识产权保护水平增长率呈现了逐渐趋于平缓的增长。总的来看，从我国加入 WTO 以来，知识产权保护水平整体呈现上升趋势。由此可见，我国通过三次修订《中华人民共和国专利法》《中华人民共和国著作权法》《中华人民共和国商标法》等，坚持不断完善了知识产权保护执法监督机制，成效斐然。

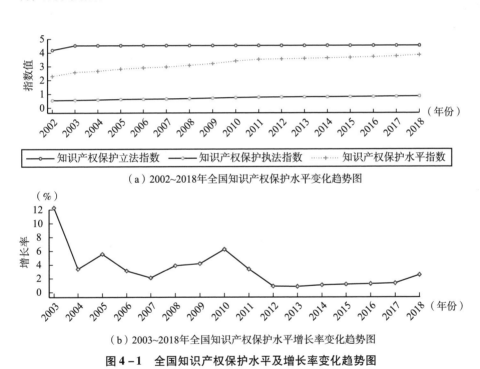

（a）2002~2018年全国知识产权保护水平变化趋势图

（b）2003~2018年全国知识产权保护水平增长率变化趋势图

图 4 - 1　全国知识产权保护水平及增长率变化趋势图

为了更清晰地对比立法水平、执法水平和实际水平在不同年份的变化，考察其变化幅度，利用 2002 年和 2018 年三个要素指标值绘制了雷达图，如图 4 - 2 所示。知识产权保护的结构分析重点是知识产权保护立法、知识产权保护执法和知识产权保护水平三个要素的变化分析。与 2002 年相比，2018 年知识产权保护立法水平、知识产权保护执法水平和知识产权保护水平均有明显提升，提升幅度最大的是全国知识产权保护水平，说明提升全国知识产权保护执法水平是我国知识产权保护水平发展的重要突破点和着力点。同时，图中两个三角形均呈现下倾的趋势，这说明三个水平指数的实际分数都存在提升空间。

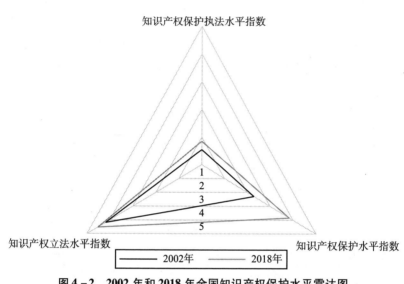

图4－2　2002年和2018年全国知识产权保护水平雷达图

第三节　省域知识产权保护水平测度与分析

本章第二节计算并分析了全国知识产权保护水平，但是我国疆域辽阔，不同地区、不同省份的经济发展、人才聚集等情况的差别很大，其知识产权保护水平也不同，因此本节对我国30个省域知识产权保护水平进行了计算与分析。本书按照国家统计局对于东、中、西部地区的划分方法进行区域划分，① 并且省域知识产权保护立法水平沿用本章第二节全国知识产权保护立法水平的计算结果。

---

① 东部地区包括北京、天津、河北、辽宁、上海、江苏、浙江、福建、山东、广东、海南，共11个省份；中部地区包括黑龙江、吉林、山西、安徽、江西、河南、湖北、湖南，共8个省份；西部地区包括内蒙古、广西、重庆、四川、贵州、云南、西藏、陕西、甘肃、青海、宁夏、新疆，共12个省份。

一、测度结果

根据本章第一节知识产权保护执法水平打分计算方法，得到省域知识产权保护执法水平，通过知识产权保护立法水平指数和知识产权保护执法水平指数的乘积得到省域知识产权保护水平指数，测度结果如表4-4所示。

表4-4　　　　　　2002～2018年省域知识产权保护水平

省份	2002年	2003年	2004年	2005年	2006年	2007年	2008年	2009年	2010年
北京	3.6061	3.9719	4.0262	4.0805	4.0895	4.0986	4.1076	4.1167	4.1257
天津	2.7612	3.1921	3.3914	3.6126	3.6445	3.5471	3.5665	3.6079	3.6575
河北	2.1485	2.3708	2.4355	2.5025	2.5332	2.5287	2.5527	2.6522	2.6654
辽宁	2.3671	2.7060	2.7955	2.8846	2.9157	2.9111	2.9854	3.1075	3.2988
上海	3.4835	3.8535	3.9384	4.0805	4.0895	3.9997	4.1076	4.1167	4.1257
江苏	2.2953	2.6002	2.7249	2.9019	3.1615	3.3903	3.4154	3.4470	3.4947
浙江	2.4990	2.8281	2.9615	3.3459	3.4947	3.4237	3.5654	3.6206	3.5295
福建	2.2880	2.5665	2.6265	2.7369	2.7797	2.7897	2.8034	2.9316	3.1310
山东	2.2330	2.5060	2.5819	2.7517	2.8555	2.9159	3.0603	3.1471	3.3170
广东	2.5226	2.8757	3.0342	3.2922	3.4727	3.4773	3.5092	3.5361	3.5716
海南	2.1282	2.3372	2.4186	2.5096	2.5428	2.5413	2.5465	2.5865	2.6597
山西	2.0636	2.3098	2.4116	2.5196	2.5737	2.5451	2.6071	2.6834	2.6992
吉林	2.2215	2.4846	2.5057	2.5494	2.5868	2.6140	2.6320	2.6709	2.7194
黑龙江	2.2308	2.4834	2.5127	2.6016	2.6248	2.6203	2.6496	2.6918	2.7390
安徽	1.8626	2.0720	2.1717	2.2525	2.3148	2.4012	2.5801	2.6823	3.1844
江西	1.8507	2.0460	2.1580	2.2608	2.3115	2.4120	2.4715	2.5290	2.5758
河南	1.9280	2.1745	2.3043	2.4670	2.5368	2.5584	2.6161	2.6471	2.7381
湖北	2.0806	2.3506	2.4867	2.6197	2.6864	2.7178	2.7793	2.8915	3.0187
湖南	1.9896	2.2350	2.3742	2.4934	2.5599	2.6065	2.6623	2.7134	2.8187
内蒙古	2.1315	2.3945	2.4483	2.6876	2.5456	2.5513	2.5664	2.6389	2.6617

续表

省份	2002 年	2003 年	2004 年	2005 年	2006 年	2007 年	2008 年	2009 年	2010 年
广西	1.8115	2.0184	2.1346	2.2400	2.2957	2.3709	2.4887	2.5371	2.5749
重庆	2.1740	2.4689	2.6046	2.7374	2.8370	2.7620	2.8198	3.0067	3.3352
四川	1.9161	2.1572	2.2509	2.3700	2.4544	2.5989	2.6918	2.7959	2.9042
贵州	1.5410	1.7284	1.8048	1.9118	1.9641	2.0708	2.1947	2.2461	2.3576
云南	1.8178	2.0375	2.1517	2.2484	2.2935	2.3471	2.5038	2.5243	2.6062
陕西	1.9574	2.2215	2.3258	2.4150	2.5507	2.6461	2.7369	2.8926	3.0792
甘肃	1.7440	1.9619	2.0568	2.1589	2.2175	2.2904	2.4392	2.4898	2.5960
青海	1.9320	2.1618	2.2437	2.3634	2.4431	2.4921	2.5125	2.5318	2.5640
宁夏	2.0791	2.3336	2.4000	2.4941	2.5723	2.6216	2.6458	2.7013	2.6920
新疆	2.2029	2.4862	2.5341	2.5931	2.6052	2.5956	2.6136	2.6223	2.7212

省份	2011 年	2012 年	2013 年	2014 年	2015 年	2016 年	2017 年	2018 年
北京	4.1348	4.1438	4.1529	4.1619	4.1710	4.1800	4.1891	4.1981
天津	3.7166	3.7710	3.8165	3.8605	3.9094	3.9707	4.0553	4.1476
河北	2.7565	2.8661	2.9259	2.9763	3.1867	3.3554	3.4730	3.6926
辽宁	3.3979	3.5093	3.6001	3.5087	3.6310	3.7202	3.7798	3.8586
上海	4.1348	4.1438	4.1529	4.1619	4.1710	4.1800	4.1891	4.1981
江苏	3.5282	3.5560	3.6008	3.6370	3.6799	3.7082	3.7760	3.9010
浙江	3.5813	3.7577	3.6691	3.7218	3.7752	3.8350	3.9016	3.9592
福建	3.4194	3.5030	3.6066	3.6431	3.6850	3.7417	3.7766	3.8565
山东	3.4955	3.5311	3.5631	3.5974	3.6345	3.6762	3.7262	3.7837
广东	3.6010	3.6355	3.6747	3.7026	3.7605	3.8080	3.8892	3.9911
海南	2.7390	2.7509	2.8825	2.9155	3.0182	3.1172	3.2685	3.5532
山西	2.8757	3.0026	3.0896	3.0589	3.0860	3.2614	3.3297	3.5458
吉林	2.8060	2.8605	2.9344	2.9876	3.1075	3.2903	3.3808	3.6848
黑龙江	3.1029	3.2621	3.3078	3.3315	3.4207	3.4535	3.3756	3.5463
安徽	3.2237	3.4166	3.4365	3.4583	3.4878	3.5256	3.5735	3.6795
江西	2.6520	2.7208	2.8300	3.0233	3.2668	3.4697	3.5029	3.5648

续表

省份	2011 年	2012 年	2013 年	2014 年	2015 年	2016 年	2017 年	2018 年
河南	2.8508	2.9705	3.1196	3.2113	3.3584	3.5938	3.6379	3.7016
湖北	3.2252	3.3663	3.4086	3.5522	3.5907	3.6314	3.5093	3.7239
湖南	2.9426	3.0481	3.1339	3.2206	3.3936	3.6112	3.6553	3.7456
内蒙古	2.7301	2.8210	2.8884	2.9245	3.0728	3.1972	3.3036	3.5501
广西	2.6670	2.8027	2.9929	3.1966	3.4283	3.5439	3.5649	3.5100
重庆	3.5689	3.5870	3.6353	3.6684	4.1710	3.7841	3.8605	3.9184
四川	3.1097	3.3297	3.5257	3.5678	3.4239	3.6406	3.7094	3.8002
贵州	2.5831	2.7279	2.9579	3.1128	2.8435	3.2603	3.5510	3.6809
云南	2.6622	2.7322	2.8218	2.8879	2.9710	3.1600	3.3026	3.4864
陕西	3.3396	3.5019	3.5380	3.5719	3.3021	3.6442	3.6975	3.7672
甘肃	2.6714	2.7830	2.9008	2.9534	3.4389	3.2908	3.4524	3.6491
青海	2.6113	2.6472	2.7160	2.8099	3.6647	3.1379	3.1437	3.4099
宁夏	2.7952	2.9651	3.1897	3.2727	3.4523	3.7440	3.9296	4.0390
新疆	2.7946	2.8572	2.9704	3.0766	3.1586	3.2736	3.3012	3.3324

二、结果分析

(一) 地区间结果分析

东、中、西部地区知识产权保护水平及增长率变化趋势如图 4 - 3 所示。

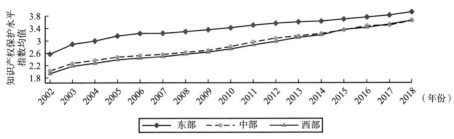

(a) 2002~2018年东中西部地区知识产权保护水平变化趋势图

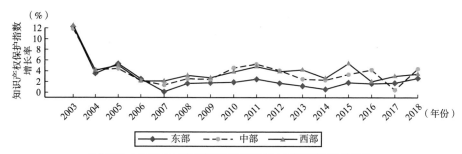

（b）2003~2018年东中西部地区知识产权保护水平增长率变化趋势图

图4-3　东、中、西部地区知识产权保护水平及增长率变化趋势图

我国知识产权保护水平呈现区域不均衡性。从图4-3中可以看出，第一，东部地区知识产权保护水平的基础远高于中部、西部地区，这与各地区经济发展水平和产业发展水平排序基本相符。第二，东、中、西部地区的差距已逐渐缩小，东部地区知识产权保护水平增长率较低较为平缓。造成这种现象可能的原因是，在加入世界贸易组织初期，东部地区与国际知识产权保护标准接轨，相应的知识产权保护执法水平迅速提高，增长空间较小，特别是2007年以来，全球经济发展逐渐低迷，东部地区更容易受到冲击。第三，我国加入WTO后，需要迅速调整状态以适应并履行相应的职责和义务，迫使我国各地良莠不齐的知识产权保护水平迅速提升出现了一种"过高"状态，此后逐渐适应了WTO成员的角色，知识产权保护水平逐渐呈现平稳发展趋势。第四，东、中、西部三大地区知识产权保护水平总体上保持稳定的上升趋势。

（二）地区内结果分析

1. 东部地区

东部地区各省份知识产权保护水平及增长率变化如图4-4所示。

东部地区11个省份知识产权保护水平均呈现波动性上升趋势，并且知识产权保护水平差异化程度比较显著。基于图4-4具体分析，北京、上海持续保持较高的知识产权保护发展水平，在观测期初期的指数值明显较高，说明知识产权保护水平基础比较好；海南、河北是东部地区知识产权保护水平最低的两个省份，同时也是增长幅度最大的两个省份；其他省份知识产权保护水平波动上升。造成这一增长趋势可能的原因是东部地区产业发展逐渐转型，主要以原创技术、自创品牌为科研的发展方向，对知识产权保护的需求增加，同时与国际知识产权保护水平的发展格局接轨，从而出现了知识产权保护水平指数值不断增长的局面。

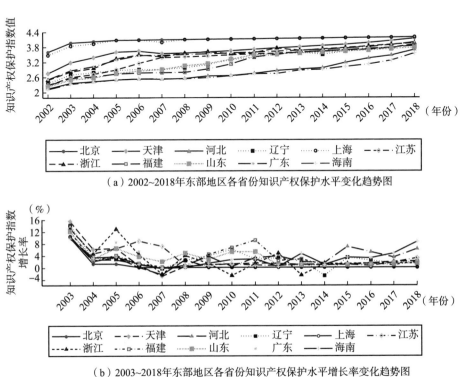

（a）2002~2018年东部地区各省份知识产权保护水平变化趋势图

（b）2003~2018年东部地区各省份知识产权保护水平增长率变化趋势图

图4-4　东部地区各省份知识产权保护水平及增长率变化趋势图

而东部地区内部各省份知识产权保护水平指数值增长率波动频率较快，并且在观测期初期，除北京、上海以外的其他东部省份，指数值都比较低。在整个观测期内，北京、上海指数值基本趋于平稳，天津、浙江和广东在2003~2006年间提升较快，江苏在2005~2007年间提升较快，山东、福建、辽宁在2007~2011年间提升较快，河北、海南在2014~2018年间提升较快。不同省份知识产权保护水平增长的时段不同，这是因为一方面不同省份执法水平不均衡、执法监督体系建立健全存在时滞性，另一方面不同省份的优势产业构成差别较大，对知识产权保护的需求程度有差异。

2. 中部地区

中部地区各省知识产权保护水平及增长率变化趋势如图 4 - 5 所示。中部地区各省份知识产权保护水平指数值曲线陡峭，说明其指数值增长幅度较大，图 4 - 5（a）左上角和右下角均出现"留白"，说明中部地区各省份知识产权保护水平指数值曲线没有出现"平移式"或者"下降式"变化，均为从左下角到右上角的"攀爬式"增长曲线；和东部地区相比，中部地区没有类似北京、上海知识产权保护水平指数值起点较高的省市，中部地区知识产权保护水平指数值较为集中。

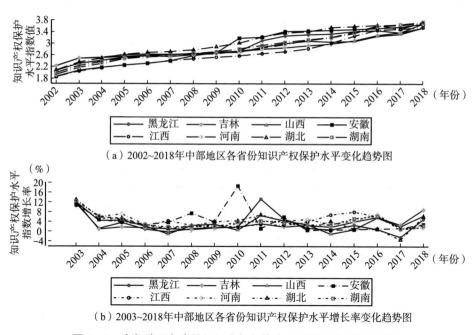

（a）2002~2018年中部地区各省份知识产权保护水平变化趋势图

（b）2003~2018年中部地区各省份知识产权保护水平增长率变化趋势图

图 4 - 5　中部地区各省份知识产权保护水平及增长率变化趋势图

从图 4 - 5 可知，安徽省和江西省的知识产权保护水平指数值进步很大；黑龙江省、湖北省、湖南省和河南省知识产权保护水平指数值基本都保持稳定的增长，特别是湖北省知识产权保护水平指数值基本领跑中部地区知识产权保护水平指数值，这可能因为湖北省的产业相比其他中部省份，主要是以发展知识密集型产业、发展自主创新科技产业为主所产生的结果；在观测前期，吉林省和山西省知识产权保护水平指数值较高，但在观测后期，这两个省份的知识产权保护水平指数值表现为中部地区知识产权保护水平指数值最低，说明尽管吉林省和山西省知识产权保护水平指数值一直保持增长态势，但比起其他省份进步较小，造成这种情况可能的原因是吉林和山西两省作为以能源、重工业为主的省份，主要以劳动密集型工业为主，因而其知识产权保护水平指数值相对增长幅度没有其他中部省份那么大。特别的，2007 年和 2017 年黑龙江省知识产权保护水平指数值出现负增长，2018 年其增长率迅速回升，而吉林省知识产权保护水平指数值增长率基本在 1% 附近，直到 2015 年开始出现大幅度的增长趋势，特别是 2018 年其增长率为 8.9928%。造成 2018 年黑龙江省和吉林省呈现较大的知识产权保护水平指数值增长率这种情况可能是因为实施振兴东北老工业基地的很多措施如加大企业技术改造的力度、提高自主创新的能力和促进自主创新成果的产业化等产生了效果，促进了黑龙江省和吉林省知识产权保护水平大幅度提升。

总的来说，中部地区 8 个省份的知识产权保护水平呈现明显的上升趋势，由于中部地区各省份研发水平、人才吸引聚集情况和经济发展水平等的差异，其知识产权保护水平也有差距。

3. 西部地区

西部地区各省份知识产权保护水平及增长率变化趋势如图 4 - 6 所示。西部地区知识产权保护水平指数值及演变趋势图与中部地区知识产权保护水平指数值曲线变化趋势相似，从图 4 - 6 中可以看出，两者都呈现增长的趋势，可能是因为西部地区逐渐在改变仅仅依靠资源进行发展的格局，转为寻求以高科技研发为依托的发展方式，对知识产权保护的需求更明显。不同的是，西部地区各省份的知识产权保护水平基础普遍偏低，2004~2014 年知识产权保护水平指数值增长率的波动幅度偏小，而 2014~2018 年其增长率的波动幅度偏大，这可能与近些年国家对于西部地区发展更为关注，有相应扶持政策有关，高科技产业研发获得了更广阔的发展空间，促进了西部地区各省份知识产权保护水平发生了不同程度的变化。

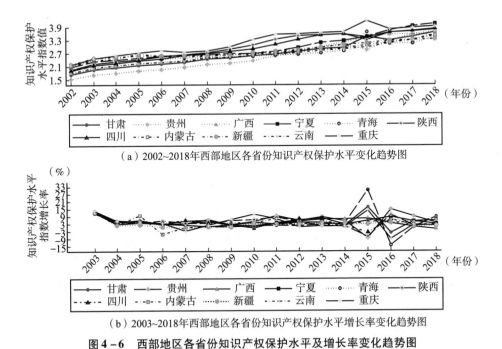

（a）2002~2018年西部地区各省份知识产权保护水平变化趋势图

（b）2003~2018年西部地区各省份知识产权保护水平增长率变化趋势图

图4-6　西部地区各省份知识产权保护水平及增长率变化趋势图

西部地区内部各省份之间知识产权保护水平差距较大。2005年和2006年，内蒙古自治区知识产权保护水平指数值和增长率分别为9.7782%和-5.2869%，产生了较大的极差，说明其增长率变化幅度较大；2015年，青海省、甘肃省、重庆市、广西壮族自治区、宁夏回族自治区知识产权保护水平指数值都有不同程度的上升，产生的增长率最大的达到30.4224%，与此同时，贵州省、陕西省、四川省知识产权保护水平指数值却出现了较大的负增长，最小的增长率为-8.6537%；2016年，贵州省、陕西省、宁夏回族自治区、四川省知识产权保护水平指数值增长率较大，而青海省、重庆市、甘肃省的增长率为负值；2017年、2018年西部地区整体知识产权保护水平指数值增长率开始逐渐趋于平稳。2014年后，西部地区知识产权保护水平指数值增长率出现起伏较大的变化，产生这种情况的原因可能是政策实施的滞后效果，特别是各省份知识产权保护执法水平或者政策的具体实施过程存在时间和效应的差异，产生了知识产权保护水平指数值增长率的大幅度波动。

4. 全国整体

基于 2002～2018 年全国 30 个省份知识产权保护水平指数均值绘制了图 4－7。从图中可以看出，北京、上海的知识产权保护水平均值明显高于全国其他省份。从空间差异视角分析，全国知识产权保护水平指数均值的前10 名中，有 9 个省份来自东部地区，分别为北京、上海、天津、浙江、广东、江苏、辽宁、山东和福建；最后的 5 名中有 4 个省份来自西部地区，分别为贵州、云南、甘肃和青海。这说明东、西部地区知识产权保护水平差距较大。

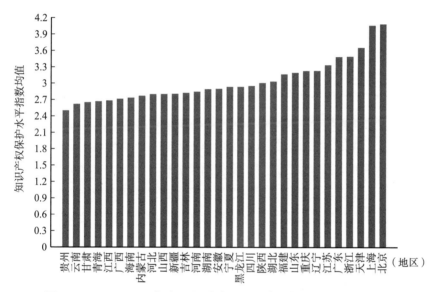

图 4－7　2002～2018 年全国 30 个省份知识产权保护水平均值柱状图

从全国看，第一名北京知识产权保护水平指数均值为 4.0914，最后一名贵州知识产权保护水平指数均值为 2.5021，第一名的均值是最后一名均值的 1.6352 倍；就东部地区看，第一名北京知识产权保护水平指数均值是最后一名海南知识产权保护水平指数均值的 1.4953 倍；就中部地区看，第一名湖北的知识产权保护水平指数均值是最后一名江西知识产权保护水平指数均值的 1.1313 倍；就西部地区看，第一名重庆的知识产权保护水平指数均值是最后一名贵州知识产权保护水平指数均值的 1.2916 倍。因此，全国各省份知识产权保护水平均有不同程度的差异，京津冀经济圈、长江三角洲经济圈和珠江三角洲经济圈等的核心省份知识产权保护水平明显较高。

第五章

中国外贸高质量发展水平
评价指标体系构建与测度

为了科学地测度中国外贸高质量发展水平，要遵循《关于推进贸易高质量发展的指导意见》，该意见指出推进外贸高质量发展要建立外贸高质量发展的指标、政策、统计、绩效评价体系的方式，本章构建了我国外贸高质量发展水平评价指标体系，进行了测度结果分析，具体内容共分为三节：第一节介绍外贸高质量发展水平评价指标体系构建的原则与依据；第二节从全国层面构建外贸高质量发展水平评价指标体系，测度全国外贸高质量发展水平并分析；第三节从省域层面，构建省域外贸高质量发展水平评价指标体系，测度省域外贸高质量发展水平；第四节根据测度结果，从时空演变、分布动态演进、空间差异及来源等角度分别对省域外贸高质量发展水平进行考察分析。

第一节　外贸高质量发展水平评价指标
体系构建的原则与依据

一、设计原则

基于本书对于外贸高质量发展概念与内涵的分析，考虑到对我国外贸高质量发展水平定量分析及评价的维度应该多元化、层次应该更深入、领域应该更宽广，同时还要兼顾我国外贸结构、外贸效益和外贸竞争力于一体的宏观系统性评价工程。因此，指标体系构建需要也应该遵循一些基本原则，本书借鉴了李明生等（2005）、高金田等（2019）等学者在构建评价指标体系时遵循的基本原则，结合本书的具体研究内容，确定了构建综合性定量评价中国以及省域外贸高质量发展水平评价指标体系过程中需要遵循的原则。

（一）科学性原则

外贸高质量发展水平评价指标体系的建立必须满足科学性，目的是全面、精准且综合地呈现外贸高质量发展的内涵和特征。在科学的理论指导下构建外贸高质量发展水平评价指标体系，能够具有合理的逻辑线条，能够反映外贸高质量发展的规律，能够系统表达外贸高质量发展的概念，能体现外贸高质量发展的实践意义。同时，要科学地选取符合经济学意义、能表达外贸高质量发展内涵和特征的指标。

（二）客观性原则

外贸高质量发展水平评价指标体系的建立必须满足客观性，目的是避免主观性因素的干扰。在客观事实、客观规律的前提下构建外贸高质量发展评价指标体系，能够做到来源可查、有据可循，无论是具体概念还是相应数据都应依据国际、国内已有原则，应用权威教材的概念名称，选取官方发布的统计数据。同时，也要选取能够客观地反映外贸高质量发展过程的指标。

（三）系统性原则

外贸高质量发展水平评价指标体系的建立必须满足系统性，目的是在反映整体外贸高质量发展情况的同时也能独立地体现各子系统（外贸结构、外贸效益和外贸竞争力）维度的发展情况。因此，各子系统能够各自说明外贸高质量发展的一个层面，互相之间虽有联系但不重复。同时，对外贸易作为一种经济活动，是一个相对复杂的综合系统，要选取能够充分从经济、贸易、环境、社会等各个层面体现外贸高质量发展特征的指标。

（四）可比性原则

外贸高质量发展水平评价指标体系的建立必须满足可比性，目的是能够使评价的结果更具实际意义和实践价值。就本书的内容，对于外贸高质量发展水平评价指标体系的构建，需要能够适用的区域是全国以及各省，需要能够适用的时间是具体研究内容的考察期，需要达到区域间的可比以及省份间的可比。因此，要选取具有代表性、必需性，以及能够进行区域间、省域间范围比较评价的指标。

（五）可操作性原则

外贸高质量发展水平评价指标体系的建立必须满足可操作性，目的是能够使构建的过程具有量化的意义。外贸高质量发展的内涵翻译成相应的指标量化的数据时，无论在理论上解构成怎样的高屋建瓴，都需要与现实数据联通脉络。因此，在实际研究中，要选取兼具应用价值和可获得性的指标，对于适合外贸高质量发展但既无法通过调查统计方法获取，也无法通过计算得出的指标，本书暂不考虑。因此，本书尚不能包括我国区域内可能涉及的关于外贸高质量发展的所有领域。

（六）价值性原则

外贸高质量发展水平评价指标体系的建立必须满足价值性，外贸高质量发展的评价和价值取向要以外贸质量全面发展为目标，使外贸高质量发展在外贸结构、外贸效益和外贸竞争力等多方面均衡发展，也为其继续发展奠定基础。同时，外贸高质量发展水平评价指标体系的建立要以中国特色社会主义政治经济学为理论基石，符合马克思主义经济理论的要求，适合中国外贸现阶段的发展。

二、设计依据

2019 年 11 月 19 日中共中央、国务院颁布的《关于推进贸易高质量发展的指导意见》（以下简称《意见》）指出，建立我国外贸高质量发展的指标评价体系，实现我国外贸高质量发展，既是推动我国经济社会发展的需要，也是为构建人类命运共同体所付出的努力。但是，截至目前，无论是政府部门还是统计机构关于中国外贸高质量发展水平的全面测度依然还是很少。

在党的十八届五中全会上，习近平总书记提出创新、协调、绿色、开放和共享的发展理念，强调发展的动力来源是创新、平衡发展需要协调、和谐的人与自然需要绿色发展、内外联动需要开放、社会的公平正义需要共享，因此本书外贸高质量发展评价指标体系的设计是在创新、协调、绿色、开放和共享的发展理念指导下进行指标选取。同时，《意见》在原则中明确：外贸结构更加优化、外贸效益显著提升、外贸实力进一步增强。在原则下的九点方向性指导中，《意见》涵盖了"从夯实产业基础到完善中介组织和智力支撑体系"的三十四个方面。考虑到数据的可得性，我们无法也不必针对这三十四个方面一一构建指标，而应该先遵循原则性意见。因此，外贸高质量发展水平的指标体系必须也应当涵盖外贸结构、外贸效益和外贸竞争力三个维度，并就相关方向性指南中选择关键性、可测度的指标。

第一，外贸结构。从我国对外贸易发展的历程来看，外贸的发展既要全面充分也需要均衡，因此，对外贸易结构需要从三个角度优化：继续夯实产业基础、不断优化商品结构和构建更均衡丰富的市场布局。

第二，外贸效益。外贸的良好发展体现在外贸规模的持续稳定增长，外贸效益提升能够从需求侧刺激经济效益增长，能够为社会提供更多的就业岗位，能够使资源可持续地发展，因此，对外贸易效益需要从四个维度考量：稳定提升我国进出口贸易规模的增长，努力引领全球贸易的发展，继续稳固驱动中国经济的增长，不断提高外贸领域人员的数量和质量，尽快改善粗放的发展模式实现可循环的资源持续性发展。

第三，外贸竞争力。外贸竞争力既包含自身的基础竞争力，如硬件实力，又包括长远的发展潜力，如科技创新实力，还包括国际竞争力，如国际影响力。外贸发展需要坚实的基础竞争力，我国不仅在国内构建了大量基础设施，也在不断帮助其他国家完善基础设施建设。高质量发展的中国逐渐改变对大规模要素资源的索取，转变为以创新对发展的驱动，才能实现将我国产品带入全球价值链顶端的机会，高技术贸易发展和高新技术产品贸易的提高印证了我国逐步增强的科技水平。因此，对外贸竞争力的塑造需要从三方面进行考量：合理扎实的基础设施水平建设是外贸高质量发展的基石，又先进又稳固的国际贸易平衡能力是外贸高质量发展的理想状态，持续性创新与突破性创新是外贸高质量发展的中流砥柱。

第二节　全国外贸高质量发展水平
评价指标体系构建与分析

基于本书对我国外贸高质量发展内涵的阐述和分析，对全国整体外贸高质量发展水平进行尽量全面、系统、客观的评价，需要一套综合性评价指标体系，仅单一指标或少许指标是不能较为完整刻画诠释的。按照中共中央、国务院《关于推进贸易高质量发展的指导意见》等文件的精神，遵循构建评价指标体系的基本原则，参考现有对外贸质量评价的相关研究，借鉴朱启荣等（2012）、贾怀勤等（2017）、高金田等（2019）和马林静（2020）等学者的研究，基于我国的基本国情以及本书的研究思路，依循从上到下、逐层分解的方法，构建适用于中国外贸高质量发展目标框架下的全国外贸高质量发展水平评价指标体系。同时，考虑到对外贸高质量发展水平评价指标体系的构建需要涵盖结构、布局、规模、质量等多重层面因素，因此所构建的评价指标体系需要能够呈现我国外贸高质量发展的复合性、系统性、动态性等特色。

一、评价指标体系构建

全国外贸高质量发展水平评价指标体系主要由五个层级组成。

第零层级是考察我国总体外贸高质量发展水平，即评价目标层，就是全国外贸高质量发展。第一层级，包含外贸结构、外贸效益和外贸竞争力三个一级指标准则层，这是构成全国外贸高质量发展框架的主要组成部分，从三个维度分别诠释外贸高质量发展的具体情况。第二层级，即二级指标，是在第一层级基础上对外贸高质量发展进行细化内容的子准则层。第三层级，即三级指标，是对第二层级具体基础指标层的分解，是对于全国外贸高质量发展构建的具体指标，一共有 24 个。第四层级，即指标说明，是对第三层级每个具体指标测度的说明，一共有 34 条具体说明；每一条指标说明都是从相应的细化角度诠释其对应的三级指标，进而逐层向上，直至全国外贸高质量发展的目标层。

为了方便对外贸高质量发展水平横、纵向的对比分析，在评价体系构建时侧重选取相对指标（也不是完全不选取），同时分为正向（＋）和逆向（－）两类明确相应指标对外贸高质量发展的驱动方向，从而体现不同指标差异化的影响作用。具体指标体系如表 5－1 所示。

表 5－1　　　　　　全国外贸高质量发展水平评价指标体系

评价目标	一级指标	二级指标	三级指标	指标说明	属性	权重
外贸高质量发展	外贸结构	产业基础	产业结构	服务贸易总额占外贸总额比重	＋	0.0479
			贸易方式	加工贸易出口占货物贸易出口比重	－	0.0490
		商品结构	货物贸易结构	高新技术产品出口占货物贸易出口比重	＋	0.0095
				机电产品出口额占货物贸易出口比重	＋	0.0106
			服务贸易结构	现代服务贸易出口占服务贸易出口比重	＋	0.0212
		市场布局	区域结构	中西部地区货物贸易出口占比	＋	0.0631
			国际结构	出口地区多样化指数	－	0.0155
				进口地区多样化指数	－	0.0417
				国外市场综合指数		0.0152
	外贸效益	规模增长	国际占比	货物出口占世界比重	＋	0.0235
				服务出口占世界比重	＋	0.0208
			进口增长	货物贸易进口增长率（％）	＋	0.0234
				服务贸易进口增长率（％）	＋	0.0287
			出口增长	货物贸易出口增长率（％）	＋	0.0181
				服务贸易出口增长率（％）	＋	0.0205
		经济效益	GDP 贡献度	货物和服务净出口对 GDP 增量的贡献率（％）	＋	0.0095
				货物和服务净出口对 GDP 增长的拉动度（％）	＋	0.0098
			盈利水平	价格贸易条件指数	＋	0.0256
				加工贸易增值率	＋	0.0301

续表

评价 目标	一级 指标	二级 指标	三级指标	指标说明	属性	权重
外贸高质量发展	外贸效益	社会效益	外贸就业水平	全国总就业人数与货物贸易进出口总额占 GDP 的比重的乘积（万人）	+	0.0386
		绿色效益	资源可持续性	主要能源产品出口占出口总额比重	–	0.0183
				资源性产品进口占进口总额比重	+	0.0208
				单位进出口能源消耗量（万吨标准煤/亿美元）	–	0.0140
	外贸竞争力	基础设施水平	网络承载水平	互联网上网人数/总人口	+	0.0398
			交通仓储竞争水平	交通运输、仓储和邮政业增加值/GDP	+	0.0801
			物流竞争力	货物周转量/总人口（亿吨公里/万人）	+	0.0293
			快递承载水平	快递业务量/总人口（件/人）	+	0.1100
		贸易发展平衡水平	货物贸易竞争力	货物贸易 TC 指数	+	0.0317
			服务贸易竞争力	服务贸易 TC 指数	+	0.0337
			国际市场影响力	全球 500 强企业拥有数量（个）	+	0.0417
		贸易发展新动能	技术引进开放度	高新技术产品进口占进口总额比重	+	0.0205
			技术生产优势度	高技术产品出口占工业制成品出口比重	+	0.0094
			科技人才贡献度	研究与开发经费支出 GDP 占比	+	0.0287

注：正向指标用"＋"表示，逆向指标用"－"表示。权重通过熵权法计算得出。

二、指标说明与数据来源

表 5 - 1 是本章构建的全国外贸高质量发展水平评价指标体系，考虑到三级指标以及指标说明的内容较多，因此，表 5 - 1 对各级指标进行了详细的说明，同时也对数据来源进行了说明。

（一）指标说明

1. 外贸结构

一级指标外贸结构中，下设三个二级指标，分别是产业基础、商品结构、市场布局。外贸结构的优化能够缓解我国外贸发展不充分不均衡的问题，高质量发展的对外贸易是建立在完善的产业基础上的经济活动，正是因为每个国家的资源禀赋、劳动生产率等的差异，才会产生国际贸易活动，这就对我国商品结构和市场布局提出了挑战，国内产业发展要充分、产业结构要均衡，只有这样才能够满足国际市场的需求。因此，产业基础是从宏观的视角对外贸商品结构的衡量，商品结构是从微观视角出发对具体行业商品结构的度量，市场布局是从多样化和集中度两个方面对外贸结构进行衡量。

二级指标中，产业基础中，下设两个三级指标，分别为产业结构和贸易方式；商品结构中，下设两个三级指标，分别为货物贸易结构和服务贸易结构；市场布局中，下设两个三级指标，分别为区域结构和国际结构。主要是从产业结构设置、商品结构设置、市场结构设置三个方面衡量外贸结构，涉及夯实产业生产能力、丰富外贸商品供给、优化外贸市场结构，更好地发挥对外贸易的需求侧作用。

其中，产业结构用服务贸易进出口总额占外贸进出口总额（货物贸易进出口总额与服务贸易进出口总额之和）比重衡量，贸易方式用加工贸易出口占货物贸易总出口比重衡量；货物贸易结构用高新技术产品出口额占货物贸易出口总额比重和机电产品出口额占货物贸易出口总额的比重衡量，服务贸易结构用现代服务贸易出口占服务贸易出口比重衡量，与传统服务贸易相比，现代服务贸易发展迅速且有贸易附加值高的特点；[1] 区域结构用中西部地区货物贸易出口额占比衡量，[2] 国际结构用出口地区多样化指数、[3] 进

---

[1]　这个指标借鉴高金田（2019），现代服务贸易出口额等于服务贸易出口总额减去传统服务贸易出口总额，其中，传统服务贸易类别包含有运输、旅行和建筑。

[2]　中西部地区货物贸易出口额等于全国货物贸易出口总额减去东部地区货物贸易出口额，其中，东部地区省份按照国家统计局分类，包括北京、天津、河北、辽宁、上海、江苏、浙江、福建、山东、广东和海南，共 11 个。

[3]　这个指标借鉴高金田（2019），出口地区多样化指数是指我国向各大洲出口贸易额占我国出口贸易总额比重与各大洲进口额占世界进口贸易总额比重的偏差程度，出口地区多样化指数具体计算公式为 $\sqrt{\sum \left(\frac{Ea_i}{Ea} - \frac{Ib_i}{Ib} \right)^2}$，其中 Ea 表示我国出口贸易总额，Ea_i 表示我国向各大洲出口贸易总额，Ib 表示世界进口贸易总额，Ib_i 表示各大洲进口贸易总额，i 分别表示亚洲、非洲、中南美洲和加勒比、北美洲、欧洲和大洋洲（澳大利亚和新西兰）。特别的，计算亚洲进口贸易总额时，先将中国进口贸易总额减去，然后计算与世界进口贸易总额的占比。

口地区多样化指数①和国外市场综合指数②衡量。国际结构的指标指数越小越好，当指数趋于零时说明我国外贸的市场结构与国际市场结构越契合，即我国外贸的市场结构越好。

2. 外贸效益

一级指标外贸效益中，下设四个二级指标，分别是规模增长、经济效益、社会效益和绿色效益。外贸规模增长是对我国进出口贸易规模的总体度量，经济效益衡量了我国对外贸易对经济发展的促进作用，社会效益体现了我国对外贸易能够提供的就业岗位增长情况，绿色效益是在考察"绿水青山就是金山银山"的背景下我国对外贸易对于环境和能耗的保护与节约情况。

二级指标中，规模增长下设三个三级指标，分别为国际占比、进口增长和出口增长，从世界贸易发展和我国进出口贸易发展两个角度对我国外贸规模增长进行考量；经济效益中，下设两个三级指标，分别为 GDP 贡献度和盈利水平，从我国对外贸易增长对经济的拉动程度、宏观视角衡量对外贸易的经济效益以及我国在世界价值链分工中的定位情况进行考量；社会效益由外贸就业水平衡量，体现了对外贸易对就业的促进作用；绿色效益由资源可持续性衡量，体现了外贸与环境资源可持续发展的情况。

其中，国际占比由货物出口占世界比重和服务出口占世界比重衡量，进口增长由货物贸易进口增长率和服务贸易进口增长率衡量，出口增长由货物贸易出口增长率和服务贸易出口增长率衡量；GDP 贡献度从货物和服务净出口对 GDP 增量的贡献率和货物和服务净出口对 GDP 增长的拉动度衡量，盈利水平由价格贸易条件指数③和加工贸易增值率④衡量；外贸就业水平由

---

① 这个指标借鉴高金田（2019），进口地区多样化指数是指我国向各大洲进口贸易总额占我国进口贸易总额比重与各大洲出口额占世界出口贸易总额比重的偏差程度，进口地区多样化指数具体计算公式为 $\sqrt{\sum\left(\dfrac{Ia_i}{Ia}-\dfrac{Eb_i}{Eb}\right)^2}$，其中 Ia 表示我国进口贸易总额，Ia_i 表示我国从各大洲进口贸易总额，Eb 表示世界出口贸易总额，Eb_i 表示各大洲出口贸易总额，i 分别表示亚洲、非洲、中南美洲和加勒比、北美洲、欧洲和大洋洲（澳大利亚和新西兰）。特别的，计算亚洲出口贸易总额时，先将中国出口贸易总额减去，然后计算与世界出口贸易总额的占比。

② 国外市场综合指数由 HHI 海外市场集中度指数衡量。

③ 这个指标借鉴贾怀勤（2017），价格贸易条件指数是指当我国出口一单位商品时可以从外国进口商品的单位数量，价格贸易条件指数＝出口价格指数/进口价格指数。

④ 这个指标借鉴马林静（2020），加工贸易增值率＝（加工贸易出口额－加工贸易进口额）/加工贸易进口额。

总就业人数与货物贸易进出口总额占 GDP 的比重的乘积衡量；资源可持续性由主要能源产品出口占出口总额比重、[①] 资源性产品进口占进口总额比重[②]和单位进出口能源消耗量衡量。[③]

3. 外贸竞争力

一级指标外贸竞争力中，下设三个二级指标，分别是基础设施水平、贸易发展平衡水平、贸易发展新动能。基础设施水平体现了我国外贸发展的硬实力，贸易发展平衡水平体现了我国外贸与全球贸易发展的关系，贸易发展新动能体现了我国促进发展的动力源泉。

二级指标中，基础设施水平下设网络承载水平、交通仓储竞争水平、物流竞争力和快递业务量四个三级指标；贸易发展平衡水平下设货物贸易竞争力、服务贸易竞争力、国际市场影响力三个三级指标；贸易发展新动能下设技术引进开放度、技术生产优势度和科技人才贡献度三个三级指标。

其中，网络承载水平用互联网上网人数占总人口比重衡量，交通仓储竞争水平用交通运输、仓储和邮政业增加值占 GDP 比重衡量，物流竞争力用货物周转量占总人口比重衡量，快递承载水平用快递业务量占总人口比重衡量；货物贸易竞争力用货物贸易 TC 指数衡量，服务贸易竞争力用服务贸易 TC 指数衡量，我国已是货物贸易大国，但是服务贸易的竞争力还较弱，通过服务贸易竞争力可以考量服务贸易的具体情况，为未来继续发展提升找到方法，[④] 国际市场影响力用全球 500 强企业拥有数量衡量，贸易开放度用外贸进出口总额在 GDP 中所占的比例来衡量；技术引进开放度用高新技术产品进口占进口贸易总额的比重衡量，能够体现我国高新技术引进提升的水平，技术生产优势度用高技术产品出口额占工业制成品出口额的比重衡量，科技人才贡献度用研究与开发经费支出占国内生产总值比重衡量。

---

① 这个指标借鉴朱启荣（2012），主要能源产品出口额是在 SITC 分类法下将初级产品出口额中扣除"食品及主要食用的活动物"与"饮料及烟类"后得到的数据。

② 这个指标借鉴朱启荣（2012），资源性产品进口额是在 SITC 分类法下将初级产品进口额中扣除"食品及主要食用的活动物"与"饮料及烟类"后得到的数据。

③ 这个指标借鉴马林静（2020），单位进出口能源消耗量衡量 = 能源消费总量/货物出口总额。

④ 这个指标借鉴高金田（2019），高金田（2019）认为货物贸易竞争力和服务贸易竞争力等于零不一定就为绝对的平衡，理想值应该是控制在 10% 以下，TC 指数 =（出口 − 进口）/（出口 + 进口）。

（二）数据来源

本节考察的样本单元是全国年度数据，所有数据（包括直接量化和间接量化）都来自官方公布的数据库或网站。具体情况如下。

我国服务贸易进口总额、服务贸易出口总额、货物贸易进口总额、货物贸易出口总额、进口商品价格指数、出口商品价格指数、能源消费总量数据来自各年份的《中国统计年鉴》；我国加工贸易进口总额、加工贸易出口总额数据来自各年份的《中国贸易外经统计年鉴》；我国机电产品出口总额、高新技术产品进口总额、高新技术产品出口总额、工业制成品出口总额、高技术产品出口总额、货物和服务净出口对国内生产总值增长贡献率、货物和服务净出口对国内生产总值增长拉动、东部地区省份货物出口总额（境内目的地和货源地）、初级产品出口额、初级产品进口额、食品及主要供食用的活动物出口额、食品及主要供食用的活动物进口额、饮料及烟类出口额、饮料及烟类进口额、互联网上网人数、总就业人数、国内生产总值、货物周转量、交通运输、仓储和邮政业增加值、快递业务量、科研和开发机构研究与试验发展经费支出、我国向各大洲出口总额、总人口数据均来自国家统计局；海外市场集中度指数数据来自世界银行（世界综合贸易解决方案数据库）；世界货物进口总额、世界货物出口总额数据、我国全球 500 强企业拥有数量均来自《国际统计年鉴》；世界服务进口总额、世界服务出口总额数据均来自商务部；我国 2002～2010 年传统服务贸易数据根据 UNCTAD 数据计算得出，2010 年后的传统服务贸易数据根据商务部数据计算得出；各大洲进口总额来自 WTO 数据库。此外，极个别数据缺失采用插值法进行补充。所有以美元为单位的指标，统一用相应年份的人民币汇率进行换算，使指标的单位统一。

三、测度结果及分析

基于此，本节根据《意见》的指导，从外贸结构、外贸效益和外贸竞争力三个维度构建中国外贸高质量发展水平评价指标体系，在下一节配套构建地方（省域）外贸高质量发展水平综合定量评价指标体系，均采用熵权法进行测度。本节通过 2002～2018 年全国外贸结构、外贸效益、外贸竞争力这三个子层面对外贸高质量发展水平进行熵权法综合测度，并根据计算结果细致考察分析。通过熵权法的计算与细致分析考察，能够从宏观视角直观呈现我国外贸高质量发展的情况，更重要的是能够为后续全国外贸高质量发展的研究与水平提升提供基础数据范本。

根据设计原则和依据构建的中国外贸高质量发展水平评价指标体系，要先应用 2002～2018 年中国年度基础指标数据按照评价指标体系的指标说明，进行式（1－4）的基础指标无量纲化数据预处理，再根据式（1－5）、式（1－6）通过熵权法计算得出相应指标的权重，然后根据式（1－7）通过线性加权求和法得到 2002～2018 年中国外贸高质量发展水平综合指数，同时也可以获得中国外贸结构、外贸效益和外贸竞争力三个维度的高质量发展水平综合指数。

基于熵权法与线性加权求和法的计算步骤，运用 Stata 软件 15.1，得到各项指标的具体权重值，如表 5－1 所示。相应计算得出 2002～2018 年中国外贸高质量发展水平的评价结果，如表 5－2 所示。

表 5－2　　　　　　2002～2018 年全国外贸高质量发展水平

年份	外贸结构	外贸效益	外贸竞争力	外贸高质量发展
2002	0.0427	0.0882	0.1397	0.2706
2003	0.0341	0.1150	0.1247	0.2738
2004	0.0409	0.1614	0.1211	0.3234
2005	0.0373	0.1548	0.1429	0.3351
2006	0.0458	0.1861	0.1478	0.3797
2007	0.0678	0.2112	0.1512	0.4302
2008	0.0997	0.1975	0.1454	0.4427
2009	0.0964	0.1287	0.1457	0.3708
2010	0.1128	0.2062	0.1426	0.4616
2011	0.1346	0.2114	0.1204	0.4664
2012	0.1543	0.1918	0.1478	0.4939
2013	0.1700	0.1858	0.1608	0.5167
2014	0.2038	0.1926	0.1733	0.5697

年份	外贸结构	外贸效益	外贸竞争力	外贸高质量发展
2015	0.2154	0.1677	0.2280	0.6111
2016	0.2265	0.1432	0.2487	0.6184
2017	0.2390	0.1589	0.2590	0.6569
2018	0.2619	0.1674	0.2802	0.7094

（一）全国外贸高质量发展水平时序演变规律分析

根据 2002～2018 年全国外贸高质量发展水平综合指数绘制全国外贸高质量发展水平与货物和服务贸易进出口总额时序演变图，如图 5-1（a）所示。结合表 5-2，从时序变化趋势可以明显看出，2002～2018 年全国外贸高质量发展水平总体呈现了波动式递增的趋势，由 2002 年的 0.2706 上升至 2018 年的 0.7094，增长幅度为 162.16%，年均增长率为 6.21%。同时可以看出 2009 年是观测期的一个分界点，即 2009 年之前和之后我国外贸高质量发展水平都在持续增长，由此可见全球金融危机对我国外贸高质量发展水平的冲击还是较大的。

图 5-1（a）中的柱状图呈现了 2002～2018 年我国外贸高质量发展水平的变化，折线图呈现了 2002～2018 年我国货物贸易和服务贸易进出口总额的变化。从我国外贸总额的变化曲线上可以看到两个明显的波谷，分别为 2009 年和 2016 年，2002～2008 年我国外贸总额变化曲线一直持续保持上升，从 7135.3 亿美元上升至 28855.1 亿美元，上升幅度为 304.4%，年均增长率为 26.22%，从这个时期的数据来看，我国外贸规模的增长势头非常强劲；2009～2014 年我国外贸总额变化曲线持续保持上升，从 25100.2 亿美元上升至 49535.5 亿美元，上升幅度为 97.35%，年均增长率为 14.56%，从这个阶段数据分析，我国外贸规模的增长幅度虽然不如上个时间阶段，但幅度依然还是很大；2016～2018 年我国外贸总额变化曲线再一次持续保持上升，从 43471.9 亿美元上升至 54142.9 亿美元，上升幅度为 24.55%，年均增长率为 11.6%，这个时间阶段的增长幅度远小于上两个时段，但是我国外贸规模的基数已经非常庞大，基于如此大的外贸规模相应的上升幅度也还是很可观的。另外，2008～2009 年和 2014～2016 年是两个下降的时间阶

段，第一个下降阶段从28855.1亿美元下降至25100.2亿美元，下降幅度为14.96%，第二个下降阶段从495353.5亿美元下降至43471.9亿美元，下降幅度为13.95%。引起我国外贸规模下降的原因可能是全球经济的低迷，特别是经过金融危机冲击后，我国对外贸易的需求市场萎缩，国际贸易间的摩擦也越来越明显。

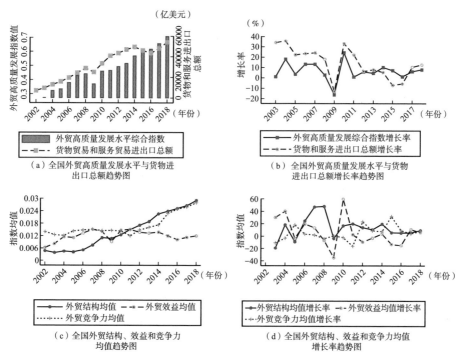

图5-1 2002～2018年全国外贸高质量发展水平与货物、
服务贸易进出口总额变化趋势图

根据图5-1（a）全国外贸高质量发展水平和外贸进出口规模两者共同分析，可以发现2002～2008年，全国外贸高质量发展水平和外贸进出口规模均呈现持续上升，全国外贸高质量发展水平在这个观测期内增长幅度为63.6%，年增长率为8.55%，相比之下我国外贸进出口规模增长得更快、幅度也更大；2008～2009年，全国外贸高质量发展水平和外贸进出口规模均呈现下降态势，全国外贸高质量发展水平在这个时段的下降幅度为19.4%，比同时段外贸进出口规模下降幅度更大一些；2009年之后，全国外贸高质量发展水平持续上升，而外贸进出口规模在波动中上升。

　　根据 2003~2018 年全国外贸高质量发展水平增长率和外贸进出口总额增长率绘制了全国外贸高质量发展水平增长率和外贸进出口总额增长率曲线变化趋势图，如图 5-1（b）所示。从增长率的变化区间分析，全国外贸进出口总额增长率的变化区间极差为 47.2%，而外贸高质量发展水平增长率的变化区间极差为 40.72%，由此可见在观测期内，全国外贸进出口总额增长率变化幅度更大一些；从增长率的符号属性分析，全国外贸进出口总额增长率在 2009 年、2015 年和 2016 年均为负增长率，分别为 -13.01%、-6.99% 和 -5.64%，而外贸高质量发展水平增长率仅在 2009 年出现负增长率为 -16.25%，由此可见 2002~2018 年，全国外贸进出口总额增长率变化频率更快一些，可能的原因是外贸规模更容易受到全球经济环境的冲击。总的来说，在整个观测期内，全国外贸进出口总额的增长速度比外贸高质量发展水平增长速度更快一些。

　　具体分析，在 2003~2011 年，全国外贸进出口总额的增长速度都很迅猛（除了 2009 年以外），其中 2003 年、2004 年和 2010 年增速均在 30% 以上，2005 年、2006 年、2007 年、2011 年增速在 20%~30% 之间，虽然 2008 年增速最低但也达到了 18.18%，当然，在这个时间段，人们更加关注于外贸规模的增长，只是这般快速增长的外贸规模是以高耗能、高投入为代价的，同时全国外贸高质量发展也是呈现增长状态的，只是没有外贸规模增速那么快，也没有那么受瞩目。2011 年是个特殊的年份，尤其是对于全国的外贸高质量发展水平来讲，"十二五"提出了完善区域开放格局、优化对外贸易结构、统筹"引进来"与"走出去"等政策，使得从 2011 年开始，全国的外贸高质量发展道路走上了较为平稳增长的轨道，2014 年开始，全国外贸高质量发展增速为 10.27%，超过了逐渐放缓的外贸规模增速 5.57%，这样的状态持续到 2016 年，2017 年开始，外贸规模增速又反超。总的来说，外贸进出口规模增速的再一次加快是建立在全国外贸高质量发展持续上升的基础上，是高质量的规模增速，是外贸结构不断优化、外贸竞争力持续增强后的外贸规模高质量增速。

（二）全国外贸结构、外贸效益和外贸竞争力高质量发展水平的
演变规律分析

为了便于分析我国外贸结构、外贸效益和外贸竞争力三个子系统的变化
情况，考虑到每个三级指标数量存在差异，直接用指数值进行比较可能会高
估或者存在偏差（马林静，2020），因此分别计算出外贸结构、外贸效益和
外贸竞争力三个子系统的年度均值，根据均值绘制了全国外贸结构、外贸效
益和外贸竞争力指数均值变化趋势图，如图 5 - 1（c）所示。从总体分析，
在观测期内，外贸结构均值曲线呈波动上升趋势，增长幅度为 519.15%，
年均增长率为 12.07%；外贸效益均值曲线波动频繁但是变化幅度较小，增
长幅度为 90.48%，年均增长率为 4.11%；外贸竞争力均值曲线的波动总体
呈现上升趋势，增长幅度为 100%，年均增长率为 4.43%。图 5 - 1（c）中
的数据呈现了可喜的增长，外贸结构指数均值的变化相当明显，变化幅度极
为迅猛；外贸竞争力指数均值已经达到翻了一番的增长；外贸效益指数均值
的增长也基本达到原来的两倍。

全国外贸结构、效益和竞争力均值增长率趋势如图 5 - 1（d）所示。由
图 5 - 1（d）可知，外贸高质量发展的不同子系统分别在不同的年份有不同
的增长，外贸结构均值增长率在 2007 年、2008 年超过了 40%，外贸效益均
值增长率在 2004 年、2010 年也超过了 40%，外贸竞争力均值增长率在 2012
年、2015 年较高。产生不同增长率的原因可能是：2007 年我国将出口退税
率降低或者取消，继而开始征收或者加征出口关税，为了优化外贸结构，限
制高污染、高能耗和资源性商品出口，停止如进口废纸等加工贸易，从外贸
结构均值增长率曲线变化趋势来看，相应政策的出台对于外贸结构优化作用
良好，而且除 2009 年以外，外贸结构均值增长率均为正向增长；2012 年我
国出台稳外贸政策，深入实施科技兴贸和以质取胜战略，扩大一般贸易比
重，提高劳动密集型产品出口质量和附加值，推进了我国外贸竞争力。2011
年之后，我国外贸结构均值增长率和外贸竞争力均值增长率开始超过外贸效
益均值增长率，由此可以看出我国在对外贸易方面一系列政策的颁布，有效
地促进了我国外贸结构的优化、外贸效益的增长和外贸竞争力的增强。

外贸结构、外贸效益和外贸竞争力这三个维度具体演变发展的过程构成
了全国外贸高质量发展的变化历程，为了更好地刻画三个维度的均衡发展情

况，根据外贸结构、外贸效益和外贸竞争力三个维度综合发展水平指数值绘制了 2002 年、2008 年、2011 年和 2018 年外贸结构、外贸效益和外贸竞争力指数值雷达图，如图 5 - 2 所示①。由图 5 - 2 可知，外贸结构呈现逐年向好的趋势，上升幅度均很大；外贸效益基础较差，在波动中发展；在观测初期全国外贸竞争力基础较好。总之，与 2002 年相比，2018 年外贸结构、外贸效益和外贸竞争力均有明显提升，尤其是外贸结构的提升幅度较大，改善度最小的是外贸效益。这在一定程度上反映出，我国开始积极优化外贸发展结构，重视外贸竞争力培养，使得外贸高质量发展得到显著提升；外贸效益增长较小，一方面可能是因为一直以来，我国均处于全球价值链底端，主要以附加值低的加工贸易为主，同时服务贸易也相对较弱的原因导致的，另一方面是因为我国在加强绿色效益的过程中，控制"两高一资"的产业的出口，对外贸效益的影响较大。由此可知，实现外贸高质量发展的重要突破点和着力点应该落脚于加大科研投入（人力、物力、财力），实现自主创新，努力攀登进入全球价值链的顶层，丰富商品结构，拓展对外贸易合作伙伴的范围，以技术含量高、贸易附加值高的产品为主打，同时还要重视培育耗能低、可持续性发展的贸易产品。

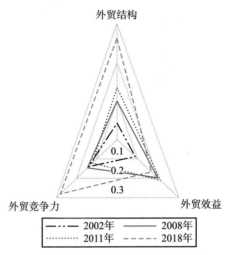

图 5 - 2   2002 年、2008 年、2011 年和 2018 年外贸结构、
外贸效益和外贸竞争力雷达图

---

① 此图的绘制参考马林静（2020）。

总的来说，以外贸结构优化促进外贸高质量发展、以外贸效益稳定增长推动外贸高质量发展、以外贸竞争力增强助力外贸高质量发展三位一体，互相促进，在优化、稳定、增强的过程中，推进我国外贸高质量发展。

第三节　省域外贸高质量发展水平评价指标体系构建与测度

本章第二节构建了全国外贸高质量发展水平评价指标体系，并在此基础上应用全国整体数据进行测度和分析。本节内容为构建省域外贸高质量发展水平评价指标体系，并且应用省域数据进行测度。

一、评价指标体系构建

根据中共中央、国务院《关于推进贸易高质量发展的指导意见》等文件的精神，借鉴了裴长洪和刘洪愧（2020）、曲维玺等（2019）、李鸿阶和张旭华（2019）等学者对于外贸高质量发展内涵的界定以及其所涵盖的内容范畴，结合我国基本国情和区域发展的特点，从外贸结构、外贸效益与外贸竞争力三大领域选取了代表性指标作为反映省域外贸高质量发展水平的评价范围，构建了省域外贸高质量发展水平评价指标体系，如表5-3所示。

表5-3　　　　　　省域外贸高质量发展水平评价指标体系

评价目标	一级指标	二级指标	三级指标	指标说明	属性	权重
外贸高质量发展水平	外贸结构	产业基础	第二产业产出占比	第二产业增加值/GDP（％）	+	0.0034
			第三产业产出占比	第三产业增加值/GDP（％）	+	0.0108
			贸易净流出占比	货物和服务净流出/GDP（％）	+	0.0013

续表

评价目标	一级指标	二级指标	三级指标	指标说明	属性	权重
外贸高质量发展水平	外贸结构	商品结构	货物贸易占比	进出口总额/GDP（%）	+	0.0432
			服务贸易占比	签订对外承包工程合同金额/GDP（%）	+	0.0311
				年末在境外从事劳务合作人数/总人口（%）	+	0.0485
				年末在境外从事承包工程人数/总人口（%）	+	0.0350
				国际旅游外汇收入/GDP（%）	+	0.0309
		区域布局	外贸区域结构协调指数	(进出口额/全国进出口额 – GDP/全国GDP)/$\sqrt{2}$（%）	–	0.0013
	外贸效益	规模增长	出口贸易规模	出口额/全国出口额（%）	+	0.0727
			进口贸易规模	进口额/全国进口额（%）	+	0.0728
		经济效益	出口贸易对GDP的拉动程度	出口额/GDP（%）	+	0.0406
			进出口产品质量	出入境货物检验检疫合格货值/出入境货物检验检疫总货值（%）	+	0.0021
		社会效益	外贸就业水平	总就业人数×进出口总额/GDP（人）	+	0.0637
		绿色效益	外贸工业"三废"排放度	工业废气排放量/工业增加值（标准立方米/元）	–	0.0006
				工业固体废物产生量/工业增加值（吨/元）	–	0.0012
				工业废水排放量/工业增加值（吨/元）	–	0.0011
			外贸能源消费度	能源消费总量×(进出口总额/GDP)（万吨标准煤）	–	0.0020
	外贸竞争力	基础设施水平	网络承载水平	移动电话交换机容量/总人口（户/人）	+	0.0179
			交通、仓储竞争水平	交通运输、仓储和邮政业增加值/GDP（%）	+	0.0081
				交通运输、仓储和邮政业城镇单位就业人员/就业人口（%）	+	0.0100
			饭店数量占比	星级饭店数/总人口（家/万人）	+	0.0182
			货物周转水平	货物周转量/总人口（吨公里/人）	+	0.0519
			快递业务量	快递量/总人口（件/人）	+	0.1067

续表

评价目标	一级指标	二级指标	三级指标	指标说明	属性	权重
外贸高质量发展水平	外贸竞争力	贸易发展平衡水平	外贸发展竞争水平	出进口差/出进口和（％）	－	0.0068
			外贸进出口平衡水平	进口额/出口额（％）	－	0.0017
			外资企业占比	外资企业出口/GDP（％）	＋	0.0673
			外资利用程度	实际利用外商直接投资额/GDP（％）	＋	0.0226
			对外投资程度	对外非金融类直接投资流量/GDP（％）	＋	0.0651
		贸易发展新动能	技术引进开放度	技术引进合同金额/GDP（％）	＋	0.0784
			技术生产优势度	技术市场成交额/GDP（％）	＋	0.0691
			科技人才贡献度	研究与试验发展（R&D）人员全时当量/就业人口（％）	＋	0.0139

注：正向指标用"＋"表示，逆向指标用"－"表示。权重通过熵权法计算得出。

二、指标说明与数据来源

（一）指标说明

一级指标外贸结构中，下设三个二级指标，分别是产业基础、商品结构、区域布局。二级指标中，产业基础下设三个三级指标，分别为第二产业产出占比、第三产业产出占比和贸易净流出占比；[①] 商品结构中，下设两个三级指标，分别为货物贸易占比和服务贸易占比；[②] 区域布局用外贸区域结构协调指数表达，表示各省份外贸发展的协调水平，指数越高表示协调水平越差，指数越低表示协调水平越高。[③]

[①] 这一指标参考于洋（2013）、逯进等（2018），他们认为货物和服务净流出可代替资本净流出且导致产业需求供给变化。

[②] 其中，货物贸易占比用各省进出口总额/各省GDP衡量，由于服务贸易省级数据统计较为薄弱缺乏直接度量省级服务贸易的数据，根据服务贸易的内涵、考虑到省级数据的可得性，由签订对外承包工程合同金额/GDP、年末在境外从事劳务合作人数/总人口、各省国际旅游外汇收入/各省GDP衡量。

[③] 这一指标借鉴了高金田等（2019），其中，外贸区域结构协调指数用（各省进出口总额/全国进出口总额 － 各省GDP/全国GDP）/$\sqrt{2}$表示。

一级指标外贸效益中，下设四个二级指标，分别是规模增长、经济效益、社会效益和绿色效益。其中，绿色效益越小，表示外贸效益越高。规模增长下设两个三级指标，分别为出口贸易规模和进口贸易规模；经济效益下设两个三级指标，出口贸易对 GDP 的拉动程度和进出口产品质量，[①] 社会效益指标用外贸就业水平表示，[②] 绿色效益指标下设两个三级指标，分别为外贸工业"三废"排放度和外贸能源消费度。

一级指标外贸竞争力中，下设三个二级指标，分别是基础设施水平、贸易发展平衡水平和贸易发展新动能。基础设施水平下设五个三级指标，分别为网络承载水平、交通、仓储竞争力、饭店数量占比、货物周转力、快递承载水平；贸易发展平衡水平下设五个三级指标，分别为外贸发展竞争水平、外贸进出口平衡水平、外资企业占比、外资利用程度和对外投资程度，前两个指标越大说明贸易发展平衡力越差；外贸发展新动能下设三个三级指标，分别为技术引进开放度、技术生产优势度和科技人才贡献度。

（二）数据来源

本节的数据为 2002 ~ 2018 年中国 30 个省、自治区、直辖市数据（因数据可得性，本书中数据信息不包括港澳台和西藏，所有的省、自治区、直辖市在本书中统一简称为各省），数据的来源为国家统计局、《中国统计年鉴》、《中国科技统计年鉴》、《中国文化和旅游年鉴》、《中国商务年鉴》、《中国贸易外经统计年鉴》、《中国能源统计年鉴》、EPS 数据平台、各省历年统计年鉴和各省国民经济和社会发展统计公报（各省统计局）等。此外，对于个别缺失值用前后两期的均值或前后期值进行补充；其他缺失值以插值法进行补充（货物和服务净流出数据只更新到 2017 年，2018 年数据以 2017 年数据补充）；所有以美元为单位的指标，统一用相应年份的人民币汇率进行换算，使指标单位统一。

---

① 这一指标借鉴了聂长飞等（2020），进出口产品质量用（出入境货物检验检疫总货值 − 出入境货物检验检疫不合格货值）/出入境货物检验检疫总货值表示。

② 这一指标借鉴了朱启荣（2012），其中，外贸就业水平用各省总就业人数×各省进出口总额/各省 GDP 表示。

三、测度结果

基于熵权法与线性加权求和法的计算步骤，运用 Stata 15.1 软件，得到各项指标的具体权重值，详见表 5 - 3。计算得出 2002~2018 年中国 30 个省份外贸高质量发展水平评价结果，如表 5 - 4 所示。

表 5 - 4   2002~2018 年省域外贸高质量发展水平

区域	省份	2002 年	2003 年	2004 年	2005 年	2006 年	2007 年	2008 年	2009 年	2010 年
东部地区	北京	0.2379	0.2303	0.2575	0.2887	0.3088	0.3173	0.3377	0.3071	0.3239
	天津	0.3116	0.2309	0.2682	0.2684	0.2791	0.2750	0.2082	0.2074	0.2036
	河北	0.0527	0.0534	0.0563	0.0585	0.0632	0.0671	0.0759	0.0709	0.0715
	辽宁	0.1152	0.1340	0.1357	0.1341	0.1398	0.1489	0.1458	0.1335	0.1391
	上海	0.3159	0.3397	0.3724	0.3901	0.4041	0.4171	0.4060	0.3748	0.3821
	江苏	0.1932	0.2257	0.2503	0.2684	0.2878	0.2954	0.2659	0.2436	0.2557
	浙江	0.1265	0.1462	0.1597	0.1696	0.1784	0.1841	0.1824	0.1691	0.1828
	福建	0.1596	0.1696	0.1659	0.1672	0.1652	0.1677	0.1551	0.1358	0.1392
	山东	0.1026	0.1097	0.1148	0.1198	0.1276	0.1367	0.1415	0.1380	0.1458
	广东	0.3684	0.3719	0.3689	0.3763	0.3875	0.3824	0.3547	0.3253	0.3329
	海南	0.0703	0.0698	0.0757	0.0713	0.0748	0.0800	0.0755	0.0729	0.0851
中部地区	山西	0.0477	0.0456	0.0491	0.0488	0.0524	0.0590	0.0619	0.0637	0.0585
	吉林	0.0813	0.0858	0.0818	0.0858	0.0949	0.0985	0.0967	0.1075	0.1136
	黑龙江	0.0566	0.0581	0.0626	0.0627	0.0674	0.0784	0.0744	0.0658	0.0690
	安徽	0.0465	0.0499	0.0497	0.0571	0.0600	0.0684	0.0747	0.0694	0.0778
	江西	0.0474	0.0510	0.0532	0.0551	0.0587	0.0608	0.0666	0.0680	0.0722
	河南	0.0373	0.0392	0.0411	0.0428	0.0457	0.0496	0.0564	0.0561	0.0612
	湖北	0.0578	0.0567	0.0571	0.0603	0.0632	0.0828	0.0814	0.0907	0.0921
	湖南	0.0502	0.0498	0.0526	0.0541	0.0560	0.0592	0.0589	0.0600	0.0561

续表

区域	省份	2002 年	2003 年	2004 年	2005 年	2006 年	2007 年	2008 年	2009 年	2010 年
西部地区	内蒙古	0.0535	0.0540	0.0556	0.0602	0.0592	0.0598	0.0635	0.0676	0.0637
	广西	0.0447	0.0419	0.0420	0.0428	0.0476	0.0495	0.0574	0.0549	0.0563
	重庆	0.0535	0.0554	0.0611	0.0572	0.0607	0.0647	0.0648	0.0666	0.0756
	四川	0.0499	0.0463	0.0516	0.0533	0.0544	0.0718	0.0707	0.0706	0.0790
	贵州	0.0331	0.0353	0.0337	0.0352	0.0323	0.0350	0.0411	0.0417	0.0452
	云南	0.0564	0.0540	0.0550	0.0639	0.0647	0.0691	0.0648	0.0640	0.0717
	陕西	0.0556	0.0538	0.0520	0.0655	0.0717	0.0582	0.0647	0.0636	0.0677
	甘肃	0.0411	0.0429	0.0438	0.0499	0.0527	0.0601	0.0630	0.0527	0.0559
	青海	0.0450	0.0491	0.0500	0.0506	0.0511	0.0506	0.0508	0.0516	0.0512
	宁夏	0.0435	0.0440	0.0462	0.0467	0.0458	0.0441	0.0479	0.0510	0.0512
	新疆	0.0489	0.0511	0.0525	0.0544	0.0568	0.0793	0.0812	0.0797	0.0723
均值		0.1001	0.1015	0.1072	0.1120	0.1170	0.1224	0.1197	0.1141	0.1184

区域	省份	2011 年	2012 年	2013 年	2014 年	2015 年	2016 年	2017 年	2018 年
东部地区	北京	0.3283	0.3311	0.3517	0.3585	0.3585	0.3559	0.3637	0.3592
	天津	0.2049	0.2001	0.1890	0.2056	0.1978	0.2462	0.2012	0.2395
	河北	0.0709	0.0723	0.0754	0.0784	0.0763	0.0831	0.0882	0.0959
	辽宁	0.1325	0.1426	0.1319	0.1303	0.1325	0.1337	0.1387	0.1485
	上海	0.3779	0.3737	0.3505	0.3761	0.4182	0.4334	0.4315	0.4346
	江苏	0.2479	0.2415	0.2320	0.2313	0.2359	0.2324	0.2434	0.2548
	浙江	0.1798	0.1833	0.1922	0.2060	0.2255	0.2507	0.2717	0.2968
	福建	0.1453	0.1506	0.1578	0.1643	0.1701	0.1763	0.1863	0.1783
	山东	0.1496	0.1447	0.1410	0.1437	0.1431	0.1548	0.1579	0.1660
	广东	0.3329	0.3469	0.3762	0.3627	0.3618	0.3740	0.3633	0.3754
	海南	0.1080	0.0844	0.1024	0.0921	0.0939	0.0796	0.1240	0.1238

续表

区域	省份	2011 年	2012 年	2013 年	2014 年	2015 年	2016 年	2017 年	2018 年
中部地区	山西	0.0601	0.0599	0.0643	0.0609	0.0620	0.0694	0.0694	0.0773
	吉林	0.1075	0.0982	0.0867	0.0857	0.0827	0.0845	0.0902	0.1015
	黑龙江	0.0719	0.0714	0.0714	0.0769	0.0818	0.0920	0.0865	0.0818
	安徽	0.0790	0.0858	0.0892	0.0918	0.0987	0.0955	0.1051	0.1025
	江西	0.0720	0.0718	0.0743	0.0790	0.0836	0.0797	0.0861	0.0889
	河南	0.0690	0.0793	0.0831	0.0871	0.0977	0.1047	0.0927	0.0970
	湖北	0.0853	0.0881	0.1023	0.1053	0.1073	0.1076	0.1174	0.1173
	湖南	0.0594	0.0631	0.0632	0.0674	0.0714	0.0776	0.0831	0.0883
西部地区	内蒙古	0.0665	0.0717	0.0729	0.0728	0.0665	0.0730	0.0719	0.0756
	广西	0.0548	0.0564	0.0558	0.0597	0.0652	0.0697	0.0810	0.0874
	重庆	0.0840	0.1104	0.1115	0.1224	0.1044	0.1065	0.1187	0.1141
	四川	0.0825	0.0793	0.0803	0.0847	0.0834	0.0906	0.0961	0.1085
	贵州	0.0471	0.0466	0.0485	0.0490	0.0514	0.0464	0.0495	0.0553
	云南	0.0733	0.0733	0.0732	0.0715	0.0685	0.0733	0.0743	0.0747
	陕西	0.0725	0.0807	0.0833	0.0907	0.1005	0.1046	0.1121	0.1168
	甘肃	0.0652	0.0708	0.0627	0.0591	0.0622	0.0671	0.0706	0.0746
	青海	0.0484	0.0524	0.0605	0.0613	0.0674	0.0612	0.0652	0.0673
	宁夏	0.0559	0.0595	0.0616	0.0672	0.0789	0.0723	0.0649	0.0733
	新疆	0.0748	0.0834	0.0818	0.0851	0.0823	0.0854	0.0756	0.0806
均值		0.1202	0.1225	0.1242	0.1275	0.1310	0.1360	0.1393	0.1452

第四节 省域外贸高质量发展水平测度结果分析

本章第三节构建了省域外贸高质量发展水平评价指标体系,而本节将在测度结果的基础上,从时空演变特征、分布动态演进和空间差异及来源三个方面对我国省域外贸高质量发展水平进行考察分析。

一、时空演变分析

（一）区域间外贸高质量发展水平时空演变特征

基于省域外贸高质量发展水平评价的结果，绘制了东、中、西部地区外贸高质量发展水平综合评价指数均值及增长率演变趋势，如图 5 - 3 所示。

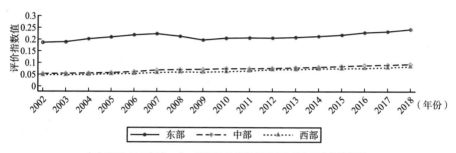

（a）2002~2018年东、中、西部地区外贸高质量发展水平变化趋势图

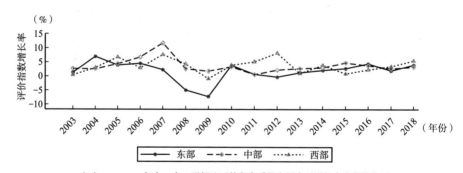

（b）2003~2018年东、中、西部地区外贸高质量发展水平增长率变化趋势图

图 5 - 3　东、中、西部地区外贸高质量发展水平均值及增长率变化趋势图

由图 5 - 3 可知，东部地区外贸高质量发展水平评价指数均值远高于中、西部地区均值，中部地区在观测期内综合评价指数几乎基本保持比西部地区稍高将近 1 个百分点的发展态势，由此可见东部地区的外贸高质量发展水平一直处在全国领先地位。

从外贸高质量发展水平变化趋势看，中部与西部地区外贸高质量发展水平评价指数均值一直呈现缓慢上升的态势，而东部地区在 2009 年有一个明显的下降之后也持续缓慢增长，这可能是因为 2009 年世界性的金融危机对东部地区冲击更大。

东、中、西部地区间的差异十分明显。2002 年，省域外贸高质量发展水平指数最大值出现在广东省，最小值出现在贵州省；2018 年的最大值出现在上海，最小值依然还是出现在贵州省。由此可见，在观测期内，外贸优势地区，如东部沿海地区，始终处于领先地位。中、西部地区虽然总体指数得分不高，但指数平均增长率明显高于东部水平，这在很大程度上得益于"中部崛起""西部大开发"以及 2013 年提出并于 2015 年开始实施的"一带一路"等政策的推动。

(二) 区域内外贸高质量发展水平时空演变特征

为了进一步反映区域内部外贸高质量发展水平的时空演变特征，本书从东、中、西部区域内部分别进行了分析。

1. 东部地区

东部地区各省份外贸高质量发展水平增长率变化趋势如图 5 - 4 所示。

由图 5 - 4 可知，东部地区内部各省份外贸高质量发展水平基本上都有明显波动性趋缓递增的趋势。上海、广东、北京的外贸高质量发展水平基本处于东部地区的第一梯队，海南、河北的外贸高质量发展水平较为落后。从时序演变规律来看，大部分省份的增长率都是经历了"上升—下降—上升—下降—上升—下降—上升"的波动演变过程。具体来说，海南省外贸高质量发展水平指数增长幅度较大，特别是 2017 年，这可能和国家对海南自贸区的特殊政策帮扶有关；河北省外贸发展基础较弱，在观测期内增长较为平缓；上海、广东、福建、山东、辽宁、江苏和浙江为沿海城市，就对外贸易发展来讲地理位置优越，有的省份加工贸易优势强劲，有的省份制造业发达，相应经济发展领先，优秀人才也较为聚集，近些年更是以新能源、新技术产业为主，因此，外贸高质量发展水平也较高；北京在经济、政治等方面都是中心城市，与国际联系更为紧密，外贸高质量发展稳定；天津是最特殊的一个城市，作为地理位置优越的海港城市，其外贸发展的基础较好，但是从观测期内可以看到，自 2002 年开始，天津外贸高质量发展水平基本呈现向下的走势，这可能是因为天津外资企业较多，产业构成以加工贸易为主，但在亚洲金融危机之后，因对外企没有特殊优惠政策导致撤资较多，而加工贸易因技术含量低故向其他劳动力更便宜的省市转移，使天津外贸发展乏力。

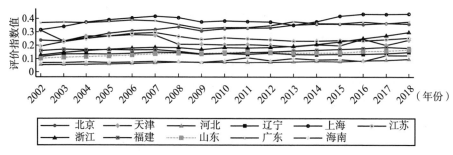

（a）2002~2018年东部地区外贸高质量发展水平变化趋势图

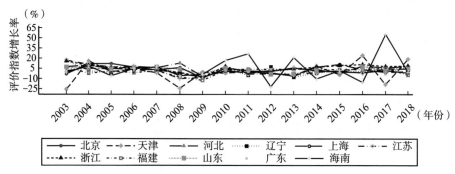

（b）2003~2018年东部地区外贸高质量发展水平增长率变化趋势图

图5-4　东部地区各省份外贸高质量发展水平均值及增长率变化趋势图

2. 中部地区

中部地区各省份外贸高质量发展水平均值及增长率变化趋势如图5-5所示，中部地区内部各省份外贸高质量发展水平基本上呈现波动性递增的态势。中部地区的外贸高质量发展水平指数值的整体均值要比东部地区外贸高质量发展水平指数的整体均值偏低一些，同时中部地区各省份的指数值较为集中，在0.03~0.12之间平缓上升。从时序演变规律来看，大部分省份的增长率都是经历了"上升—下降—上升—下降—上升—下降—上升—下降—上升"的波动演变过程，虽然波动频繁但幅度不大。具体来说，吉林作为老工业基地在 2010 年之后，外贸呈现下降趋势，这是因为一方面，吉林以玉米等农产品为产业优势，另一方面，制造业向自主创新方向升级转型困难，制约了其外贸的发展；中部其他省份外贸发展基本以上升趋势为主，特别是湖北、湖南、安徽、江西、河南和山西在 2004 年国家提出"中部崛起"战略以来，以新技术工业发展为主线，优化产业结构与人力资源结构，国家给予战略引领和支撑，促进了中部地区外贸高质量发展水平的增长。

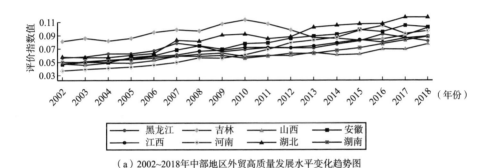

（a）2002~2018年中部地区外贸高质量发展水平变化趋势图

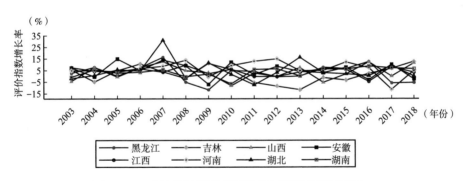

（b）2003~2018年中部地区外贸高质量发展水平增长率变化趋势图

图 5 - 5　中部地区各省份外贸高质量发展水平均值及增长率变化趋势图

3. 西部地区

西部地区各省份外贸高质量发展水平均值及增长率变化趋势如图 5 - 6 所示。

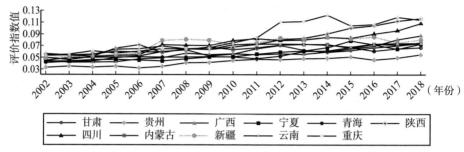

（a）2002~2018年西部地区外贸高质量发展水平变化趋势图

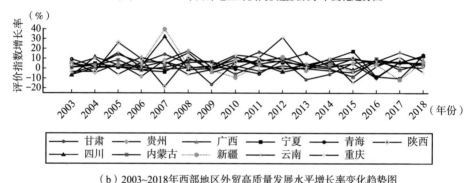

（b）2003~2018年西部地区外贸高质量发展水平增长率变化趋势图

图 5-6　西部地区各省份外贸高质量发展水平均值及增长率变化趋势图

如图 5-6 所示，从时序演变规律角度出发，西部地区外贸高质量发展水平指数值及演变趋势图比东部与中部地区的趋势图在左上角有明显的留白区域，说明西部地区各省份的外贸高质量发展水平指数值基础普遍偏低，对应的 2002 年的数值偏小；西部地区各省的指数值增长曲线倾斜角较大，相应的斜度更陡，对应的增加值也较大；西部地区内部各省外贸高质量发展水平基本呈现出明显波动性递增的态势。根据图 5-6 可以明显看到，近几年，大多数西部地区省份外贸高质量发展水平指数增长显著，由此可见"西部大开发"政策、"一带一路"经济区对于西部地区外贸高质量发展水平的促进作用明显。对于西部地区的外贸发展，国家一直给予扶持政策，一方面通过人才志愿服务西部计划吸引大学以上学历的高校毕业生到西部地区工作落户，另一方面进行大规模基础设施建设，培育西部特色产业，以"丝绸之路经济带"与"21世纪海上丝绸之路"战略推动西部地区外贸的不断发展。

4. 全国整体

2002~2018 年全国 30 个省份外贸高质量发展水平均值如图 5-7 所示。

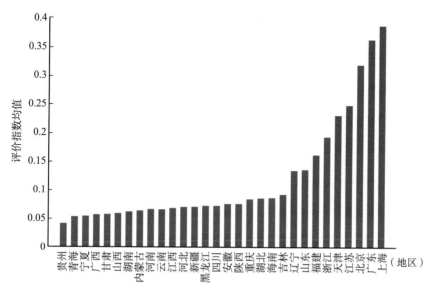

图 5-7　2002~2018 年全国 30 个省份外贸高质量发展水平均值柱状图

如图 5-7 所示，从空间差异来看，东部地区 11 个省份占了全国外贸高质量发展水平指数均值的前 9 名，分别为上海、广东、北京、江苏、天津、浙江、福建、山东和辽宁，基本为京津冀经济圈、长江三角洲经济圈和珠江三角洲经济圈的核心省份。但前 9 名的省份之间存在的差异也比较明显，比如上海市外贸高质量发展水平指数均值为 0.3881，辽宁省外贸高质量发展水平指数均值为 0.1363。而倒数的五名全部来自西部地区的省份，贵州省外贸高质量发展水平指数均值为 0.0427，仅占上海市评价指数均值的 12.63%。这再次说明，各区域之间、各区域内省份之间、全国各省份之间外贸高质量发展水平均存在明显差异。

二、分布动态演进分析

以 2002 年、2007 年、2012 年和 2018 年为考察时点，从全国整体和三大区域刻画我国外贸高质量发展水平的时序动态演进特征。

（一）全国整体层面

图 5 - 8 （a）从整体层面刻画了我国 30 个省份外贸高质量发展水平的分布动态演进情况。省域外贸高质量发展水平核密度曲线波动特征明显：四个代表性年份均为"单峰"且位于曲线偏左的位置，说明我国省域外贸高质量发展水平有很大的上升空间，大多数的省份都处在低水平的位置；随着时间的推移，四条曲线的整体和重心均向右移动，表明我国省域外贸高质量发展水平呈现持续增长的态势；四条曲线的波峰先后经历了"下降—上升—下降"的过程，说明全国各省份外贸高质量发展水平差异经历了缩小—扩大—缩小的过程；四条曲线均为右侧拖尾，曲线分布主体基本是一个"单峰"为主，其他的波动波峰很小但有多峰并存的情况，说明全国各省份之间的多级极化还比较严重。

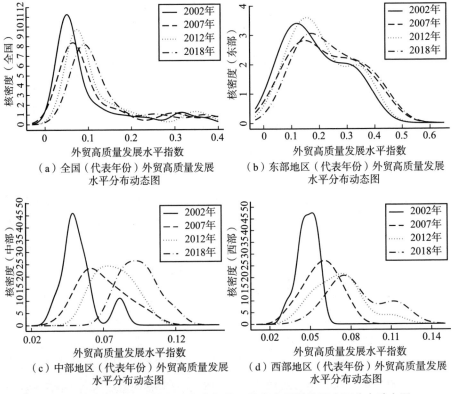

（a）全国（代表年份）外贸高质量发展
水平分布动态图

（b）东部地区（代表年份）外贸高质量发展
水平分布动态图

（c）中部地区（代表年份）外贸高质量发展
水平分布动态图

（d）西部地区（代表年份）外贸高质量发展
水平分布动态图

图 5 - 8 全国及三大地区（代表年份）外贸高质量发展水平分布动态图

从具体年份分析，2002 年的曲线在图 5 - 8 （a）中最为偏左，主峰高度最高，说明 2002 年相比其他年份是各省份外贸发展低水平最多的年份；2007 年的曲线峰值下降，曲线覆盖范围增大但幅度很小，说明相较 2002 年，2007 年各省份之间的差异得到些许的缓解；2012 年曲线峰值有小幅回升，说明各省份间的极化现象有所扩大，部分省份外贸发展强势；2018 年曲线继续向右移动，峰值下降，说明多数省份的外贸发展水平上升，但省份之间的差距加深。

（二）区域层面

1. 东部地区

图 5 - 8 （b）刻画了东部地区（代表年份）外贸高质量发展水平的分布动态。代表年份核密度图曲线整体和重心均向右移动，2002 ~ 2007 年向右移动的步幅较大，2007 ~ 2012 年与 2012 ~ 2018 年向右移动的幅度较小，说明东部地区的外贸高质量发展水平整体先大跨步增长，而后虽继续增长但逐渐减慢了增长速度；从曲线主峰的波峰高度观测，代表年份的曲线波峰高度经历了"下降—上升—下降"的波动过程，表明东部地区内部省份外贸高质量发展水平的差距呈现出先轻微的缩小继而大幅度的扩大再轻微的缩小的变化特征；从曲线的波峰数量分析，四条曲线均出现了一个明晰的主峰和一个次峰的情况，说明东部地区内部省份之间外贸高质量发展水平均呈现出两极分化的特征，但是 2018 年的曲线次峰几近消失说明 2018 年东部地区内部省份两极分化的趋势有很大程度的缓解，这可能是不同省份发展的速度或者发展的程度有所差异导致的；从曲线的左右拖尾来看，右侧拖尾均大于左侧拖尾，说明东部地区外贸高质量发展水平数值呈现出了上升的特征。和全国的外贸高质量发展水平（代表年份）核密度图相比，东部地区曲线右拖尾更小一些，说明东部地区整体的外贸水平高于全国水平。

总体来说，2002 ~ 2018 年，东部地区外贸高质量发展水平呈增长态势，受各省份的政策、地理位置、外贸开放程度、优势贸易活动的影响，外贸质量发展水平的效率和规模有不同程度的差异，但是这种差距在逐渐变小。

2. 中部地区

中部地区（代表年份）外贸高质量发展水平的分布动态由图 5 - 8 （c）刻画。代表年份核密度图绘制的曲线整体和重心均向右移动且移动的步幅较大，说明中部地区外贸高质量发展水平表现出整体大跨步的增长；从曲线主峰的波峰高度观测，代表年份的曲线波峰高度经历了"下降—平移—平移"的波动过程，表明中部地区内部省份外贸高质量发展水平的差距呈现出先大幅度缩小后趋于平稳的变化特征，不同于全国和东部地区，中部地区内部省份外贸高质量发展水平的差距在 2012 年到 2018 年持续平移，可能的原因是，如安徽省持续实施创新驱动，促进产业升级，建设重大创新平台，建成大量以集成电器、人工智能为主的高新技术产业开发区，实施高层次人才团队创新创业行动计划，扶持人才团队落户等多项政策推进外贸高质量发展，又如湖北省致力于建设先进制造业基地、以"光谷"为代表的高新技术产业基地，同时具有现代物流基地和交通运输枢纽的优势，使得其外贸高质量发展的优势明显，但是如山西省，一直以煤炭等资源为优势产业，外贸发展基础较弱，创新产业发展不足，因此从 2012 年开始基本是中部地区外贸高质量发展最差的一个省份，这使得中部地区内部各省份间外贸高质量发展水平依然存在差距；从曲线的波峰数量分析，2002 年呈现明显"双峰"的特征，主峰高度较高且次峰高度偏低，说明中部地区外贸高质量发展水平低的省份占大多数，使得中部地区的外贸高质量发展水平整体还是偏低，2007 年、2012 年和 2018 年均呈现"单峰"状态，说明在观测初期，中部地区内部省份之间外贸高质量发展水平差异两极分化较为严重，但是 2007 年到 2018 年"双峰"逐渐变为"单峰"状态，中部地区各省份之间的差异逐渐缩小，发展状态趋于均衡；从曲线的左右拖尾来看，右侧拖尾均大于左侧拖尾，说明中部地区外贸高质量发展水平数值表现出持续上升的态势。

总体来说，2002～2018 年，中部地区外贸高质量发展水平虽然低于东部地区，但是一直呈持续增长态势，而且省份间差异趋于均衡，发展状态趋于更好。

3. 西部地区

西部地区（代表年份）外贸高质量发展水平的分布动态如图 5 - 8（d）所示。从图中可以看出代表年份核密度图曲线整体和重心均向右移动，2002 年到 2012 年向右移动的步幅较大，2012 年到 2018 年向右移动的幅度较小，说明西部地区外贸高质量发展水平的整体先大跨步增长后逐渐减慢了增长的步幅；从曲线主峰的波峰高度观测，代表年份的曲线波峰高度经历了"大幅度下降—下降—微弱下降"的波动过程，表明西部地区内部省份外贸高质量发展水平的差距呈现出先大幅度的缩小再原地踏步（微弱下降）的变化特征；从曲线的波峰数量分析，2002 年和 2007 年呈现出"单峰"状态，2012 年和 2018 年表现出"双峰"态势，其中 2002 年到 2007 年的状态说明西部地区内部各省份间外贸高质量发展水平没有明显的两极分化或者多级分化的情况，2012 年到 2018 年均出现了一个明晰的主峰和一个次峰的情况，说明西部地区内部省份之间外贸高质量发展水平均呈现出两极分化的特征，特别是 2018 年的"双峰"状态比 2012 年的"双峰"状态更加明晰，说明2018 年西部地区内部省份两极分化的趋势比 2012 年更加明显，各省份间外贸高质量发展水平呈现了一定的梯度性、大部分省份发展水平偏低、发展速度和发展水平也呈现了参差不齐的发展态势。

　　总体来说，2002～2018 年，西部地区外贸高质量发展水平持续上升，但是区域内各省份间外贸高质量发展水平差异日益扩大。

　　全国及三大地区外贸高质量发展水平总体演进特征如表 5－5 所示。

表 5－5　　　全国及三大地区外贸高质量发展水平总体演进特征表

区域	整体和重心分布位置	主峰高度及变化形态	延展性变化趋势	波峰数量
全国	逐渐向右移动	下降—上升—下降，由陡峭趋于平缓	宽度变大，右拖尾	单峰为主
东部地区	逐渐向右移动	下降—上升—下降，由陡峭趋于平缓	宽度变大，右拖尾	单峰为主，次峰为辅
中部地区	逐渐向右移动，幅度较大	下降—平移—平移，由陡峭变平缓	宽度明显变大	2002 年双峰，其他年份为单峰
西部地区	逐渐向右移动	持续下降，由陡峭变平缓	宽度明显变大	2012 年和 2018 年双峰，其他年份单峰为主

　　如表 5－5 所示，核密度曲线均向右有不同幅度的移动，说明外贸高质量发展水平都在上升；主峰高度经历了不同幅度的上升或者下降，说明外贸高质量发展水平具有波动性和不稳定性；主峰的分布延展性均为不断拓宽，说明全国各区域各省份都存在不同程度的发展差异。总之，不同的区域、不同的年份所展示出的外贸高质量发展水平的时序动态演进过程都是在区域特

色和年份特征叠加与交互的共同作用下所产生的综合效果。

三、空间差异及成因分析

应用 Stata 15.1 软件，计算得出 2002～2018 年中国整体和三大区域东、中、西部地区之间（内）外贸高质量发展水平基尼系数及其分解结果，如表 5-6 所示。

表 5-6   2002～2018 年全国外贸高质量发展水平基尼系数及其分解结果

年份	总体系数	地区内基尼系数			地区间基尼系数			贡献率（%）		
		东部地区	中部地区	西部地区	东—中	东—西	中—西	地区内	地区间	超变密度
2002	0.4160	0.3100	0.1160	0.0790	0.4088	0.4281	1.1001	20.9370	77.4720	1.5910
2003	0.4100	0.2890	0.1180	0.0710	0.3971	0.4214	0.0979	19.8550	78.7760	1.3690
2004	0.4190	0.2900	0.1050	0.0800	0.4024	0.4283	0.0962	19.6880	79.1420	1.1700
2005	0.4180	0.2950	0.1050	0.0920	0.4046	0.4276	0.1014	20.1790	78.2440	1.5780
2006	0.4190	0.2940	0.1110	0.1010	0.4013	0.4314	0.1113	20.2260	78.3560	1.4180
2007	0.4060	0.2870	0.1180	0.1190	0.3848	0.4211	0.1274	20.5280	77.7940	1.6790
2008	0.3800	0.2830	0.0960	0.0950	0.3670	0.3989	0.1058	20.6410	78.0130	1.3640
2009	0.3640	0.2780	0.1150	0.0970	0.3520	0.3843	0.1155	21.1840	77.0550	1.7620
2010	0.3640	0.2720	0.1300	0.0980	0.3512	0.3828	0.1228	21.0060	77.0000	1.9940
2011	0.3530	0.2620	0.1020	0.1060	0.3425	0.3715	0.1107	20.6840	77.2250	2.0910
2012	0.3440	0.2690	0.0900	0.1300	0.3409	0.3621	0.1163	21.8720	74.5110	3.6170
2013	0.3410	0.2670	0.0890	0.1230	0.3360	0.3594	0.1140	21.7170	75.2170	3.0660
2014	0.3410	0.2690	0.0900	0.1370	0.3357	0.3604	0.1231	22.1450	74.1080	3.7470
2015	0.3410	0.2790	0.0920	0.1130	0.3381	0.3650	0.1120	22.2290	74.8270	2.9440
2016	0.3460	0.2790	0.0800	0.1230	0.3393	0.3709	0.1134	22.0400	74.9290	3.0310
2017	0.3380	0.2570	0.0800	0.1350	0.3248	0.3594	0.1222	21.3470	75.8150	2.8380
2018	0.3310	0.2500	0.0720	0.1240	0.3213	0.3518	0.1103	20.8590	76.5130	2.6280

以全国和各地区间（内）基尼系数及其分解演变趋势为考察视角，分

别从全国整体和三大区域来刻画我国外贸高质量发展水平地区差异的演变特征。

（一）全国整体层面

全国外贸高质量发展水平总体基尼系数演变趋势如图 5-9（a）所示，我国外贸高质量发展水平的总体基尼系数存在显著的上下起伏波动，在观测期 2002～2018 年呈现出大幅度下降的趋势，说明外贸高质量发展水平的整体差距明显缩小。具体来看，我国外贸高质量发展水平总体差距在 2003 年呈现小幅下降；2004 年有所回升；2004～2006 年总体差异无明显变化；2013～2016 年有微小上升，表明总体差距稍有增大且增速较慢；2006～2009 年、2010～2013 年、2016～2018 年均呈现不同幅度的下降趋势，分别下降至 0.3640、0.3410 和 0.3310，说明总体差异在逐年缩小，并且缩小速度较快。

从以上变化趋势中发现，外贸高质量发展水平的总体差距有较大幅度的缩小，特别与观测初期（2002 年）相比，基尼系数持续呈下降趋势，说明各地区之间外贸高质量发展水平趋势越来越均衡，这可能与外贸结构发展逐步合理规划、外贸业务产品呈现多样化、外贸发展不断创新更具实力有关。随着经济的高速增长，我国已成为世界第二大经济体，作为"三驾马车"之一的外贸，其质量发展逐渐呈现均衡态势，势必会助力经济的高质量发展。

（二）区域内部层面

东、中、西部三大地区内部外贸高质量发展水平基尼系数差距演变趋势由图 5-9（b）刻画。从数值上可以看出，东部地区内部的基尼系数数值与中、西部地区内部的基尼系数数值相比明显偏高，说明东部地区内部省份之间外贸高质量发展水平的差距明显高于中部和西部地区。

在考察期内，中、西部地区的基尼系数呈现了"你追我赶"的竞争良好势头，在 2002～2007 年，西部地区内部基尼系数值低于中部地区，说明中部地区内部各省份外贸高质量发展水平的差距比西部地区内部更大；2007～2008 年中、西部地区齐头并进，说明中、西部地区内部各省份之间外贸高质量发展水平的差距无明显不同；2008～2011 年中部地区内部的基尼系数值又高于西部地区，说明中部地区内部各省份外贸高质量发展水平的差距又比西部地区内部大；2011～2018 年西部地区内部的基尼系数值反超中部地区，说明从 2011 年开始西部地区内部各省份之间外贸高质量发展水平持续呈现出较大的差距。

具体来看，在观测期内，东部地区内部各省份之间差距的变化基本持续平缓的下降趋势，说明各省份之间的差距在逐渐缓慢的缩小，与上文东部地区内部各省份之间外贸高质量发展水平的差异逐步缓解的结果保持一致；在观测期内，中部地区内部各省份之间差距的变化也基本呈现平缓的下降状态，说明各省份之间的差距也在逐渐的缓解，与上文中部地区各省份之间外贸高质量发展水平趋于均衡的结果保持一致；2002～2018 年，西部地区内部各省份之间差距的变化波动频率比较频繁，但整体呈现缓慢上升趋势，说明各省份之间的差距在逐渐波动的过程中呈现增大的态势，与上文西部地区各省份之间外贸高质量发展水平的差异逐渐变大的结果也保持一致。

（三）区域间层面

基于 2002～2018 年三大地区两两之间外贸高质量发展水平基尼系数绘制了其演变趋势图，如图 5－9（c）所示。从时序演变规律来看，东部地区与中部地区、东部地区与西部地区以及中部地区与西部地区两两之间外贸高质量发展水平的差距都存在差异。其中，东—西部地区间差距最大，东—中部地区间差异次之，中—西部地区间的差异最小。

从具体变化过程看，东—中部地区和东—西部地区间的差距呈现出较为平行的演变态势，而且与 2002 年相比曲线都是趋于下降的，说明在观测期内，东—中部地区和东—西部地区间外贸高质量发展水平的差距都在逐渐缩小；中—西部地区间的基尼系数有小幅度的波动，总体呈现平缓的起伏，说明中—西部地区间外贸高质量发展水平的差距在不稳定的波动，但是差距不大。总体而言，虽然不同地区间外贸高质量发展水平差距均存在，但基本差距在不断缩小。与前文中所述东部地区外贸高质量发展水平评价指数均值远高于中、西部地区均值；中部地区在观测期内几乎保持比西部地区稍高不到 1 个百分点波动；东部地区的外贸发展水平一直处在全国领先地位的结论均保持一致。

（四）空间贡献度层面

根据外贸高质量发展水平地区间（内）差距来源及其贡献率如图5-9（d）所示。从图中可以明显看出地区间的贡献率最大（超过74%），说明地区间差距是外贸高质量发展水平差距的主要空间来源，即东、中、西部三大区域之间的外贸发展水平的差距是造成外贸高质量发展水平差异的主要原因。地区内的贡献率次之（约为21%）；超变密度的贡献率最小（在1%～4%之间），说明其对外贸高质量发展水平的总体差异影响不大。从三者的发展变化趋势来看，它们波动的幅度都不大，说明三者的贡献率比例比较平稳。

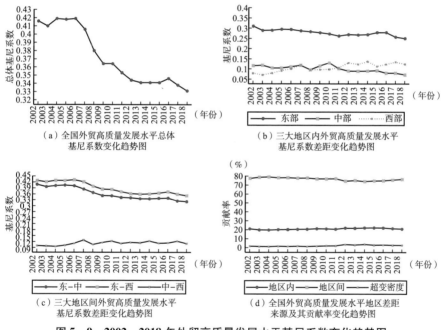

（a）全国外贸高质量发展水平总体
基尼系数变化趋势图

（b）三大地区内外贸高质量发展水平
基尼系数差距变化趋势图

（c）三大地区间外贸高质量发展水平
基尼系数差距变化趋势图

（d）全国外贸高质量发展水平地区差距
来源及其贡献率变化趋势图

图5-9　2002～2018年外贸高质量发展水平基尼系数变化趋势图

总的来说，我国外贸高质量发展水平的区域差异产生的主要原因是不同区域之间外贸高质量发展水平交叉重叠的问题。简言之，尽管东部地区外贸高质量发展水平整体较高，但是东部地区并不是所有的省份的外贸高质量发展水平都高于中、西部地区，有些中、西部地区省份的外贸高质量发展水平也是高于东部地区某些省份的。

四、不同层面指标体系的区别与联系

为了方便对比全国外贸高质量发展水平和省域外贸高质量发展水平评价指标体系的测度结果，对省域外贸高质量发展水平指数值进行赋权取均值①与全国外贸高质量发展水平指数值分别绘制演变趋势曲线图，具体如图5–10所示。

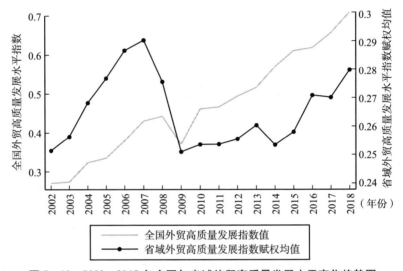

图 5 – 10　2002 ~ 2018 年全国与省域外贸高质量发展水平变化趋势图

第一，全国层面指数值与省域层面指数值赋权均值的曲线变化走势趋同，均在 2009 年出现了一个明显的波谷，而且除 2009 年以外的其他年份基本以增长为主。

第二，全国层面指数值与省域层面指数值赋权均值的区别主要在于省域外贸高质量发展呈现不均衡不充分的问题，使得省域层面均值数据偏小。

第三，全国层面与省域层面指标体系的三级指标选取有一些差别，这主要是因为数据的来源不同，全国层面有一些国际权威或官方的统计数据，而省域层面的数据是来自我国官方的统计数据。

———————

① 权重为每年每个省份进出口贸易总额占全国进出口贸易总额比重。

第六章

知识产权保护与外贸高质量
发展的耦合协调评价与分析

马克思说："一个民族本身的整个内部结构都取决于它的生产以及内部和外部交往的发展程度"①，知识产权保护与外贸高质量发展也不例外。本书在第四章与第五章中对中国知识产权保护水平和外贸高质量发展水平分别进行了测度和分析，从测度结果可以看出，从整体上分析，中国知识产权保护与外贸高质量发展水平均呈增长态势。但是它们是步调一致的在发展吗？是协同逐步提升的发展吗？如果是，具体的变化过程是怎样的呢？本章将通过耦合协调模型的阐述和引入，对中国知识产权保护与外贸高质量发展耦合协调关系展开探究，以期对其进行科学而客观的刻画。具体包括：通过耦合协调模型，从全国层面和省域层面分别计算知识产权保护与外贸高质量发展、外贸结构、外贸效益和外贸竞争力之间的耦合协调度并进行综合协调关系分析。

第一节　知识产权保护与外贸整体
质量耦合协调分析

经过对相关文献的梳理，耦合协调模型已经很好地测度分析了经济学领

---

① 马克思，恩格斯. 马克思恩格斯全集（第三卷）［M］. 北京：人民出版社，1960：24.

域中的很多研究，比如中国制造业与生产性服务业之间的动态协调关系（唐晓华等，2018）、农业技术进步与要素禀赋之间的耦合协调关系（魏金义等，2015）、山西省知识产权与创新型经济发展之间的耦合程度（白丽，2020）、阿拉伯国家至宁夏入境旅游和进出口贸易的耦合关系（赵多平等，2017）、新结构经济学视角下金融体系与产业结构的耦合协调度（曾繁清等，2017）等，但是在知识产权保护与外贸高质量发展两者之间的应用还很少，本节尝试应用此模型进行我国知识产权保护与外贸高质量发展间的耦合互动和协调发展程度的测度分析。

一、全国整体测度与分析

我国知识产权保护与外贸高质量发展水平两者之间通过相互影响、相互适应调整，形成了具有耦合互动、协同调整的动态关系，我国知识产权保护与外贸高质量发展间的耦合度评价模型设定如式（6-1）所示。

$$C = 2\sqrt{\frac{u_1 u_2}{(u_1 + u_2)^2}} \qquad (6-1)$$

其中，耦合度是对我国知识产权保护与外贸高质量发展二者之间相互影响程度的度量，其大小取决于知识产权保护与外贸高质量发展水平之间互动和依赖的程度。当完善的知识产权保护制度成为提升外贸高质量发展水平的重要影响要素，且外贸高质量发展水平对完善的知识产权保护也产生依赖时，两者才能趋于良性耦合互动，此时耦合度指数趋近数值1；否则，耦合度指数趋近数值0。

由于耦合程度仅仅能够说明我国知识产权保护与外贸高质量发展的关联程度，不能诠释其协同发展的情况，因此设定我国知识产权保护与外贸高质量发展的协调度评价模型如式（6-2）和式（6-3）所示。

$$T = \alpha u_1 + \beta u_2 \qquad (6-2)$$

$$D = \sqrt{C \times T} \qquad (6-3)$$

其中，协调度是对我国知识产权保护与外贸高质量发展两者紧密配合状态程度的度量，其大小取决于知识产权保护与外贸高质量发展水平之间协同发展幅度与频率的共振程度。我国知识产权保护水平越完善、外贸高质量发展水平越高效且二者能够相互促进、协同演化，其协调度就越高。

为了进行我国知识产权保护与外贸高质量发展两者之间的耦合协调发展程度的分析，基于考察期，即 2002~2018 年，参考相关基础文献的耦合协调等级评价标准，结合本书的实际研究内容，将耦合协调发展程度划分了相应的评价标准范围，具体耦合协调度评价标准范围与对应等级评价如表 1-1 知识产权保护与外贸高质量发展系统耦合协调等级评价标准所示（见本书第一章）。

通过式（6-1）、式（6-2）和式（6-3）可以测度得到样本考察期内，中国知识产权保护与外贸高质量发展的耦合协调度，同时可以观察到其动态关系的变化过程。我国外贸高质量发展离不开知识产权保护的有效保障，同时，知识产权保护也需要我国外贸高质量发展对其的促进作用。

应用 Stata 15.1 软件，先将第四章第一节测度得到的全国整体知识产权保护水平指数进行无量纲化处理，[①]然后应用式（6-1）、式（6-2）和式（6-3）计算得出 2002~2018 年全国整体知识产权保护与外贸高质量发展的耦合协调度，如表 6-1 所示。

表 6-1　　　　　　2002~2018 年全国知识产权保护与外贸
　　　　　　　　　高质量发展耦合协调度及其评价

年份	耦合度	协调度	耦合协调度	耦合协调程度评价
2002	0.6699	0.1553	0.3225	轻度失调
2003	0.7273	0.1624	0.3436	轻度失调
2004	0.7018	0.1889	0.3641	轻度失调
2005	0.7181	0.1976	0.3767	轻度失调
2006	0.7006	0.2216	0.3940	轻度失调
2007	0.6785	0.2480	0.4102	濒临失调
2008	0.6876	0.2565	0.4199	濒临失调

---

① 无量纲化处理使用功效系数法。公式为 $u_1 = a \times \dfrac{x_i - \min}{\max - \min} + d$，$x_i$ 为知识产权保护，i 为年份，d 为对变换后值的平移（取 0.04），a 为对变换后值的缩放（取 0.06），此方法既能避免出现 0 值又方便等级评价，本章下同。

年份	耦合度	协调度	耦合协调度	耦合协调程度评价
2009	0.7489	0.2230	0.4087	濒临失调
2010	0.7188	0.2723	0.4424	濒临失调
2011	0.7292	0.2769	0.4494	濒临失调
2012	0.7183	0.2913	0.4574	濒临失调
2013	0.7102	0.3032	0.4641	濒临失调
2014	0.6898	0.3305	0.4774	濒临失调
2015	0.6766	0.3520	0.4880	濒临失调
2016	0.6782	0.3565	0.4917	濒临失调
2017	0.6680	0.3766	0.5016	勉强协调
2018	0.6581	0.4047	0.5161	勉强协调

从表 6-1 中可以看出，全国知识产权保护与外贸高质量发展水平的耦合协调度在 2002~2018 年表现出逐年增大的走势，这可以说明知识产权保护与外贸高质量发展呈现出互相依赖并且越来越好的状态，其耦合协调度持续保持上升趋势。2002 年，知识产权保护与外贸高质量发展表现出轻度失调，2018 年表现为勉强协调。总的来说，知识产权保护与外贸高质量发展总体耦合协调程度并不高。在考察期内，2002~2006 年知识产权保护与外贸高质量发展水平呈现出轻度失调的状态；2007~2016 年知识产权保护与外贸高质量发展呈现出濒临失调的状态；2017~2018 年知识产权保护与外贸高质量发展水平呈现出勉强协调的状态。

二、省域测度与差异分析

应用 Stata 15.1 软件，将第四章第二节测度得到的省域知识产权保护水平指数进行无量纲化处理，然后应用式（6-1）、式（6-2）和式（6-3）计算得出 2002~2018 年省域知识产权保护与外贸高质量发展的耦合协调水平测度，如表 6-2 所示。

表6－2　　　　　2002～2018年省域知识产权保护与外贸高质量
发展的耦合协调水平测度

省份	2002 年	2003 年	2004 年	2005 年	2006 年	2007 年	2008 年	2009 年	2010 年
北京	0.3834	0.3943	0.4075	0.4214	0.4289	0.4321	0.4393	0.4293	0.4354
天津	0.3667	0.3625	0.3857	0.3954	0.4006	0.3950	0.3692	0.3705	0.3708
河北	0.2062	0.2188	0.2248	0.2302	0.2362	0.2395	0.2481	0.2485	0.2496
辽宁	0.2649	0.2942	0.2996	0.3030	0.3076	0.3123	0.3141	0.3125	0.3236
上海	0.4060	0.4297	0.4433	0.4543	0.4587	0.4586	0.4600	0.4513	0.4538
江苏	0.2964	0.3288	0.3451	0.3613	0.3814	0.3950	0.3859	0.3789	0.3856
浙江	0.2789	0.3068	0.3202	0.3420	0.3525	0.3524	0.3572	0.3526	0.3560
福建	0.2821	0.3042	0.3060	0.3126	0.3139	0.3156	0.3102	0.3061	0.3168
山东	0.2491	0.2696	0.2767	0.2883	0.2979	0.3059	0.3151	0.3168	0.3282
广东	0.3661	0.3904	0.3989	0.4147	0.4268	0.4256	0.4192	0.4114	0.4154
海南	0.2202	0.2322	0.2412	0.2422	0.2468	0.2509	0.2475	0.2472	0.2605
山西	0.1961	0.2073	0.2161	0.2207	0.2271	0.2327	0.2382	0.2433	0.2389
吉林	0.2344	0.2525	0.2505	0.2557	0.2641	0.2680	0.2676	0.2767	0.2829
黑龙江	0.2146	0.2290	0.2347	0.2388	0.2442	0.2533	0.2514	0.2456	0.2506
安徽	0.1812	0.1988	0.2045	0.2163	0.2223	0.2343	0.2484	0.2486	0.2759
江西	0.1811	0.1982	0.2072	0.2148	0.2210	0.2280	0.2363	0.2403	0.2461
河南	0.1760	0.1928	0.2018	0.2113	0.2179	0.2234	0.2332	0.2342	0.2432
湖北	0.2068	0.2211	0.2281	0.2373	0.2430	0.2614	0.2629	0.2750	0.2814
湖南	0.1938	0.2081	0.2182	0.2253	0.2303	0.2356	0.2377	0.2410	0.2411
内蒙古	0.2059	0.2206	0.2248	0.2401	0.2328	0.2337	0.2379	0.2450	0.2423
广西	0.1755	0.1870	0.1941	0.2006	0.2088	0.2147	0.2284	0.2281	0.2312
重庆	0.2085	0.2255	0.2374	0.2391	0.2467	0.2476	0.2501	0.2590	0.2792
四川	0.1884	0.2000	0.2108	0.2186	0.2238	0.2469	0.2501	0.2544	0.2662
贵州	0.1373	0.1587	0.1630	0.1725	0.1720	0.1818	0.1963	0.1995	0.2092
云南	0.1865	0.2006	0.2085	0.2222	0.2254	0.2321	0.2362	0.2364	0.2471
陕西	0.1966	0.2114	0.2151	0.2325	0.2446	0.2363	0.2466	0.2517	0.2627
甘肃	0.1663	0.1845	0.1915	0.2040	0.2100	0.2212	0.2314	0.2237	0.2318
青海	0.1847	0.2033	0.2087	0.2155	0.2198	0.2216	0.2226	0.2244	0.2253

省份	2002 年	2003 年	2004 年	2005 年	2006 年	2007 年	2008 年	2009 年	2010 年
宁夏	0.1925	0.2066	0.2123	0.2172	0.2195	0.2195	0.2251	0.2309	0.2308
新疆	0.2054	0.2219	0.2255	0.2301	0.2331	0.2529	0.2553	0.2545	0.2528
均值	0.2317	0.2486	0.2567	0.2659	0.2719	0.2776	0.2807	0.2813	0.2878

省份	2011 年	2012 年	2013 年	2014 年	2015 年	2016 年	2017 年	2018 年
北京	0.4372	0.4385	0.4455	0.4480	0.4484	0.4479	0.4507	0.4496
天津	0.3736	0.3735	0.3698	0.3793	0.3774	0.4009	0.3842	0.4045
河北	0.2531	0.2589	0.2640	0.2686	0.2746	0.2865	0.2949	0.3082
辽宁	0.3236	0.3338	0.3306	0.3263	0.3321	0.3359	0.3411	0.3496
上海	0.4529	0.4520	0.4451	0.4534	0.4660	0.4705	0.4703	0.4716
江苏	0.3841	0.3828	0.3808	0.3819	0.3855	0.3853	0.3924	0.4018
浙江	0.3565	0.3649	0.3659	0.3743	0.3849	0.3976	0.4083	0.4197
福建	0.3319	0.3382	0.3460	0.3509	0.3555	0.3608	0.3671	0.3659
山东	0.3373	0.3358	0.3348	0.3377	0.3387	0.3469	0.3504	0.3569
广东	0.4168	0.4226	0.4330	0.4303	0.4326	0.4383	0.4385	0.4464
海南	0.2803	0.2641	0.2831	0.2771	0.2827	0.2750	0.3133	0.3238
山西	0.2476	0.2521	0.2598	0.2551	0.2572	0.2708	0.2730	0.2875
吉林	0.2831	0.2793	0.2738	0.2751	0.2773	0.2855	0.2933	0.3124
黑龙江	0.2676	0.2727	0.2743	0.2802	0.2876	0.2973	0.2901	0.2917
安徽	0.2784	0.2909	0.2944	0.2973	0.3037	0.3025	0.3115	0.3131
江西	0.2495	0.2523	0.2592	0.2709	0.2838	0.2873	0.2940	0.2985
河南	0.2553	0.2692	0.2781	0.2848	0.2984	0.3118	0.3039	0.3094
湖北	0.2838	0.2911	0.3037	0.3109	0.3137	0.3153	0.3179	0.3253
湖南	0.2493	0.2571	0.2602	0.2674	0.2771	0.2899	0.2962	0.3036
内蒙古	0.2479	0.2565	0.2603	0.2617	0.2614	0.2720	0.2746	0.2862
广西	0.2336	0.2408	0.2473	0.2586	0.2719	0.2802	0.2915	0.2954
重庆	0.2944	0.3158	0.3182	0.3269	0.3294	0.3194	0.3307	0.3292
四川	0.2772	0.2823	0.2896	0.2949	0.2891	0.3023	0.3089	0.3214
贵州	0.2216	0.2267	0.2375	0.2434	0.2369	0.2448	0.2573	0.2683
云南	0.2510	0.2542	0.2578	0.2590	0.2595	0.2709	0.2768	0.2833

续表

省份	2011 年	2012 年	2013 年	2014 年	2015 年	2016 年	2017 年	2018 年
陕西	0.2764	0.2893	0.2928	0.3002	0.2985	0.3135	0.3207	0.3263
甘肃	0.2442	0.2541	0.2512	0.2494	0.2691	0.2695	0.2782	0.2882
青海	0.2242	0.2302	0.2416	0.2462	0.2814	0.2583	0.2626	0.2736
宁夏	0.2400	0.2503	0.2604	0.2690	0.2860	0.2887	0.2861	0.2980
新疆	0.2582	0.2679	0.2712	0.2781	0.2789	0.2856	0.2780	0.2836
均值	0.2944	0.2999	0.3043	0.3086	0.3146	0.3204	0.3252	0.3331

由表 6-2 可知，从时序变化的角度分析，2002～2018 年我国各省域知识产权保护与外贸高质量发展的耦合协调度总体呈上升趋势，均值从 0.2317 上升至 0.3331；从具体年份观察，各省域间知识产权保护与外贸高质量发展的耦合协调度的变化幅度较大。其中，2002～2018 年平均耦合协调度位于前五名的省份分别为上海、北京、广东、天津和江苏，对应的平均值分别为 0.4528、0.4316、0.4193、0.3812 和 0.3737，呈现出濒临失调和轻度失调的水平；位于后五位的省份分别为贵州、青海、甘肃、广西和云南，对应的平均值分别为 0.2075、0.2320、0.2334、0.2416 和 0.2426，呈现出中度失调的水平。

第二节　知识产权保护与外贸结构耦合协调分析

一、全国整体测度与分析

本节测度我国知识产权保护与外贸结构的耦合协调度，并分析其耦合协调关系。应用 Stata 15.1 软件，计算得出 2002～2018 年全国整体知识产权保护与外贸结构的耦合协调度，如表 6-3 所示。

表6-3   2002~2018年全国知识产权保护与
                         外贸结构耦合协调度及其评价

年份	耦合度	协调度	耦合协调度	耦合协调程度评价
2002	0.9995	0.0414	0.2033	中度失调
2003	0.9802	0.0425	0.2041	中度失调
2004	0.9900	0.0476	0.2171	中度失调
2005	0.9723	0.0487	0.2176	中度失调
2006	0.9868	0.0546	0.2322	中度失调
2007	0.9999	0.0668	0.2585	中度失调
2008	0.9849	0.0850	0.2893	中度失调
2009	0.9924	0.0858	0.2918	中度失调
2010	0.9883	0.0979	0.3111	轻度失调
2011	0.9772	0.1110	0.3294	轻度失调
2012	0.9628	0.1215	0.3420	轻度失调
2013	0.9511	0.1299	0.3515	轻度失调
2014	0.9243	0.1475	0.3692	轻度失调
2015	0.9175	0.1541	0.3760	轻度失调
2016	0.9116	0.1605	0.3825	轻度失调
2017	0.9051	0.1677	0.3896	轻度失调
2018	0.8944	0.1810	0.4023	濒临失调

从表6-3中可以看出，知识产权保护与外贸结构的耦合协调度在2002~2018年表现出逐年增大的走势，这可以说明知识产权保护与外贸结构之间呈现齐头并进的发展态势，并且是越来越好的状态，其耦合协调度持续保持上升趋势。2002年，知识产权保护与外贸结构表现出中度失调，2018年表现为濒临失调。总的来说，知识产权保护与外贸结构总体耦合协调程度并不高。在考察期内，2002~2009年知识产权保护与外贸结构呈现出中度失调的状态；2010~2017年知识产权保护与外贸结构呈现出轻度失调的状态；2018年知识产权保护与外贸结构呈现出濒临失调的状态。

二、省域测度与差异分析

应用 Stata 15.1 软件，然后应用式（6 – 1）、式（6 – 2）和式（6 – 3）计算得出 2002 ~ 2018 年省域知识产权保护与外贸结构的耦合协调水平测度，如表 6 – 4 所示。

表6 – 4　　　2002 ~ 2018 年省域知识产权保护与外贸结构的耦合协调水平测度

省份	2002 年	2003 年	2004 年	2005 年	2006 年	2007 年	2008 年	2009 年	2010 年
北京	0.2860	0.2836	0.2996	0.3088	0.3211	0.3202	0.3281	0.3177	0.3270
天津	0.2501	0.2668	0.2818	0.2875	0.2930	0.2841	0.2777	0.2776	0.2759
河北	0.1551	0.1625	0.1687	0.1715	0.1791	0.1809	0.1904	0.1858	0.1845
辽宁	0.1939	0.2240	0.2261	0.2350	0.2398	0.2439	0.2466	0.2393	0.2437
上海	0.3087	0.3206	0.3259	0.3311	0.3393	0.3400	0.3407	0.3352	0.3340
江苏	0.2155	0.2363	0.2522	0.2643	0.2809	0.2883	0.2790	0.2739	0.2767
浙江	0.2018	0.2250	0.2368	0.2498	0.2561	0.2518	0.2561	0.2507	0.2521
福建	0.2210	0.2384	0.2390	0.2427	0.2425	0.2451	0.2372	0.2297	0.2338
山东	0.1777	0.1970	0.2057	0.2150	0.2292	0.2362	0.2410	0.2460	0.2547
广东	0.2368	0.2514	0.2614	0.2730	0.2818	0.2796	0.2756	0.2686	0.2738
海南	0.1573	0.1655	0.1711	0.1726	0.1793	0.1809	0.1771	0.1754	0.1815
山西	0.1403	0.1471	0.1579	0.1637	0.1679	0.1709	0.1799	0.1794	0.1780
吉林	0.1965	0.2119	0.2104	0.2176	0.2283	0.2325	0.2303	0.2407	0.2500
黑龙江	0.1583	0.1735	0.1818	0.1848	0.1908	0.2056	0.1955	0.1850	0.1885
安徽	0.1360	0.1485	0.1543	0.1639	0.1719	0.1829	0.1939	0.1941	0.2087
江西	0.1326	0.1438	0.1492	0.1606	0.1671	0.1726	0.1794	0.1846	0.1897
河南	0.1310	0.1420	0.1517	0.1600	0.1686	0.1735	0.1803	0.1842	0.1967
湖北	0.1498	0.1561	0.1640	0.1711	0.1806	0.2130	0.2084	0.2272	0.2349
湖南	0.1435	0.1502	0.1664	0.1715	0.1782	0.1824	0.1840	0.1790	0.1839
内蒙古	0.1490	0.1598	0.1665	0.1815	0.1725	0.1693	0.1709	0.1711	0.1650
广西	0.1319	0.1352	0.1446	0.1479	0.1622	0.1641	0.1815	0.1743	0.1741
重庆	0.1551	0.1641	0.1764	0.1802	0.1843	0.1865	0.1752	0.1859	0.2002

续表

省份	2002 年	2003 年	2004 年	2005 年	2006 年	2007 年	2008 年	2009 年	2010 年
四川	0.1504	0.1542	0.1687	0.1751	0.1753	0.2050	0.2004	0.1992	0.2138
贵州	0.1039	0.1163	0.1245	0.1344	0.1307	0.1384	0.1537	0.1475	0.1553
云南	0.1500	0.1570	0.1654	0.1841	0.1867	0.1917	0.1880	0.1914	0.2035
陕西	0.1481	0.1569	0.1630	0.1910	0.2045	0.1769	0.1896	0.1830	0.1970
甘肃	0.1212	0.1317	0.1365	0.1468	0.1500	0.1630	0.1636	0.1568	0.1643
青海	0.1384	0.1442	0.1470	0.1510	0.1586	0.1512	0.1488	0.1487	0.1496
宁夏	0.1348	0.1451	0.1527	0.1546	0.1569	0.1575	0.1571	0.1575	0.1613
新疆	0.1493	0.1615	0.1624	0.1698	0.1759	0.1993	0.1995	0.2051	0.1980
均值	0.1708	0.1823	0.1904	0.1987	0.2051	0.2096	0.2110	0.2098	0.2150

省份	2011 年	2012 年	2013 年	2014 年	2015 年	2016 年	2017 年	2018 年
北京	0.3200	0.3169	0.3208	0.3232	0.3189	0.3008	0.3106	0.3142
天津	0.2834	0.2847	0.2875	0.2910	0.2901	0.2899	0.2989	0.3119
河北	0.1816	0.1870	0.1908	0.1923	0.1941	0.1986	0.2081	0.2127
辽宁	0.2461	0.2563	0.2511	0.2474	0.2517	0.2568	0.2601	0.2675
上海	0.3294	0.3271	0.3200	0.3283	0.3237	0.3242	0.3303	0.3229
江苏	0.2731	0.2718	0.2692	0.2722	0.2730	0.2665	0.2719	0.2789
浙江	0.2442	0.2570	0.2544	0.2590	0.2632	0.2601	0.2567	0.2596
福建	0.2472	0.2548	0.2617	0.2714	0.2738	0.2758	0.2876	0.2737
山东	0.2593	0.2571	0.2547	0.2616	0.2621	0.2645	0.2697	0.2720
广东	0.2744	0.2795	0.2837	0.2793	0.2826	0.2816	0.2821	0.2823
海南	0.1839	0.1819	0.1844	0.1814	0.1809	0.1835	0.1925	0.2010
山西	0.1801	0.1805	0.1821	0.1793	0.1845	0.1959	0.1961	0.2083
吉林	0.2472	0.2375	0.2250	0.2278	0.2289	0.2326	0.2355	0.2465
黑龙江	0.1992	0.1982	0.1970	0.2043	0.2232	0.2299	0.2201	0.1919
安徽	0.2120	0.2211	0.2195	0.2219	0.2242	0.2207	0.2296	0.2289
江西	0.1905	0.1931	0.1969	0.2072	0.2194	0.2149	0.2216	0.2195
河南	0.2043	0.2132	0.2201	0.2258	0.2375	0.2433	0.2277	0.2304
湖北	0.2266	0.2355	0.2499	0.2495	0.2473	0.2436	0.2480	0.2496
湖南	0.1864	0.1958	0.1967	0.2040	0.2135	0.2246	0.2248	0.2308

续表

省份	2011 年	2012 年	2013 年	2014 年	2015 年	2016 年	2017 年	2018 年
内蒙古	0.1689	0.1672	0.1738	0.1735	0.1681	0.1723	0.1780	0.1873
广西	0.1722	0.1767	0.1815	0.1904	0.1998	0.2029	0.2093	0.2096
重庆	0.2037	0.2187	0.2207	0.2257	0.2296	0.2216	0.2203	0.2275
四川	0.2165	0.2077	0.2083	0.2104	0.2126	0.2264	0.2235	0.2286
贵州	0.1616	0.1650	0.1672	0.1784	0.1761	0.1746	0.1794	0.1882
云南	0.2126	0.2086	0.2111	0.2046	0.2043	0.2146	0.2142	0.2167
陕西	0.2049	0.2202	0.2131	0.2182	0.2215	0.2301	0.2348	0.2350
甘肃	0.1710	0.1695	0.1766	0.1777	0.2009	0.1895	0.1921	0.2001
青海	0.1495	0.1598	0.1611	0.1605	0.1893	0.1721	0.1680	0.1770
宁夏	0.1607	0.1624	0.1723	0.1807	0.1769	0.1866	0.1925	0.1926
新疆	0.1959	0.2082	0.2071	0.2132	0.2149	0.2162	0.2031	0.2150
均值	0.2169	0.2204	0.2219	0.2253	0.2296	0.2305	0.2329	0.2360

由表 6 - 4 可知,从时序变化的角度分析,2002 ~ 2018 年我国各省域知识产权保护与外贸结构的耦合协调度总体呈上升趋势,均值从 0.1708 上升至 0.2360;从具体年份观察,各省域间知识产权保护与外贸结构的耦合协调度的变化幅度较大。其中,2002 ~ 2018 年平均耦合协调度位于前五名的省份分别为上海、北京、天津、广东和江苏,对应的平均值分别为 0.3283、0.3128、0.2842、0.2734 和 0.2673,呈现出轻度失调和中度失调的水平;位于后五位的省份分别为贵州、青海、宁夏、甘肃和内蒙古,对应的平均值分别为 0.1527、0.1574、0.1649、0.1654 和 0.1703,呈现出严重失调的水平。

第三节 知识产权保护与外贸效益耦合协调分析

一、全国整体测度与分析

本节测度我国知识产权保护与外贸效益的耦合协调度,并分析其耦合协调关系。应用 Stata 15.1 软件，计算得出 2002～2018 年全国整体知识产权保护与外贸效益的耦合协调度，如表 6－5 所示。

表 6－5   2002～2018 年全国知识产权保护与外贸效益耦合协调度及其评价

年份	耦合度	协调度	耦合协调度	耦合协调程度评价
2002	0.9266	0.0641	0.2437	中度失调
2003	0.9225	0.0830	0.2766	中度失调
2004	0.8681	0.1079	0.3060	轻度失调
2005	0.8976	0.1074	0.3105	轻度失调
2006	0.8709	0.1248	0.3297	轻度失调
2007	0.8512	0.1385	0.3434	轻度失调
2008	0.8799	0.1339	0.3432	轻度失调
2009	0.9650	0.1020	0.3137	轻度失调
2010	0.9047	0.1446	0.3617	轻度失调
2011	0.9099	0.1494	0.3687	轻度失调
2012	0.9299	0.1402	0.3611	轻度失调
2013	0.9373	0.1378	0.3594	轻度失调
2014	0.9340	0.1419	0.3641	轻度失调
2015	0.9578	0.1303	0.3532	轻度失调
2016	0.9788	0.1189	0.3411	轻度失调
2017	0.9695	0.1276	0.3518	轻度失调
2018	0.9677	0.1337	0.3597	轻度失调

从表 6－5 可以看出，知识产权保护与外贸效益的耦合协调度在 2002～2007 年呈上升趋势，2007～2009 年呈下降趋势，2009～2011 年呈上升趋势，2011～2013 年呈下降趋势，2013～2014 年呈上升趋势，2014～2016 年呈现上升趋势，2016～2018 年呈现下降趋势，这可以说明知识产权保护与外贸效益的状态时而好时而差一些，其耦合协调度也呈现波动趋势。2002 年，知识产权保护与外贸效益表现出中度失调，2018 年表现为轻度失调。总的来说，知识产权保护与外贸效益总体耦合协调程度并不高，并且不稳定。在考察期内，2002～2003 年知识产权保护与外贸效益呈现出中度失调

的状态；2004～2018 年知识产权保护与外贸效益呈现出轻度失调的状态。

二、省域测度与差异分析

应用 Stata 15.1 软件，然后应用式（6－1）、式（6－2）和式（6－3）计算得出 2002～2018 年省域知识产权保护与外贸效益的耦合协调水平测度，如表 6－6 所示。

表 6－6　　2002～2018 年省域知识产权保护与外贸效益的耦合协调水平测度

省份	2002 年	2003 年	2004 年	2005 年	2006 年	2007 年	2008 年	2009 年	2010 年
北京	0.2812	0.2930	0.2982	0.3092	0.3123	0.3120	0.3235	0.3116	0.3171
天津	0.2288	0.2421	0.2568	0.2640	0.2660	0.2587	0.2496	0.2353	0.2355
河北	0.1487	0.1580	0.1645	0.1666	0.1670	0.1686	0.1734	0.1682	0.1718
辽宁	0.1939	0.2081	0.2128	0.2151	0.2154	0.2150	0.2159	0.2123	0.2175
上海	0.2940	0.3178	0.3299	0.3336	0.3328	0.3340	0.3353	0.3261	0.3294
江苏	0.2343	0.2629	0.2775	0.2896	0.3049	0.3150	0.3101	0.3036	0.3095
浙江	0.2226	0.2432	0.2532	0.2717	0.2811	0.2828	0.2857	0.2825	0.2849
福建	0.2039	0.2176	0.2254	0.2304	0.2300	0.2290	0.2253	0.2249	0.2352
山东	0.1994	0.2129	0.2174	0.2265	0.2313	0.2352	0.2423	0.2401	0.2471
广东	0.3199	0.3385	0.3465	0.3586	0.3680	0.3659	0.3592	0.3544	0.3557
海南	0.1419	0.1497	0.1553	0.1524	0.1561	0.1534	0.1521	0.1503	0.1571
山西	0.1342	0.1451	0.1551	0.1538	0.1554	0.1604	0.1633	0.1516	0.1541
吉林	0.1464	0.1598	0.1552	0.1554	0.1565	0.1580	0.1588	0.1556	0.1562
黑龙江	0.1474	0.1575	0.1591	0.1672	0.1715	0.1750	0.1788	0.1684	0.1754
安徽	0.1297	0.1419	0.1453	0.1506	0.1556	0.1599	0.1658	0.1631	0.1789
江西	0.1181	0.1292	0.1353	0.1393	0.1454	0.1519	0.1565	0.1568	0.1647
河南	0.1272	0.1403	0.1466	0.1514	0.1546	0.1560	0.1597	0.1554	0.1593
湖北	0.1377	0.1492	0.1543	0.1606	0.1654	0.1662	0.1713	0.1694	0.1748
湖南	0.1288	0.1387	0.1461	0.1495	0.1531	0.1553	0.1577	0.1545	0.1590

省份	2002 年	2003 年	2004 年	2005 年	2006 年	2007 年	2008 年	2009 年	2010 年
内蒙古	0.1339	0.1435	0.1443	0.1519	0.1473	0.1483	0.1478	0.1459	0.1466
广西	0.1183	0.1275	0.1319	0.1358	0.1392	0.1441	0.1503	0.1520	0.1542
重庆	0.1334	0.1462	0.1526	0.1560	0.1609	0.1610	0.1626	0.1620	0.1749
四川	0.1311	0.1422	0.1458	0.1498	0.1557	0.1612	0.1693	0.1743	0.1787
贵州	0.0940	0.1088	0.1152	0.1191	0.1207	0.1268	0.1324	0.1305	0.1349
云南	0.1208	0.1317	0.1372	0.1417	0.1452	0.1499	0.1519	0.1494	0.1574
陕西	0.1294	0.1405	0.1454	0.1485	0.1525	0.1561	0.1566	0.1584	0.1648
甘肃	0.1110	0.1248	0.1293	0.1344	0.1388	0.1421	0.1442	0.1394	0.1469
青海	0.1183	0.1318	0.1390	0.1366	0.1426	0.1385	0.1374	0.1354	0.1372
宁夏	0.1290	0.1433	0.1471	0.1473	0.1528	0.1517	0.1504	0.1439	0.1410
新疆	0.1429	0.1623	0.1638	0.1725	0.1755	0.1848	0.1926	0.1755	0.1760
均值	0.1633	0.1769	0.1829	0.1880	0.1918	0.1939	0.1960	0.1917	0.1965

省份	2011 年	2012 年	2013 年	2014 年	2015 年	2016 年	2017 年	2018 年
北京	0.3214	0.3201	0.3188	0.3113	0.2981	0.2930	0.2973	0.3025
天津	0.2380	0.2395	0.2395	0.2393	0.2356	0.2322	0.2337	0.2454
河北	0.1749	0.1763	0.1778	0.1811	0.1829	0.1862	0.1860	0.1919
辽宁	0.2193	0.2224	0.2265	0.2199	0.2171	0.2207	0.2239	0.2282
上海	0.3329	0.3300	0.3247	0.3255	0.3241	0.3209	0.3208	0.3178
江苏	0.3073	0.3047	0.3087	0.3073	0.3081	0.3056	0.3111	0.3150
浙江	0.2898	0.2906	0.2881	0.2894	0.2903	0.2913	0.2947	0.2959
福建	0.2498	0.2512	0.2541	0.2507	0.2497	0.2475	0.2463	0.2494
山东	0.2578	0.2572	0.2571	0.2561	0.2518	0.2554	0.2592	0.2613
广东	0.3561	0.3589	0.3727	0.3663	0.3646	0.3636	0.3615	0.3623
海南	0.1596	0.1611	0.1643	0.1664	0.1662	0.1620	0.1694	0.1749
山西	0.1579	0.1608	0.1634	0.1581	0.1623	0.1698	0.1692	0.1762
吉林	0.1615	0.1640	0.1660	0.1660	0.1636	0.1674	0.1688	0.1775
黑龙江	0.1884	0.1865	0.1877	0.1870	0.1742	0.1711	0.1698	0.1776

续表

省份	2011 年	2012 年	2013 年	2014 年	2015 年	2016 年	2017 年	2018 年
安徽	0.1822	0.1933	0.1942	0.1953	0.1958	0.1942	0.1979	0.2001
江西	0.1735	0.1759	0.1797	0.1872	0.1933	0.1957	0.1969	0.1963
河南	0.1706	0.1846	0.1920	0.1939	0.2032	0.2087	0.2099	0.2081
湖北	0.1835	0.1827	0.1858	0.1908	0.1930	0.1906	0.1902	0.1942
湖南	0.1631	0.1675	0.1702	0.1754	0.1777	0.1811	0.1866	0.1927
内蒙古	0.1497	0.1502	0.1520	0.1549	0.1560	0.1571	0.1597	0.1667
广西	0.1587	0.1657	0.1722	0.1811	0.1931	0.1925	0.1986	0.1987
重庆	0.1982	0.2174	0.2236	0.2340	0.2335	0.2168	0.2178	0.2208
四川	0.1902	0.1999	0.2067	0.2069	0.1931	0.1966	0.2059	0.2127
贵州	0.1440	0.1512	0.1587	0.1642	0.1582	0.1580	0.1652	0.1656
云南	0.1577	0.1615	0.1682	0.1729	0.1714	0.1695	0.1734	0.1786
陕西	0.1700	0.1729	0.1769	0.1809	0.1781	0.1870	0.1931	0.2018
甘肃	0.1488	0.1535	0.1585	0.1585	0.1691	0.1629	0.1595	0.1641
青海	0.1349	0.1359	0.1367	0.1374	0.1579	0.1487	0.1420	0.1470
宁夏	0.1486	0.1519	0.1613	0.1699	0.1653	0.1692	0.1782	0.1735
新疆	0.1804	0.1812	0.1844	0.1854	0.1789	0.1813	0.1829	0.1774
均值	0.2023	0.2056	0.2090	0.2104	0.2102	0.2099	0.2123	0.2158

由表 6-6 可知，从时序变化的角度分析，2002～2018 年我国各省域知识产权保护与外贸效益的耦合协调度总体呈波动趋势，均值从 0.1633 上升至 0.2158，在 2009 年和 2016 年出现了两次波谷；从具体年份观察，各省域间知识产权保护与外贸效益的耦合协调度的变化幅度较大。其中，2002～2018 年平均耦合协调度位于前五名的省份分别为广东、上海、北京、江苏和浙江，对应的平均值分别为 0.3572、0.3253、0.3071、0.2985 和 0.2787，呈现出轻度失调和中度失调的水平；位于后五位的省份分别为贵州、青海、甘肃、内蒙古和宁夏，对应的平均值分别为 0.1381、0.1387、0.1462、0.1503 和 0.1544，呈现出严重失调的水平。

第四节 知识产权保护与外贸竞争力耦合协调分析

一、全国整体测度与分析

本节测度我国知识产权保护与外贸竞争力的耦合协调度，并分析其耦合协调关系。应用 Stata 15.1 软件，计算得出 2002～2018 年全国整体知识产权保护与外贸竞争力的耦合协调度，如表 6－7 所示。

表 6－7　　　　　　　　2002～2018 年全国知识产权保护与
外贸竞争力耦合协调度及其评价

年份	耦合度	协调度	耦合协调度	耦合协调程度评价
2002	0.8320	0.0899	0.2734	中度失调
2003	0.9075	0.0878	0.2823	中度失调
2004	0.9247	0.0877	0.2848	中度失调
2005	0.9129	0.1015	0.3044	轻度失调
2006	0.9169	0.1056	0.3112	轻度失调
2007	0.9193	0.1085	0.3158	轻度失调
2008	0.9373	0.1078	0.3179	轻度失调
2009	0.9478	0.1105	0.3236	轻度失调
2010	0.9645	0.1128	0.3298	轻度失调
2011	0.9873	0.1039	0.3203	轻度失调
2012	0.9682	0.1182	0.3383	轻度失调
2013	0.9590	0.1253	0.3466	轻度失调
2014	0.9506	0.1323	0.3546	轻度失调
2015	0.9069	0.1604	0.3814	轻度失调
2016	0.8934	0.1716	0.3915	轻度失调
2017	0.8891	0.1777	0.3975	轻度失调
2018	0.8805	0.1901	0.4091	濒临失调

从表 6 – 7 中可以看出，知识产权保护与外贸竞争力的耦合协调度在 2002 ~ 2010 年呈上升趋势，2011 年出现了考察期内唯一一次波谷，2012 ~ 2018 年呈上升趋势，这可以说明知识产权保护与外贸竞争力的状态虽然存在波动但总体上是趋于越来越协调的状态，其耦合协调度也呈现出一次波动趋势。2002 年，知识产权保护与外贸竞争力表现出中度失调，2018 年表现为濒临失调。总的来说，知识产权保护与外贸竞争力总体耦合协调程度并不高。在考察期内，2002 ~ 2004 年知识产权保护与外贸竞争力呈现出中度失调的状态；2005 ~ 2017 年知识产权保护与外贸竞争力呈现出轻度失调的状态；2018 年知识产权保护与外贸竞争力呈现出濒临失调的状态。

二、省域测度与差异分析

应用 Stata 15.1 软件，然后应用式（6 – 1）、式（6 – 2）和式（6 – 3）计算得出 2002 ~ 2018 年省域知识产权保护与外贸竞争力的耦合协调水平测度，如表 6 – 8 所示。

表 6 – 8　　　　　　　　　2002 ~ 2018 年省域知识产权保护与外贸
竞争力的耦合协调水平测度

省份	2002 年	2003 年	2004 年	2005 年	2006 年	2007 年	2008 年	2009 年	2010 年
北京	0.2923	0.3052	0.3163	0.3279	0.3302	0.3370	0.3359	0.3357	0.3381
天津	0.3260	0.3043	0.3254	0.3341	0.3382	0.3381	0.3035	0.3130	0.3149
河北	0.1635	0.1746	0.1764	0.1829	0.1875	0.1913	0.1965	0.2037	0.2071
辽宁	0.2114	0.2330	0.2377	0.2341	0.2389	0.2446	0.2447	0.2506	0.2655
上海	0.3168	0.3354	0.3486	0.3637	0.3671	0.3656	0.3668	0.3613	0.3648
江苏	0.2228	0.2463	0.2525	0.2652	0.2790	0.2925	0.2846	0.2804	0.2876
浙江	0.2029	0.2235	0.2309	0.2480	0.2557	0.2571	0.2608	0.2586	0.2657
福建	0.2148	0.2333	0.2294	0.2355	0.2382	0.2404	0.2394	0.2378	0.2483
山东	0.1877	0.2019	0.2052	0.2124	0.2150	0.2223	0.2312	0.2315	0.2421
广东	0.2546	0.2772	0.2780	0.2913	0.3010	0.3032	0.3004	0.2931	0.2980
海南	0.1796	0.1893	0.1974	0.1981	0.1971	0.2052	0.2024	0.2050	0.2236

续表

省份	2002 年	2003 年	2004 年	2005 年	2006 年	2007 年	2008 年	2009 年	2010 年
山西	0.1633	0.1711	0.1724	0.1763	0.1839	0.1888	0.1897	0.2050	0.1993
吉林	0.1783	0.1899	0.1907	0.1915	0.1946	0.1964	0.1980	0.2056	0.2057
黑龙江	0.1764	0.1848	0.1873	0.1867	0.1885	0.1895	0.1935	0.1981	0.2012
安徽	0.1442	0.1589	0.1619	0.1734	0.1745	0.1849	0.1980	0.1993	0.2286
江西	0.1534	0.1687	0.1761	0.1790	0.1814	0.1858	0.1926	0.1951	0.1981
河南	0.1408	0.1542	0.1590	0.1665	0.1691	0.1742	0.1856	0.1862	0.1903
湖北	0.1726	0.1852	0.1891	0.1966	0.1968	0.2020	0.2071	0.2121	0.2149
湖南	0.1616	0.1755	0.1768	0.1826	0.1838	0.1884	0.1892	0.2009	0.1965
内蒙古	0.1753	0.1874	0.1884	0.1993	0.1949	0.1977	0.2037	0.2144	0.2137
广西	0.1434	0.1552	0.1581	0.1637	0.1651	0.1713	0.1784	0.1829	0.1881
重庆	0.1764	0.1916	0.1992	0.1972	0.2045	0.2039	0.2145	0.2217	0.2402
四川	0.1446	0.1564	0.1605	0.1674	0.1736	0.1857	0.1928	0.1997	0.2072
贵州	0.1125	0.1322	0.1290	0.1347	0.1349	0.1421	0.1523	0.1637	0.1724
云南	0.1413	0.1551	0.1557	0.1594	0.1596	0.1659	0.1775	0.1768	0.1859
陕西	0.1629	0.1752	0.1741	0.1790	0.1854	0.1941	0.2014	0.2138	0.2208
甘肃	0.1393	0.1547	0.1603	0.1715	0.1763	0.1841	0.1988	0.1911	0.1964
青海	0.1530	0.1720	0.1738	0.1809	0.1781	0.1862	0.1879	0.1907	0.1932
宁夏	0.1637	0.1732	0.1747	0.1815	0.1802	0.1799	0.1897	0.2014	0.2004
新疆	0.1657	0.1711	0.1737	0.1689	0.1643	0.1791	0.1745	0.1822	0.1857
均值	0.1708	0.1823	0.1904	0.1987	0.2051	0.2096	0.2110	0.2098	0.2150

省份	2011 年	2012 年	2013 年	2014 年	2015 年	2016 年	2017 年	2018 年
北京	0.3456	0.3514	0.3630	0.3713	0.3817	0.3933	0.3903	0.3854
天津	0.3132	0.3113	0.3030	0.3169	0.3160	0.3542	0.3215	0.3413
河北	0.2116	0.2171	0.2224	0.2275	0.2352	0.2498	0.2576	0.2730
辽宁	0.2625	0.2713	0.2669	0.2661	0.2746	0.2758	0.2809	0.2880
上海	0.3641	0.3663	0.3626	0.3716	0.3968	0.4055	0.4020	0.4094
江苏	0.2896	0.2907	0.2833	0.2856	0.2925	0.2998	0.3055	0.3162

续表

省份	2011 年	2012 年	2013 年	2014 年	2015 年	2016 年	2017 年	2018 年
浙江	0.2669	0.2756	0.2825	0.2958	0.3135	0.3367	0.3532	0.3688
福建	0.2554	0.2604	0.2681	0.2724	0.2806	0.2908	0.2934	0.3011
山东	0.2478	0.2477	0.2480	0.2487	0.2554	0.2682	0.2677	0.2778
广东	0.3006	0.3077	0.3093	0.3162	0.3224	0.3374	0.3403	0.3556
海南	0.2520	0.2289	0.2543	0.2471	0.2553	0.2446	0.2903	0.2997
山西	0.2096	0.2156	0.2256	0.2224	0.2221	0.2336	0.2370	0.2498
吉林	0.2084	0.2130	0.2159	0.2153	0.2199	0.2301	0.2423	0.2631
黑龙江	0.2158	0.2271	0.2300	0.2359	0.2402	0.2523	0.2485	0.2632
安徽	0.2291	0.2384	0.2454	0.2483	0.2575	0.2587	0.2660	0.2682
江西	0.1980	0.2001	0.2071	0.2161	0.2265	0.2354	0.2420	0.2513
河南	0.2006	0.2110	0.2172	0.2243	0.2342	0.2511	0.2488	0.2577
湖北	0.2251	0.2311	0.2392	0.2510	0.2578	0.2645	0.2658	0.2753
湖南	0.2068	0.2110	0.2149	0.2193	0.2277	0.2396	0.2486	0.2545
内蒙古	0.2191	0.2310	0.2327	0.2337	0.2346	0.2490	0.2484	0.2587
广西	0.1923	0.1972	0.2006	0.2087	0.2185	0.2315	0.2442	0.2504
重庆	0.2520	0.2687	0.2682	0.2736	0.2760	0.2738	0.2912	0.2843
四川	0.2192	0.2302	0.2380	0.2463	0.2426	0.2542	0.2626	0.2762
贵州	0.1850	0.1877	0.1999	0.2001	0.1937	0.2080	0.2225	0.2345
云南	0.1819	0.1940	0.1934	0.1994	0.2014	0.2157	0.2257	0.2334
陕西	0.2349	0.2445	0.2526	0.2598	0.2561	0.2717	0.2776	0.2829
甘肃	0.2117	0.2254	0.2150	0.2110	0.2235	0.2338	0.2460	0.2550
青海	0.1932	0.1985	0.2101	0.2146	0.2425	0.2295	0.2307	0.2404
宁夏	0.2108	0.2222	0.2284	0.2336	0.2605	0.2589	0.2490	0.2684
新疆	0.1969	0.2051	0.2123	0.2201	0.2239	0.2341	0.2302	0.2345
均值	0.2169	0.2204	0.2219	0.2253	0.2296	0.2305	0.2329	0.2360

由表 6-8 可知，从时序变化的角度分析，2002～2018 年我国各省域知

识产权保护与外贸竞争力的耦合协调度总体呈波动趋势，均值从 0.1708 上升至 0.2360，在 2009 年出现了一次下降；从具体年份观察，各省域间知识产权保护与外贸竞争力的耦合协调度的变化幅度较大。其中，2002～2018年平均耦合协调度位于前五名的省份分别为上海、北京、天津、广东和江苏，对应的平均值分别为 0.3283、0.3128、0.2842、0.2734 和 0.2673，呈现出轻度失调和中度失调的水平；位于后五位的省份分别为贵州、青海、宁夏、甘肃和内蒙古，对应的平均值分别为 0.1527、0.1574、0.1649、0.1654和 0.1703，呈现出严重失调的水平。

第七章

知识产权保护对中国外贸
高质量发展影响实证分析

理论与实践对于科学研究都很重要，本章在前述理论分析的基础上进行实证分析，即就知识产权保护对中国外贸高质量发展的影响进行考察。为进一步巩固、修正与细化前述研究，进行知识产权保护对外贸高质量发展影响的实证分析，通过不同门槛变量考察知识产权保护对外贸高质量发展的非线性效应；在此基础上考察知识产权保护对外贸结构、外贸效益、外贸竞争力的影响。具体内容为：第一节对本章将用到的变量进行说明，并对变量的数据来源进行说明；第二节为知识产权保护对外贸高质量发展影响的实证分析；第三节为知识产权保护对外贸结构影响的实证分析；第四节为知识产权保护对外贸效益影响的实证分析；第五节为知识产权保护对外贸竞争力影响的实证分析。

第一节　变量说明与数据来源

一、变量说明

本章使用的知识产权保护和外贸高质量发展的数据为本书第四章和第五章测度得到的省域数据。

（一）被解释变量

（1）外贸高质量发展，是第五章通过建立外贸高质量发展水平评价指标体系应用熵值法计算得到的中国 30 个省份的外贸高质量发展水平指数值。为了便于经济分析，将没有单位的外贸高质量发展水平综合得分指数值取了自然对数。

（2）外贸结构，是第五章通过建立外贸高质量发展水平评价指标体系应用熵值法计算出的中国 30 个省份的外贸高质量发展水平综合得分指数值中的一级指标之一。为了便于经济分析，将没有单位的外贸结构值取了自然对数。

（3）外贸效益，是第五章通过建立外贸高质量发展水平评价指标体系应用熵值法计算出的中国 30 个省份的外贸高质量发展水平综合得分指数值中的一级指标之一。为了便于经济分析，将没有单位的外贸效益值取了自然对数。

（4）外贸竞争力，是第五章通过建立外贸高质量发展水平评价指标体系应用熵值法计算出的中国 30 个省份的外贸高质量发展水平综合得分指数值中的一级指标之一。为了便于经济分析，将没有单位的外贸竞争力值取了自然对数。

（二）核心解释变量

知识产权保护，是第四章通过修正的 GP 指数法打分计算得到的中国 30 个省份的知识产权保护水平指数值。为了便于经济分析，将没有单位的知识产权保护水平指数值取了自然对数。

（三）控制变量

（1）金融发展水平，采用 30 个省份金融机构各项贷款额占各省 GDP 比重来衡量。

（2）财政支出占比，采用财政支出占各省 GDP 比重来衡量。

（3）城镇化水平，采用 30 个省份城镇人口数占各省份总人口数比重来衡量。

（4）人力资本，采用 30 个省份在校大学生人数占当地人口总量比重来衡量。

以上控制变量均取了自然对数。

（四）门槛变量

（1）经济发展水平。将30个省份的人均GDP经过以2002年为基期，各省GDP指数平减后的实际人均GDP作为衡量经济发展水平的指标，单位为元/人。

（2）外贸开放度。根据我国各省的实际发展情况，用各省份进口贸易额与出口贸易额总和占各省份GDP的比重来衡量其外贸开放度。

二、数 据 来 源

本章将2002～2018年中国30个省、自治区、直辖市（因数据可得性，本章中数据信息不包括港澳台和西藏，所有的省、自治区、直辖市在本书中，统一简称为各省）共510个数据作为研究对象。其中解释变量和被解释变量为第四章和第五章计算所得，其他变量数据的来源为国家统计局、《中国统计年鉴》、EPS数据平台、各省历年统计年鉴和各省国民经济和社会发展统计公报（各省统计局）等。此外，对于个别缺失值以前后两期的均值或前后期值进行补充；其他缺失值以插值法进行补充；所有以美元为单位的指标，统一用相应年份的人民币汇率进行换算，使指标单位统一。

各变量的具体描述性统计如表7-1所示。

表7-1   变量说明与描述性统计

变量	含义	样本数	均值	标准差	最小值	最大值
lntrade_score	外贸高质量发展	510	-2.3432	0.6373	-3.4329	-0.8334
lntrade_1	外贸结构	510	-3.5648	0.6382	-4.6499	-2.0712
lntrade_2	外贸效益	510	-3.9164	0.8842	-5.1898	-1.5392
lntrade_3	外贸竞争力	510	-3.1959	0.6104	-4.4058	-1.3986
lnipp	知识产权保护	510	1.0903	0.2047	0.4324	1.4346
pgdp	实际人均GDP	510	12321.3800	6783.8220	3257.0000	36355.5400

续表

变量	含义	样本数	均值	标准差	最小值	最大值
open	外贸开放度	510	0.3110	0.3801	0.0169	1.7041
lnfin	金融发展水平	510	0.1252	0.3419	− 0.6214	2.7530
lngov	财政支出占比	510	− 1.6570	0.4137	− 2.5361	− 0.4670
lnurb	城镇化水平	510	− 0.8053	1.2019	− 4.6146	2.2846
lnedu_high	人力资本	510	− 4.2182	0.4613	− 5.7453	− 3.3340

第二节 知识产权保护对外贸高质量发展影响的实证分析

一、计量模型设定

为了分析知识产权保护对我国外贸高质量发展的影响，根据前文的理论分析，通过对相关文献的借鉴，本节建立了知识产权保护对我国外贸高质量发展影响的计量模型，具体模型形式如式（7-1）所示。

$$\ln trade\_score_{it} = \alpha_0 + \alpha_1 \ln edu\_high_{it} + \alpha_2 \ln gov_{it} + \alpha_3 \ln fin_{it}$$
$$+ \alpha_4 \ln urb_{it} + \alpha_5 \ln ipp_{it} + \gamma_i + \eta_t + \varepsilon_{it} \qquad (7-1)$$

其中，i 表示各省份，t 表示时间。模型的被解释变量 $\ln trade\_score_{it}$ 表示中国各省份外贸高质量发展水平，模型的核心解释变量 $\ln ipp_{it}$ 表示各省份知识产权保护水平，控制变量包括金融发展水平 $\ln fin_{it}$、财政支出占比 $\ln gov_{it}$、城镇化水平 $\ln urb_{it}$ 和人力资本 $\ln edu\_high_{it}$，α_0 表示常数项，γ_i 表示地区固定效应，η_t 表示时间固定效应，ε_{it} 为残差项。

二、基准回归与稳健性检验

知识产权保护对外贸高质量发展影响的固定效应[①]回归估计结果如

[①] 由于 Hausman 检验的 $P = 0$，所以选择了固定效应模型。

表 7 - 2 所示。在表 7 - 2 中，通过逐步加入控制变量进行知识产权保护对外贸高质量发展影响的稳健性检验。表 7 - 2 中呈现了 5 列回归估计结果，每一列回归估计结果均同时控制了时间和地区固定效应。第（1）列只加入了知识产权保护来考察其对外贸高质量发展的影响。通过对估计结果的观察，能够看出知识产权保护的估计系数为正数，而且是显著的，由此可以说明知识产权保护能够有效地促进我国外贸高质量发展。第（2）列是在第（1）列的基础上加入了金融发展水平，第（3）列是在第（2）列的基础上加入了财政支出占比，第（4）列是在第（3）列的基础上加入了城镇化水平，第（5）列是在第（4）列的基础上加入了人力资本。对第（2）~（5）列估计结果进行观察，能够看出对模型式（7 - 1）依次加入控制变量得到的知识产权保护的估计系数均为显著的正数，这支撑了知识产权保护能够有效促进我国外贸高质量发展的结果具有一定的稳健性。

表 7 - 2　　知识产权保护对外贸高质量发展影响的基准回归及稳健性检验

变量	(1)	(2)	(3)	(4)	(5)
	ln*trade_score*				
ln*ipp*	0.7586 *** (0.0000)	0.7897 *** (0.0000)	0.7866 *** (0.0000)	0.7909 *** (0.0000)	0.7764 *** (0.0000)
ln*fin*		-0.1179 *** (0.0004)	-0.1961 *** (0.0000)	-0.1978 *** (0.0000)	-0.1973 *** (0.0000)
ln*gov*			0.3770 *** (0.0000)	0.3759 *** (0.0000)	0.3747 *** (0.0000)
ln*urb*				-0.0056 (0.4595)	-0.0057 (0.4539)
ln*edu_high*					0.0101 (0.8296)
时间固定效应	是	是	是	是	是
地区固定效应	是	是	是	是	是
常数项	-3.1700 *** (0.0000)	-3.1835 *** (0.0000)	-2.4518 *** (0.0000)	-2.4627 *** (0.0000)	-2.4040 *** (0.0000)
R-squared	0.6416	0.6511	0.6740	0.6744	0.6744
样本量	510	510	510	510	510

注：括号里表示 p 值；*** 表示 1% 水平上显著。

从控制变量的系数估计值分析，金融发展水平对我国外贸高质量发展的作用在1%的置信水平上显著为负，说明金融的过度发展抑制实体经济的发展进而对外贸高质量发展产生了负效应。财政支出占比对外贸高质量发展的作用在1%的置信水平上显著为正，说明政府的财政支持对外贸高质量发展发挥了重要的正向效应，如在基础设施的建设等方面。城镇化水平对我国外贸高质量发展的作用呈现负效应，但是不显著，造成这种情况可能的原因是城镇化的产出效果需要较长的周期或者城镇化发展还不足。人力资本对我国外贸高质量发展的作用呈现正向效应，但也不显著，这可能是因为我国技术人员自主技术创新的能力还较弱，虽然对外贸高质量发展产生正面影响，但是作用较弱。

三、不同区域间的异质性分析

在用全部样本数据考察了知识产权保护对我国整体外贸高质量发展的影响之后，考虑到我国各地区之间知识产权保护和外贸高质量发展水平都存在差异，于是通过东、中、西部地区的样本分别进行回归估计，考察知识产权保护对外贸高质量发展影响的区域异质性。

表7-3呈现了知识产权保护分别对东、中、西部外贸高质量发展影响的固定效应回归估计结果，其中，第（1）列、第（2）列、第（3）列分别对应东部、中部和西部地区。对估计结果进行观察可以发现，对于东、中、西部地区来说，知识产权保护的估计系数均为显著的正数。将三个区域的估计结果进行比较，发现知识产权保护对中部地区外贸高质量发展影响的估计系数最大，第二是东部地区，最后才是西部地区，这说明知识产权保护对中部地区外贸高质量发展影响的促进效果更好。

表7-3　　知识产权保护对外贸高质量发展影响的区域异质性分析

变量	(1)	(2)	(3)
	lntrade_score		
	东部地区	中部地区	西部地区
lnipp	0.4713 ** (0.0251)	0.8497 *** (0.0010)	0.4182 *** (0.0085)

续表

变量	(1)	(2)	(3)
	lntrade_score		
	东部地区	中部地区	西部地区
ln*fin*	− 0. 1675 * (0. 0867)	− 0. 0766 (0. 1356)	− 0. 3134 *** (0. 0003)
ln*gov*	0. 6049 *** (0. 0000)	0. 1624 (0. 3710)	0. 1909 * (0. 0960)
ln*urb*	0. 0098 (0. 5049)	0. 0162 (0. 3676)	− 0. 0103 (0. 4351)
ln*edu_high*	− 0. 1645 ** (0. 0208)	0. 3849 *** (0. 0034)	− 0. 1308 (0. 1515)
时间固定效应	是	是	是
地区固定效应	是	是	是
常数项	− 1. 6924 *** (0. 0002)	− 1. 3005 (0. 1232)	− 3. 6936 *** (0. 0000)
R-squared	0. 4620	0. 8181	0. 8098
样本量	187	136	187

注:括号里表示 p 值; * 、 ** 、 *** 分别表示10% 、5% 、1% 水平上显著。

　　加强东部地区知识产权保护对其外贸高质量发展的促进作用并不是三大区域中效果最好的,这可能是因为,一方面,东部知识产权保护水平早已与国际接轨,实际知识产权保护水平已经较高,但我国很多产业外贸产品的创新程度并没有占领世界尖端水平,继续不断提升知识产保护水平可能难以达到理想的效果,这在一定程度上削弱了企业的模仿与改进;另一方面,当今世界经济低迷,东部地区受全球贸易冲击的影响最大,相应的贸易摩擦升级,对其知识产权保护水平的提升带来了更多的挑战。

四、内生性问题的处理

　　为了消除上述面板数据回归可能存在的内生性问题,本部分将知识产权保护数据替换成滞后一期的知识产权保护数据，进行上述回归结果的稳健性检验，回归估计结果如表 7 - 4 所示。从第（1）～（4）列回归结果可以看出，滞后一期的知识产权保护对全国整体、东、中、西部地区外贸高质量发展产生的都是促进作用。因此，就算考虑了内生性问题，前文回归估计的结论也并没有发生改变，这支撑了前文中应用当期知识产权保护对外贸高质量发展进行回归的结果是稳健的。

表 7 - 4　　　　知识产权保护对外贸高质量发展影响的内生性检验

变量	（1）	（2）	（3）	（4）
	lntrade_score			
	全国整体	东部地区	中部地区	西部地区
滞后一期 ln*ipp*	0.7154 *** (0.0000)	0.1721 (0.3914)	0.9469 *** (0.0001)	0.5379 *** (0.0010)
ln*fin*	-0.1797 *** (0.0000)	-0.1067 (0.2734)	-0.0706 (0.1647)	-0.3003 *** (0.0012)
ln*gov*	0.3798 *** (0.0000)	0.5593 *** (0.0000)	0.1771 (0.3215)	0.1496 (0.2129)
ln*urb*	-0.0038 (0.6094)	0.0118 (0.3956)	0.0213 (0.2321)	-0.0096 (0.4700)
ln*edu_high*	0.0582 (0.2447)	-0.0991 (0.1890)	0.3656 *** (0.0078)	-0.1748 * (0.0757)
时间固定效应	是	是	是	是
地区固定效应	是	是	是	是
常数项	-2.0736 *** (0.0000)	-1.1669 *** (0.0077)	-1.4943 * (0.0692)	-3.9961 *** (0.0000)
R-squared	0.6535	0.4384	0.8087	0.7961
样本量	480	176	128	176

注：括号里表示 *p* 值；* 、*** 分别表示 10% 、1% 水平上显著。

五、门槛效应实证分析

为了分析知识产权保护对外贸高质量发展影响的门槛效应，借鉴 Hansen（1999）的方法（Hanse 提出的面板门槛模型应用于非简单线性效应中，能够避免因人为设置样本区间导致的主观偏误问题，通过虚拟变量和交互项的引入，自动识别数据本身的特点，从而得到经济系统中因结构突变产生的门槛分界点，能够进行明确的分组，以此分析不同组别的具体特点），本书以实际人均 GDP 和外贸开放度为门槛变量，构建知识产权保护与外贸高质量发展的门槛回归模型，通过中国 30 个省份的面板数据，就知识产权保护对外贸高质量发展的影响进行门槛效应的实证分析。

结合本书的研究内容，设定的面板门槛模型[①]为：

$$\ln trade\_score_{it} = \alpha_0 + \alpha_1 \ln edu\_high_{it} + \alpha_2 \ln gov_{it} + \alpha_3 \ln fin_{it} + \alpha_4 \ln urb_{it}$$
$$+ \alpha_5 \ln ipp_{it} I(X_{it} < \omega_1) + \alpha_6 \ln ipp_{it} I(X_{it} \geqslant \omega_1) + \gamma_i$$
$$+ \eta_t + \varepsilon_{it} \tag{7-2}$$

$$\ln trade\_score_{it} = \alpha_0 + \alpha_1 \ln edu\_high_{it} + \alpha_2 \ln gov_{it} + \alpha_3 \ln fin_{it} + \alpha_4 \ln urb_{it}$$
$$+ \alpha_5 \ln ipp_{it} I(X_{it} < \omega_1) + \alpha_6 \ln ipp_{it} I(\omega_1 \leqslant X_{it} < \omega_2)$$
$$+ \alpha_7 \ln ipp_{it} I(X_{it} \geqslant \omega_2) + \gamma_i + \eta_t + \varepsilon_{it} \tag{7-3}$$

其中，i 表示各省份，t 表示时间，X_{it} 表示实际人均 GDP 或外贸开放度，ω_1、ω_2 分别表示待估门槛值，$I(\cdot)$ 为示性函数，式（7-2）将样本观察值分为 X_{it} 大于门槛值或小于门槛值两个组别，式（7-3）以此类推，函数值为真时取 1，为假时取 0，α_5、α_6 和 α_7 分别表示知识产权保护 $\ln ipp_{it}$ 在各个组别内对外贸高质量发展影响的估计系数。

本节应用 Stata 15.1 软件对我国 30 个省份的数据进行面板门槛模型回归，检验知识产权保护对外贸高质量发展影响的门槛效应。

在进行面板门槛模型估计之前，要先判断研究的核心解释变量知识产权保护和因变量外贸高质量发展之间，在不同的门槛变量下，存在几个门槛区间。因此，首先需要对门槛变量实际人均 GDP 和外贸开放度存在不同门槛值的假设进行检验。表 7-5 列出了当门槛变量为实际人均 GDP 时的单一门

---

① 本书只给出了单一门槛回归模型和双重门槛回归模型。

槛、双重门槛和三重门槛的检验结果。

表 7 - 5 实际人均 GDP 门槛值个数检验

样本范围	门槛变量	原假设	门槛估计值	区间	P 值
全国	实际人均 GDP	单一门槛	9321.4482	[9175.7280, 9327.5098]	0.0400**
		双重门槛	15506.9131	[15408.6821, 15554.3291]	0.1633
		三重门槛	20215.6016	[19993.2529, 20254.8672]	0.3367

注：** 表示 5% 水平下显著。

（一）基于实际人均 GDP 门槛变量的实证分析

根据表 7 - 5 的结果可以看出，首先，表中样本范围为全国，以实际人均 GDP 为门槛变量的检验结果拒绝了模型存在两个及两个以上门槛值的假设。根据 P 值 0.1633 和 0.3367，可以判断出双重门槛和三重门槛的假设均在 10% 的置信水平上被拒绝了，即知识产权保护对外贸高质量发展的影响在 5% 显著性水平上通过了单一门槛的检验，但未通过双重门槛和三重门槛效应检验。因此，单门槛的模型对以实际人均 GDP 为门槛变量模型式（7 - 2）进行了较好的模拟，根据 P 值 0.04，可以判断出在 5% 的置信水平上拒绝了不存在门槛效应的原假设。因此，选择以实际人均 GDP 为门槛变量的单门槛模型式（7 - 2）更合适。以 2002 年为基期的实际人均 GDP 的门槛值为 9321.4483 元/人，就 2002～2018 年我国 30 个省份的数据而言，当实际人均 GDP 处于不同的发展阶段时，知识产权保护对外贸高质量发展可能确实存在异质性的影响。

为了进一步展示知识产权保护影响外贸高质量发展的检验结果，根据门槛模型的原理，画出了以实际人均 GDP 为门槛变量，知识产权保护对外贸高质量发展影响各重门槛值估计的似然比统计量，如图 7 - 1 所示。

从图 7 - 1 中可以很明显地看出，以实际人均 GDP 为门槛值的回归结果很显著，并且能够看到第一个门槛值对应的数值。图中虚线确定了 LR 检验中门槛值 95% 的置信区间，能够更清晰地呈现门槛值存在的大致范围。图 7 - 1 验证了表 7 - 5 的检验结果，说明知识产权保护对外贸高质量发展的影响受到经济发展水平的约束。根据图 7 - 1 可以发现，以实际人均 GDP 为门槛变量的门槛模型的第二个估计结果由于存在多个而无法判定估计值的真实存在，第三个估计值过于偏右。结合表 7 - 5 中的联合检验 P 值，可以确定单一门槛模型的表现是最好的。

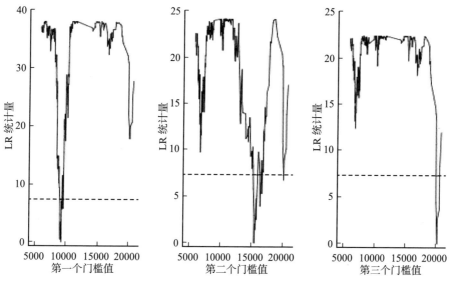

图 7 - 1　知识产权保护与外贸高质量发展的各重门槛值（人均 GDP）估计图

表 7 - 6 呈现了在以实际人均 GDP 为门槛变量时，知识产权保护对外贸高质量发展影响的面板门槛模型的回归结果。从回归结果看，在不同的经济发展阶段，知识产权保护对外贸高质量发展的影响有着截然不同的效果。随着实际人均 GDP 的变化，知识产权保护对外贸高质量发展的影响始终保持为正，只是具体的影响大小会随着经济发展阶段的变化而变化。当实际人均 GDP 低于 9321.4483 元/人时，知识产权保护对外贸高质量发展呈现出正向的推动作用，这种正向效应在 1% 的置信水平上显著，即当知识产权保护每提高 1 个百分点时，外贸高质量发展水平能够提升 0.7606 个百分点；当实际人均 GDP 高于 9321.4483 元/人时，知识产权保护对外贸高质量发展持续呈现出正向的推动作用且进一步增强，其效应增强到 0.8688 个百分点，并且这种正向效应依然在 1% 的置信水平上显著。因此，知识产权保护对外贸高质量发展的影响可划分为低经济增长（实际人均 GDP < 9321.4482 元/人）和高经济增长（实际人均 GDP > 9321.4482 元/人）两个阶段区间。这说明，随着经济的发展，知识产权保护对外贸高质量发展发挥出持续的正面效应而

且很显著，知识产权保护在经济发展水平高的阶段比在经济发展水平低的阶段更有利于外贸高质量发展水平的提升。随着经济发展水平的提升，知识产权保护对外贸高质量发展的促进作用呈现加速增长态势。也就是说，知识产权保护对外贸高质量发展的促进作用受经济增长水平的约束，这与沈国兵和姚白羽（2010）通过对已有文献梳理，即知识产权保护对外贸发展的影响是受经济发展水平制约的结论类似。随着经济发展水平的变化，知识产权保护对外贸高质量发展的影响表现出显著的正向且边际效率递增的非线性规律。

表 7 - 6   门槛变量为实际人均 GDP 的门槛回归

变量	含义	系数估计值	t 值	P 值
区间 1	$pgdp < 9321.4482$	0.7606 ***	7.4756	0.0000
区间 2	$pgdp > 9321.4482$	0.8688 ***	8.4569	0.0000
lnedu_high	人力资本	- 0.0037	- 0.0825	0.9343
lnfin	金融发展水平	- 0.1341 ***	- 3.8102	0.0002
lngov	财政支出占比	0.3613 ***	5.6540	0.0000
lnurb	城镇化水平	- 0.0053	- 0.7277	0.4672
常数项	常数项	- 2.5253 ***	- 8.5107	0.0000

注：R-squared 为 0.7011；*** 表示 1% 水平上显著。

究其原因可能是当经济发展水平较低时，在外贸发展的过程中对于知识产权保护的重视程度较低，知识产权保护对外贸高质量发展的约束力较小，对外贸易中先进技术与资源的创新含量偏低，使得知识产权保护对外贸高质量发展的促进作用较为有限。然而，随着经济发展水平的提高，知识产权保护在对外贸易中的作用更大，也为拥有先进技术与资源的企业提供了有力的保障，同时我国表现出日益增长的经济实力与外贸实力，有机会和条件增加技术创新的投入和向外资企业学习的资金，使得知识产权保护对外贸高质量发展的促进作用得到更大限度的释放。

表 7 - 7 呈现了 2002 ~ 2018 年以实际人均 GDP 为门槛变量，产生的不同门槛值的省份分布，可以看出知识产权保护对外贸高质量发展的门槛效应存在经济增长水平时间和空间的异质性。表 7 - 7 中列出了 2002 ~ 2018 年不同阶段区间内全国样本的具体省份及数目。在观测期内，实际人均 GDP 超过门槛值 9321.4482 元/人的省份数目为 310 个，占样本总数的 61%，超过了半数。

表 7－7

2002～2018 年实际人均 GDP 分段的省份分布

实际人均 GDP ＜9321.4482

项目	2002年	2003年	2004年	2005年	2006年	2007年	2008年	2009年	2010年	2011年	2012年	2013年	2014年	2015年	2016年	2017年	2018年
样本数	30	30	30	30	30	30	30	30	30	30	30	30	30	30	30	30	30
省份数	20	20	18	17	16	15	12	12	8	7	7	7	7	7	8	9	10
省份	河北	河北	山西	山西	山西	山西	安徽	安徽	安徽	安徽	安徽	安徽	安徽	安徽	山西	内蒙古	内蒙古
	山西	山西	内蒙古	内蒙古	安徽	安徽	江西	江西	江西	江西	江西	江西	江西	江西	安徽	安徽	吉林
	内蒙古	内蒙古	安徽	安徽	江西	江西	河南	河南	河南	广西	广西	广西	广西	广西	江西	江西	黑龙江
	吉林	吉林	江西	江西	河南	河南	湖南	湖南	广西	四川	四川	四川	四川	四川	广西	广西	江西
	安徽	安徽	河南	河南	湖北	湖南	广西	广西	四川	贵州	贵州	贵州	贵州	贵州	四川	四川	广西
	江西	江西	湖北	湖北	湖南	广西	海南	海南	贵州	云南	云南	云南	云南	云南	贵州	贵州	四川
	河南	河南	湖南	湖南	广西	海南	四川	四川	云南	甘肃	甘肃	甘肃	甘肃	甘肃	云南	云南	贵州
	湖北	湖北	广西	广西	海南	重庆	贵州	贵州	甘肃						甘肃	甘肃	云南
	湖南	湖南	海南	海南	重庆	四川	云南	云南								青海	甘肃
	广西	广西	重庆	重庆	四川	贵州	陕西	陕西									青海
	海南	海南	四川	四川	贵州	云南	甘肃	甘肃									
	重庆	重庆	贵州	贵州	云南	陕西	青海	青海									
	四川	四川	云南	云南	陕西	甘肃											
	贵州	贵州	陕西	陕西	甘肃	青海											
	云南	云南	甘肃	甘肃	青海	宁夏											

续表

实际人均 GDP < 9321.4482

项目	2002年	2003年	2004年	2005年	2006年	2007年	2008年	2009年	2010年	2011年	2012年	2013年	2014年	2015年	2016年	2017年	2018年
样本数	30	30	30	30	30	30	30	30	30	30	30	30	30	30	30	30	30
省份数	20	20	18	17	16	15	12	12	8	7	7	7	7	7	8	9	10
省份	陕西	陕西	青海	青海	宁夏												
	甘肃	甘肃	宁夏	宁夏													
	青海	青海	新疆														
	宁夏	宁夏															
	新疆	新疆															

实际人均 GDP > 9321.4482

项目	2002年	2003年	2004年	2005年	2006年	2007年	2008年	2009年	2010年	2011年	2012年	2013年	2014年	2015年	2016年	2017年	2018年
样本数	30	30	30	30	30	30	30	30	30	30	30	30	30	30	30	30	30
省份数	10	10	12	13	14	15	18	18	22	23	23	23	23	23	22	21	20
省份	北京	北京	北京	北京	北京	北京	北京	北京	北京	北京	北京	北京	北京	北京	北京	北京	北京
	天津	天津	天津	天津	天津	天津	天津	天津	天津	天津	天津	天津	天津	天津	天津	天津	天津
	辽宁	辽宁	河北	河北	河北	河北	河北	河北	河北	河北	河北	河北	河北	河北	河北	河北	河北
	黑龙江	黑龙江	辽宁	辽宁	内蒙古	内蒙古	山西	山西	山西	山西	山西	山西	山西	山西	内蒙古	山西	山西
	上海	上海	吉林	吉林	辽宁	辽宁	内蒙古	内蒙古	内蒙古	内蒙古	内蒙古	内蒙古	内蒙古	内蒙古	辽宁	辽宁	辽宁
	江苏	江苏	黑龙江	黑龙江	吉林	吉林	辽宁	辽宁	辽宁	辽宁	辽宁	辽宁	辽宁	辽宁	吉林	吉林	江苏
	浙江	浙江	上海	上海	黑龙江	黑龙江	吉林	吉林	吉林	吉林	吉林	吉林	吉林	吉林	黑龙江	黑龙江	浙江
	福建	福建	江苏	江苏	上海	上海	黑龙江	黑龙江	黑龙江	黑龙江	黑龙江	黑龙江	黑龙江	黑龙江	上海	上海	

续表

实际人均 GDP >9321.4482

项目	2002年	2003年	2004年	2005年	2006年	2007年	2008年	2009年	2010年	2011年	2012年	2013年	2014年	2015年	2016年	2017年	2018年
样本数	30	30	30	30	30	30	30	30	30	30	30	30	30	30	30	30	30
省份数	10	10	12	13	14	15	18	18	22	23	23	23	23	23	21	21	20
省份	山东	山东	浙江	浙江	江苏	江苏	上海	上海	上海	上海	上海	上海	上海	上海	江苏	江苏	安徽
	广东	广东	山东	福建	浙江	浙江	江苏	江苏	江苏	江苏	江苏	江苏	江苏	江苏	浙江	浙江	福建
			广东	山东	福建	福建	浙江	浙江	浙江	浙江	浙江	浙江	浙江	浙江	福建	福建	山东
				广东	山东	山东	福建	福建	福建	福建	福建	福建	福建	福建	山东	山东	河南
				新疆	广东	湖北	山东	山东	山东	山东	山东	山东	山东	山东	河南	河南	湖北
					新疆	广东	湖北	湖北	湖北	河南	河南	河南	河南	河南	湖北	湖北	湖南
						新疆	广东	广东	湖南	湖北	湖北	湖北	湖北	湖北	湖南	湖南	广东
							重庆	重庆	广东	湖南	湖南	湖南	湖南	湖南	广东	广东	海南
							宁夏	宁夏	海南	广东	广东	广东	广东	广东	海南	海南	重庆
							新疆	新疆	重庆	海南	海南	海南	海南	海南	重庆	重庆	陕西
									陕西	重庆	重庆	重庆	重庆	重庆	陕西	陕西	宁夏
									青海	陕西	陕西	陕西	陕西	陕西	青海	宁夏	新疆
									宁夏	青海	青海	青海	青海	青海	宁夏	新疆	
									新疆	宁夏	宁夏	宁夏	宁夏	宁夏	新疆		
										新疆	新疆	新疆	新疆	新疆			

　　从具体年份角度分析，2002 年，有 20 个省份的实际人均 GDP 低于门槛值 9321. 4482 元/人，而 2018 年，有 20 个省份的实际人均 GDP 超过门槛值 9321. 4482 元/人，由此可见有越来越多的省份实际人均 GDP 逐渐超过了门槛值 9321. 4482 元/人，说明对应省份的知识产权保护对外贸高质量发展的正向影响也更大。

　　从门槛值划分省份分布角度分析，2002 ~ 2018 年，北京、天津、辽宁、上海、江苏、浙江、福建、山东和广东共 9 省份的实际人均 GDP 数值在观测期内均超过了门槛值，这些省份全部属于东部地区，经济水平较高，且大多数都是沿海地区，对外贸易发展便利，地理位置极具优势，相应地其知识产权保护对外贸高质量发展的正向效应也较大；直至 2018 年依然有 10 个省份实际人均 GDP 没有超过门槛值 9321. 4482 元/人，其中有 7 个省份来自西部地区，由于经济发展、地理位置、人力资本等多种因素的制约，相应地其知识产权保护对外贸高质量发展的正向促进效应也较小。

　　图 7 - 2 反映了不同实际人均 GDP 范围内的省份数目时间变化趋势。2007 年，两条曲线出现了交点，说明从 2007 年开始，实际人均 GDP 超过门槛值的省份开始逐渐增多。2002 ~ 2007 年，我国大多数省份实际人均 GDP

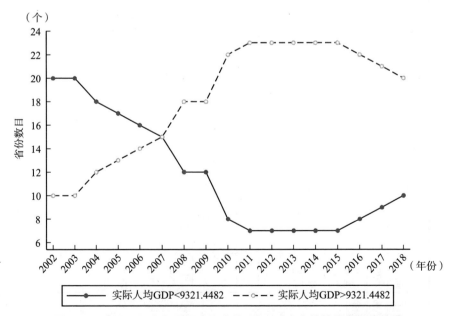

图 7 - 2   2002 ~ 2018 年不同实际人均 GDP 对应省份数目变化趋势图

处于门槛值之下，这一时期大部分省份知识产权保护对外贸高质量发展的影响为较小的正向效应；2007～2018 年，大部分省份实际人均 GDP 都超过了门槛值，成为高经济增长水平的省份，这一时期大部分省份知识产权保护对外贸高质量发展的影响为较大的正向促进作用。

（二）基于外贸开放度门槛变量的实证分析

表 7 - 8 列出了当门槛变量为外贸开放度时的单一门槛、双重门槛和三重门槛的检验结果。

表 7 - 8 外贸开放度门槛值个数检验

样本范围	门槛变量	原假设	门槛估计值	区间	P 值
全国	外贸开放度	单一门槛	0.1016	[0.1003，0.1022]	0.0033 ***
		双重门槛	0.7258	[0.7217，0.7412]	0.0167 **
		三重门槛	1.3033	[1.2099，1.3486]	0.5400

注：***、** 分别表示10%、5%水平下显著。

根据表 7 - 8 的结果可以看出，首先，表中样本范围为全国，以外贸开放度为门槛变量，由 P 值 0.5400 可以判断，知识产权保护对外贸高质量发展的影响在 1% 和 5% 显著性水平上通过了单一门槛和双重门槛的检验，但未通过三重门槛效应检验。因此，双重门槛的模型对以外贸开放度为门槛变量的模型式（7 - 3）进行了较好的模拟，根据 P 值 0.0033 和 0.0167，判断出在 1% 和 5% 的置信水平上拒绝了不存在门槛效应的原假设。因此，对于以外贸开放度为门槛变量的模型式（7 - 3）进行双重门槛模型的估计。

从具体的门槛数值分析，门槛变量为外贸开放度的门槛值有两个，分别为 0.1016 和 0.7258，就 2002～2018 年我国 30 个省份的数据而言，当外贸开放度不同时，知识产权保护对外贸高质量发展的影响可能存在异质性。

为了进一步展示知识产权保护影响外贸高质量发展检验的结果，图 7 - 3 根据门槛模型的原理，画出了以外贸开放度为门槛变量的各重门槛值估计的似然比统计量，进一步直观地检验了知识产权保护对外贸高质量发展影响的面板门槛模型中以外贸开放度为门槛变量的门槛值的显著性。图中虚线确定了 LR 检验中门槛值95%的置信区间，能够更清楚地观测门槛值存在的大致范围。图 7 - 3 验证了表 7 - 8 的检验结果，说明知识产权保护对外贸高质量发展的影响受到外贸开放度的约束。结合表 7 - 8 中的联合检验 P 值 0.0033 和 0.0167，可以确定选择双重门槛模型更合适。

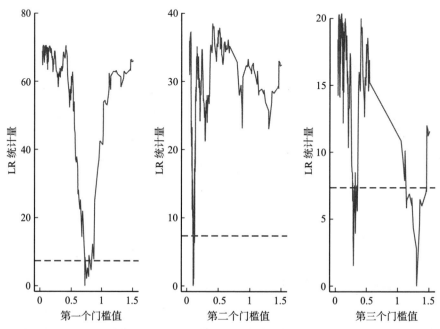

图 7 - 3 知识产权保护与外贸高质量发展的各重门槛值（外贸开放度）估计图

表 7 - 9 呈现了在以外贸开放度为门槛变量时，知识产权保护对外贸高质量发展影响的面板门槛模型的回归结果。对表 7 - 9 进行分析观察，可以发现，在不同程度的外贸开放阶段，知识产权保护对外贸高质量发展的影响有截然不同的效果。随着外贸开放度的变化，知识产权保护对外贸高质量发展的影响始终保持为正向效应，只是具体的影响大小会随着外贸开放程度的变化而变化。当外贸开放度低于 0.1016 时，知识产权保护对外贸高质量发展呈现出正向的推动作用，这种正向效应在 1% 的置信水平上显著，并且知识产权保护每提高 1 个百分点时，外贸高质量发展水平能够提升 0.6303 个百分点；当外贸开放程度迈入一定阶段之后，知识产权保护对外贸高质量发展的拉动作用会变得更强，当外贸开放度介于 0.1016 和 0.7258 之间时，知

识产权保护对外贸高质量发展的正向效应在 1% 的置信水平上显著，知识产权保护每提高 1 个百分点，外贸高质量发展水平能够提升为 0.7145 个百分点；当外贸开放度高于 0.7258 时，知识产权保护对外贸高质量发展持续呈现出正向的推动作用且进一步增强，知识产权保护每提高 1 个百分点时，外贸高质量发展水平能够提升 0.9280 个百分点，并且这种正向效应依然在 1% 的置信水平上显著。

表 7 - 9　　　　　　　　　门槛变量为外贸开放度的门槛回归

变量	含义	系数估计值	t 值	P 值
区间 1	$open < 0.1016$	0.6303 ***	6.4166	0.0000
区间 2	$0.1016 < open < 0.7258$	0.7145 ***	7.3262	0.0000
区间 3	$open > 0.7258$	0.9280 ***	9.4092	0.0000
lnedu_high	人力资本	-0.0133	-0.3108	0.7561
lnfin	金融发展水平	-0.1968 ***	-6.1088	0.0000
lngov	财政支出占比	0.3392 ***	5.5534	0.0000
lnurb	城镇化水平	-0.0055	-0.8007	0.4237
_cons	常数项	-2.5405 ***	-8.9850	0.0000

注：R-squared 为 0.7330；*** 表示 1% 水平上显著。

因此，知识产权保护对外贸高质量发展的影响可划分为低外贸开放度（外贸开放度 < 0.1016）、中外贸开放度（0.1016 < 外贸开放度 < 0.7258）和高外贸开放度（外贸开放度 > 0.7258）三个阶段区间。这说明，随着外贸开放度的增大，知识产权保护对外贸高质量发展发挥出持续的正面效应而且很显著，知识产权保护在外贸开放程度高的阶段比在外贸开放程度低的阶段更有利于外贸高质量发展水平的提升。随着外贸开放度的提高，知识产权保护对外贸高质量发展的促进作用呈现加速增长态势。也就是说，知识产权保护对外贸高质量发展的促进作用受外贸开放水平的约束，随着外贸开放度的变化，知识产权保护对外贸高质量发展的影响表现出显著的正向且边际效率递增的非线性规律。

分析其原因可能是当外贸开放程度较低时，更多的外贸活动集中在知识产权保护较低的技术与资源，我国自主创新的世界领先高精尖段的知识产权技术较少，而知识产权保护水平较低时先进技术与资源的进口也比较稀缺，更何况外贸开放程度较低，在国际贸易中没有话语权，更多的是被动选择贸易方式和贸易活动，使得知识产权保护对外贸高质量发展的促进作用较为有限。然而，随着外贸开放水平的增长，一方面，说明我国的经济发展达到了一定的程度，也积累了更多的科学技术发展经验，能够更好地在科技自主创新方面进行整体的规划，给予科技创新全方位的投资，特别是高技术人才的培养与引进，高新技术发展环境的建设等，另一方面，我国从国家层面部署了对外贸易发展计划，不断坚持改革开放，拓宽了参与外贸发展的范围，随着日益扩大的外贸放开程度，通过进口贸易选择了更多的人民需要的高技术产品、通过出口贸易出口了其他更多国家需要的产品，在不断深化的对外贸易发展过程中，提升了我国科学技术的发展，产生了对知识产权保护的更大需求。因此，不断开放的中国参与了更多的跨国贸易活动，更成为如"一带一路""南南合作"等活动的主要倡导国家，从被动贸易到主动贸易的转变和进行外贸活动的产品、合作方式、渠道等的更加多元化，使得知识产权保护对外贸高质量发展的促进作用得到更大限度的释放。

表 7 – 10 呈现了 2002～2018 年以外贸开放度为门槛变量，产生不同门槛值的省份分布情况，可以看出知识产权保护对外贸高质量发展的门槛效应存在不同程度外贸开放度的时间和空间的异质性。表 7 – 10 中列出了 2002～2018 年外贸开放度不同阶段区间内全国样本的具体省份及数目。根据外贸开放度的不同，可以将知识产权保护对外贸高质量发展的影响分为三个阶段，第一个阶段为低外贸开放水平，外贸开放度低于 0.1016；第二阶段为中外贸开放水平，外贸开放度在 0.1016 到 0.7258 之间；第三阶段为高外贸开放水平，外贸开放度高于 0.7258。由表 7 – 10 可知，在观测期内，外贸开放度低于第一个门槛值 0.1016 的省份数目共为 166 个，占样本总数的 32.55%；外贸开放度在 0.1016 到 0.7258 之间的省份数目共为 280 个，占样本总数的 54.90%，超过了半数；外贸开放度超过第二个门槛值 0.7258 的省份数目共为 64 个，占样本总数的 12.55%，相对占比最少。从具体年份角度分析，2002 年，有 17 个省份的外贸开放度小于门槛值 0.1016，而 2018 年，有 18 个省份的外贸开放度在 0.1016 到 0.7258 之间，由此可见有越来越多的省份外贸开放度逐渐超过了第一个门槛值，说明对应省份的知识产权保护对外贸高质量发展的影响也更大。

表 7 - 10　　2002～2018 年外贸开放度分段的省份分布

外贸开放度 < 0.1016

项目	2002年	2003年	2004年	2005年	2006年	2007年	2008年	2009年	2010年	2011年	2012年	2013年	2014年	2015年	2016年	2017年	2018年
样本数	30	30	30	30	30	30	30	30	30	30	30	30	30	30	30	30	30
省份数	17	14	9	8	7	6	6	12	8	8	9	9	8	10	13	12	10
省份	河北	山西	江西	江西	内蒙古	内蒙古	内蒙古	山西	山西	山西	山西	山西	山西	山西	河北	河北	山西
	山西	内蒙古	河南	河南	河南	河南	河南	内蒙古	内蒙古	内蒙古	内蒙古	内蒙古	内蒙古	内蒙古	山西	山西	内蒙古
	黑龙江	江西	湖北	湖南	湖南	湖南	湖南	河南	河南	河南	湖北	湖北	湖北	吉林	内蒙古	内蒙古	湖北
	安徽	河南	湖南	重庆	四川	贵州	贵州	湖北	湖南	湖南	湖南	湖南	湖南	黑龙江	吉林	吉林	湖南
	江西	湖北	四川	四川	贵州	陕西	陕西	湖南	贵州	贵州	贵州	贵州	贵州	湖北	黑龙江	黑龙江	贵州
	河南	湖南	贵州	贵州	陕西	青海	青海	重庆	陕西	陕西	陕西	陕西	陕西	湖南	湖北	湖北	云南
	湖北	广西	云南	陕西	青海			贵州	青海	青海	甘肃	甘肃	甘肃	贵州	湖南	湖南	甘肃
	湖南	重庆	陕西	青海				云南	宁夏	宁夏	青海	青海	青海	甘肃	四川	贵州	青海
	广西	四川	甘肃					陕西			宁夏	宁夏		青海	贵州	云南	宁夏
	重庆	贵州						甘肃						宁夏	云南	甘肃	新疆
	四川	云南						青海							甘肃	青海	
	贵州	陕西						宁夏							青海	宁夏	
	云南	甘肃													宁夏		
	陕西	青海															
	甘肃																
	青海																
	宁夏																

续表

0.1016＜外贸开放度＜0.7258

项目	2002年	2003年	2004年	2005年	2006年	2007年	2008年	2009年	2010年	2011年	2012年	2013年	2014年	2015年	2016年	2017年	2018年
样本数	30	30	30	30	30	30	30	30	30	30	30	30	30	30	30	30	30
省份数	9	11	16	17	18	19	19	15	18	19	18	18	19	17	14	15	18
省份	内蒙古	河北	河北	河北	河北	河北	河北	天津	天津	天津	天津	天津	天津	天津	天津	天津	天津
	辽宁	辽宁	山西	山西	山西	山西	山西	河北	河北	河北	河北	河北	河北	河北	辽宁	辽宁	河北
	吉林	吉林	内蒙古	内蒙古	辽宁	辽宁	辽宁	辽宁	辽宁	辽宁	辽宁	辽宁	辽宁	辽宁	江苏	江苏	辽宁
	江苏	黑龙江	辽宁	辽宁	吉林	吉林	吉林	吉林	吉林	吉林	吉林	吉林	吉林	江苏	浙江	浙江	吉林
	浙江	浙江	吉林	吉林	黑龙江	黑龙江	黑龙江	黑龙江	黑龙江	黑龙江	黑龙江	黑龙江	黑龙江	浙江	安徽	安徽	黑龙江
	福建	安徽	黑龙江	黑龙江	浙江	浙江	浙江	江苏	浙江	江苏	江苏	江苏	江苏	安徽	福建	福建	江苏
	山东	福建	浙江	浙江	安徽	安徽	安徽	浙江	安徽	浙江	浙江	浙江	浙江	福建	江西	江西	浙江
	海南	山东	安徽	安徽	福建	福建	福建	安徽	福建	安徽	安徽	安徽	安徽	江西	山东	山东	安徽
	新疆	海南	福建	福建	江西	江西	江西	福建	江西	福建	福建	福建	福建	山东	河南	河南	福建
		宁夏	山东	山东	山东	山东	山东	江西	山东	江西	江西	江西	江西	河南	广西	广西	江西
		新疆	广西	湖北	湖北	湖北	湖北	山东	湖北	山东	山东	山东	山东	广西	海南	海南	山东
			海南	广西	广西	广西	广西	广西	广西	湖北	河南	河南	河南	海南	重庆	重庆	河南
			重庆	海南	海南	海南	海南	海南	海南	广西	广西	广西	广西	重庆	陕西	四川	广东
			青海	云南	重庆	重庆	重庆	四川	重庆	海南	海南	海南	海南	四川	新疆	陕西	广西
			宁夏	甘肃	云南	四川	四川	新疆	四川	重庆	重庆	重庆	重庆	云南		新疆	海南

0.1016 < 外贸开放度 < 0.7258

项目	2002年	2003年	2004年	2005年	2006年	2007年	2008年	2009年	2010年	2011年	2012年	2013年	2014年	2015年	2016年	2017年	2018年
样本数	30	30	30	30	30	30	30	30	30	30	30	30	30	30	30	30	30
省份数	9	11	16	17	18	19	19	15	18	19	18	18	19	17	14	15	18
省份			新疆	宁夏	甘肃	云南	云南		云南	四川	四川	四川	四川	陕西			重庆
				新疆	宁夏	甘肃	甘肃		甘肃	云南	云南	云南	云南	新疆			四川
					新疆	宁夏	宁夏		新疆	甘肃	新疆	新疆	宁夏				陕西
						新疆	新疆			新疆			新疆				

外贸开放度 > 0.7258

项目	2002年	2003年	2004年	2005年	2006年	2007年	2008年	2009年	2010年	2011年	2012年	2013年	2014年	2015年	2016年	2017年	2018年
样本数	30	30	30	30	30	30	30	30	30	30	30	30	30	30	30	30	30
省份数	4	5	5	5	5	5	5	3	4	3	3	3	3	3	3	3	2
省份	北京	北京	北京	北京	北京	北京	北京	北京	北京	北京	北京	北京	北京	北京	北京	北京	北京
	天津	天津	天津	天津	天津	天津	天津	上海	上海	上海	上海	上海	上海	上海	上海	上海	上海
	上海	上海	上海	上海	上海	上海	上海	广东	江苏	广东	广东	广东	广东	广东	广东	广东	
	广东	江苏	江苏	江苏	江苏	江苏	江苏		广东								
		广东	广东	广东	广东	广东	广东										

从门槛值划分省份分布角度分析，2002～2018 年，外贸开放度超过第二个门槛值 0.7258 的省份有北京、天津、上海、江苏和广东，这 5 个省份全部来自东部地区，外贸开放程度较高，相应的知识产权保护对外贸高质量发展的正向效应也更大；直至 2018 年依然有 10 个省份外贸开放度没有跨过第一个门槛值 0.1016，其中有 7 个省份来自西部地区、3 个省份来自中部地区，说明这 10 个省份的外贸开放程度还较低，相应的知识产权保护对外贸高质量发展的正向效应也较小。

图 7 - 4 反映了不同外贸开放度范围内的省份数目的时间变化趋势。由图 7 - 4 可知，外贸开放度小于第一个门槛值 0.1016 的省份数目逐渐在波动过程中减少，外贸开放度在 0.1016 到 0.7258 之间的省份数目在相应的增加，外贸开放度超过第二个门槛值 0.7258 的省份数目最少且波动也小。在2003～2004 年之间，"外贸开放度 ＜ 0.1016"和"0.1016 ＜ 外贸开放度 ＜0.7258"的两条曲线出现了交点，说明从这个交点开始，外贸开放度跨越第一个门槛值的省份开始逐渐增多。2002～2003 年，我国大多数省份外贸开放度还处于第一个门槛值之下，这一时期大部分省份知识产权保护对外贸

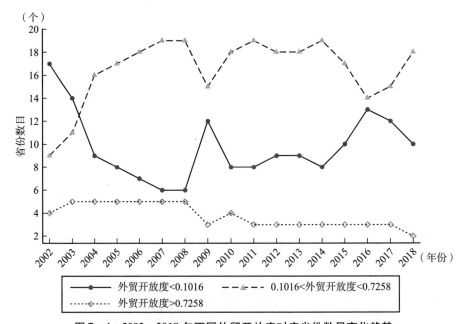

图 7 - 4　2002～2018 年不同外贸开放度对应省份数目变化趋势

高质量发展的影响为较小的正向效应；2003～2018 年，大部分省份外贸开放度都跨越了第一个门槛值，成为中等外贸开放程度的省份，这一时期大部分省份知识产权保护对外贸高质量发展的影响为较大的正向促进作用。当外贸开放度跨越第二个门槛值 0.7258 时，相应知识产权保护对外贸高质量发展的影响会产生更大的正向促进作用。

综上所述，2002～2018 年我国知识产权保护对外贸高质量发展的正向影响均存在以实际人均 GDP 和外贸开放度为门槛变量的门槛效应，且具有空间和时间的异质性。

（三）基于面板门槛模型的区域异质性实证分析

由于各省份知识产权保护与外贸高质量发展均有较大差异，各个区域知识产权保护对外贸高质量发展的影响可能存在不同程度的门槛效应。为了进一步探究我国东、中、西部地区知识产权保护对外贸高质量发展的影响，继而进一步检验三大地区知识产权保护对外贸高质量发展的异质性影响效应。

1. 实际人均 GDP 为门槛变量

以实际人均 GDP 为门槛变量，知识产权保护对外贸高质量发展三大区域样本的门槛效应检验和门槛模型的估计结果如表 7–11 所示。

表 7–11　知识产权保护对外贸高质量发展门槛回归的区域异质性分析（门槛变量为实际人均 GDP）

变量	(1)	(2)	(3)
	lntrade_score		
	东部地区	中部地区	西部地区
门槛变量	pgdp		
门槛数	1	1	
门槛估计值 1	21147. 4395 * (0. 0500)	9103. 7676 * (0. 0867)	10258. 7979 (0. 2467)
区间 1	0. 4971 *** (0. 0090)	0. 9644 *** (0. 0001)	0. 5150 *** (0. 0009)
区间 2	0. 7139 *** (0. 0003)	1. 1048 *** (0. 0000)	0. 6126 *** (0. 0001)

续表

变量	(1)	(2)	(3)
	lntrade_score		
	东部地区	中部地区	西部地区
lnfin	-0.1597 * (0.0705)	-0.0218 (0.6504)	-0.1843 ** (0.0365)
lngov	0.6803 *** (0.0000)	0.4212 ** (0.0174)	0.1896 * (0.0833)
lnurb	-0.0007 (0.9574)	0.0142 (0.3858)	-0.0091 (0.4728)
lnedu_high	-0.1998 *** (0.0021)	0.3445 *** (0.0042)	-0.0296 (0.7426)
常数项	-1.7959 *** (0.0000)	-1.0757 (0.1638)	-3.2397 *** (0.0000)
时间固定效应	是	是	是
个体固定效应	是	是	是
R-squared	0.5651	0.8492	0.8280
样本数	187	136	187
F 值	9.0948	27.1336	33.6983

注：分别东部地区区间 1（$pgdp$ < 21147.4395）、区间 2（$pgdp$ > 21147.4395）；
中部地区区间 1（$pgdp$ < 9103.7676）、区间 2（$pgdp$ > 9103.7676）；
西部地区区间 1（$pgdp$ < 10258.7979）、区间 2（$pgdp$ > 10258.7979）；
括号里表示 p 值；
*、**、*** 分别表示 10%、5%、1% 水平上显著。

东部地区以实际人均 GDP 为门槛变量的门槛模型在 10% 的置信水平上存在单一门槛效应；中部地区以实际人均 GDP 为门槛变量的门槛模型在 10% 的置信水平上存在单一门槛效应；西部地区以实际人均 GDP 为门槛变量的门槛模型上则不存在显著的门槛效应。

根据表 7-11 的结果，可以看出以实际人均 GDP 为门槛变量，知识产权保护对外贸高质量发展的门槛效应在不同区域有所差异。

东部地区各省份呈现明显的实际人均 GDP 门槛效应，随着实际人均 GDP 的增长，知识产权保护对外贸高质量发展的正向效应也在增大；当东部地区各省份的实际人均 GDP 低于 21147. 4395 元/人时，如果知识产权保护水平提高 1%，对外贸高质量发展的促进效果能够提升 0. 4971%，然而，当东部地区各省份的实际人均 GDP 超过东部地区实际人均 GDP 门槛值 21147. 4395 元/人时，知识产权保护每提高 1 个百分点时，外贸高质量发展能够提升 0. 7139 个百分点，不论实际人均 GDP 是否超过门槛值，东部地区知识产权保护对外贸高质量发展始终存在正向效应且在 1% 的置信水平上显著，这说明东部地区各省份经济的发展水平影响知识产权保护对外贸高质量发展的推动作用。东部地区的经济发展更好，政府财政支持充分，人才聚集，高新技术产业更多，产品的附加值更高，交通环境优越，实际人均 GDP 门槛值较高，知识产权保护对外贸高质量发展的促进效果也相应较好。

中部地区也具有明显的实际人均 GDP 门槛效应，随着实际人均 GDP 的增长，知识产权保护对外贸高质量发展的正向效应也在增大；当中部地区各省份的实际人均 GDP 低于 9103. 7676 元/人时，知识产权保护每提高 1 个百分点，外贸高质量发展能够提升 0. 9644 个百分点，当中部地区各省份的实际人均 GDP 超过中部地区实际人均 GDP 门槛值 9103. 7676 元/人时，知识产权保护每提高 1 个百分点时，外贸高质量发展能够提升 1. 1048 个百分点，不论实际人均 GDP 是否超过门槛值，中部地区知识产权保护对外贸高质量发展始终存在正向效应且在 1% 的置信水平上显著，这说明中部地区经济的发展水平也影响知识产权保护对外贸高质量发展的推动作用。

西部地区不存在明显的实际人均 GDP 门槛效应，但是西部地区各省份知识产权保护对外贸高质量发展依然存在显著的正向效应。

对于以实际人均 GDP 为门槛变量，知识产权保护对外贸高质量发展的区域影响来看，各地区的门槛值不同。东部地区的门槛值最高，这可能是因为东部地区的大多数省份经济较为发达，地理位置更加优越，基础设施更加健全，知识产权保护的水平也较强；中部地区的门槛值略低于全国，其人力资本、政府支出占比和城镇化水平对外贸高质量发展均呈现正向效应，并且知识产权保护对外贸高质量发展的弹性系数也最高，说明对于制造业更突出的中部地区各省份来说，当制造业聚集水平较高，知识产权保护强度上升时，对外贸高质量的发展促进作用更为明显；西部地区大多数省份可能还属于经济欠发达地区，人力资本的积累不足、城镇化水平较低，交通设施不够完备，产业集聚较弱，知识产权保护水平起步也较低，从而约束了其外贸高质量发展水平。

2. 外贸开放度为门槛变量

以外贸开放度为门槛变量，知识产权保护对外贸高质量发展三大区域样本的门槛效应检验和门槛模型的估计结果如表 7 – 12 所示。

表 7 – 12 　　　　知识产权保护对外贸高质量发展门槛回归的区域
异质性分析（门槛变量为外贸开放度）

变量	（1）	（2）	（3）
	lntrade_score		
	东部地区	中部地区	西部地区
门槛变量	open		
门槛数	1	1	2
门槛估计值 1	0. 8742 *** (0. 0000)	0. 0831 ** (0. 0400)	0. 0951 ** (0. 0267)
门槛估计值 2			0. 1897 *** (0. 0000)
区间 1	0. 3147 * (0. 0849)	0. 5106 ** (0. 0333)	0. 2916 ** (0. 0228)
区间 2	0. 4982 *** (0. 0064)	0. 6319 *** (0. 0073)	0. 3797 *** (0. 0029)
区间 3			0. 5265 *** (0. 0001)
lnfin	– 0. 2222 *** (0. 0093)	– 0. 0582 (0. 2112)	– 0. 1715 ** (0. 0150)
lngov	0. 6525 *** (0. 0000)	0. 1171 (0. 4769)	0. 0106 (0. 9095)
lnurb	0. 0040 (0. 7494)	0. 0212 (0. 1935)	– 0. 0179 * (0. 0925)
lnedu_high	– 0. 1762 *** (0. 0044)	0. 2882 ** (0. 0162)	– 0. 1803 ** (0. 0154)
常数项	– 1. 5701 *** (0. 0001)	– 1. 6711 ** (0. 0305)	– 4. 1921 *** (0. 0000)

续表

变量	(1)	(2)	(3)
	lntrade_score		
	东部地区	中部地区	西部地区
时间固定效应	是	是	是
个体固定效应	是	是	是
R-squared	0.6004	0.8521	0.8803
样本数	187	136	187
F 值	10.5161	27.7664	48.9187

注：分别东部地区区间 1（$open < 0.8742$）、区间 2（$open > 0.8742$）；
　　中部地区区间 1（$open < 0.0831$）、区间 2（$open > 0.0831$）；
　　西部地区区间 1（$open < 0.0951$）、区间 2（$0.0951 < open < 0.1897$）、区间 3（$open > 0.1897$）；
　　括号里表示 p 值；
　　*、**、*** 分别表示 10%、5%、1% 水平上显著。

　　东部地区以外贸开放度为门槛变量的门槛模型在 1% 的置信水平上存在单一门槛效应；中部地区以外贸开放度为门槛变量的门槛模型在 5% 的置信水平上存在单一门槛效应；西部地区以外贸开放度为门槛变量的门槛模型在 5% 和 1% 的置信水平上存在显著的双重门槛效应。

　　根据表 7-12 的结果，可以看出以外贸开放度为门槛变量，知识产权保护对外贸高质量发展的门槛效应在不同区域有所差异。

　　东部地区各省份呈现明显的外贸开放度门槛效应，随着外贸开放度的提升，知识产权保护对外贸高质量发展的正向效应也在增大；当东部地区各省份的外贸开放度低于 0.8742 时，知识产权保护每提高 1 个百分点时，外贸高质量发展能够提升 0.3147 个百分点且在 10% 的置信水平上显著，当东部地区各省份的贸易开放度超过东部地区外贸开放度门槛值 0.8742 时，知识产权保护每提高 1 个百分点时，外贸高质量发展能够提升 0.4982 个百分点且在 1% 的置信水平上显著，这说明东部地区各省份外贸开放程度影响知识产权保护对外贸高质量发展的推动作用。东部地区的外贸开放度门槛值远高于中、西部地区，也从侧面反映出东部地区经过多年的积累和发展，不仅经济发达，而且外贸规模巨大，是我国外贸高质量发展的领军地区。

  中部地区也具有明显的外贸开放度门槛效应，随着外贸开放度的增长，知识产权保护对外贸高质量发展的正向效应也在增大；当中部地区各省份的外贸开放度低于 0.0831 时，知识产权保护每提高 1 个百分点，外贸高质量发展能够提升 0.5106 个百分点且在 5% 的置信水平上显著，当中部地区各省份的外贸开放度超过中部地区外贸开放度门槛值 0.0831 时，知识产权保护每提高 1 个百分点，外贸高质量发展能够提升 0.6319 个百分点且在 1% 的置信水平上显著，这说明中部地区外贸开放程度也影响知识产权保护对外贸高质量发展的推动作用。

  西部地区存在明显的双重外贸开放度门槛效应，当西部地区各省份外贸开放度低于 0.0951 时，知识产权保护对外贸高质量发展呈现出正向的推动作用，这种正向效应在 5% 的置信水平上显著，并且知识产权保护每提高 1 个百分点，外贸高质量发展水平能够提升 0.2916 个百分点，当外贸开放度介于 0.0951 ~ 0.1897 之间时，知识产权保护对外贸高质量发展的正向效应在 1% 的置信水平上显著，知识产权保护每提高 1 个百分点，外贸高质量发展水平能够提升为 0.3797 个百分点，当外贸开放度高于 0.1897 时，知识产权保护对外贸高质量发展持续呈现出正向的推动作用且进一步增强，知识产权保护每提高 1 个百分点，外贸高质量发展水平能够提升 0.5265 个百分点，并且这种正向效应依然在 1% 的置信水平上显著。

  对于以外贸开放度为门槛变量，知识产权保护对外贸高质量发展的区域影响来看，各地区的门槛值不同。东部地区的门槛值最高，这可能是因为东部地区的大多数省份知识产权保护的水平和外贸开放程度都已经达到较高的水平，使得高水平的知识产权保护对外贸高质量发展的促进作用更强劲；中部地区的门槛值远低于东部地区，略低于全国的第一个门槛值，但是中部地区知识产权保护对外贸高质量发展的边际效率递增较快，当知识产权保护强度上升时对外贸高质量的发展促进作用也更为明显；西部地区的第一个门槛值与中部地区差不多，第二个门槛值的产生可能是因为西部地区大多数省份近几年在"一带一路"发展的带动下，参与了更多的对外贸易活动，使其外贸开放度进一步提升产生的效果。

第三节　知识产权保护对外贸结构影响的实证分析

一、计量模型设定

为了分析知识产权保护对我国外贸结构的影响，根据前文的理论分析，通过对相关文献的借鉴，本节建立了知识产权保护对我国外贸结构影响的计量模型，具体模型形式如式（7-4）所示。

$$\ln trade\_1_{it} = \alpha_0 + \alpha_1 \ln edu\_high_{it} + \alpha_2 \ln gov_{it} + \alpha_3 \ln fin_{it}$$
$$+ \alpha_4 \ln urb_{it} + \alpha_5 \ln ipp_{it} + \gamma_i + \eta_t + \varepsilon_{it} \qquad (7-4)$$

其中，i 表示各省份，t 表示时间。模型的被解释变量 $\ln trade\_1_{it}$ 表示中国各省份外贸结构，模型的核心解释变量 $\ln ipp_{it}$ 表示各省份知识产权保护水平，控制变量包括金融发展水平 $\ln fin_{it}$、财政支出占比 $\ln gov_{it}$、城镇化水平 $\ln urb_{it}$ 和人力资本 $\ln edu\_high_{it}$，α_0 表示常数项，γ_i 表示地区固定效应，η_t 表示时间固定效应，ε_{it} 为残差项。

二、基准回归与稳健性检验

知识产权保护对外贸结构的影响固定效应[①]回归估计结果如表 7-13 所示。

表 7-13　知识产权保护对外贸结构影响的基准回归及稳健性检验

变量	(1)	(2)	(3)	(4)	(5)
	lntrade_1				
ln*ipp*	0.7649 *** (0.0000)	0.8317 *** (0.0000)	0.8276 *** (0.0000)	0.8335 *** (0.0000)	1.0975 *** (0.0000)

———————

① 由于 Hausman 检验的 $P = 0.0000$，所以选择了固定效应模型。

续表

变量	(1)	(2)	(3)	(4)	(5)
	lntrade_1				
lnfin		−0.2539 *** (0.0000)	−0.3594 *** (0.0000)	−0.3618 *** (0.0000)	−0.3721 *** (0.0000)
lngov			0.5083 *** (0.0000)	0.5069 *** (0.0000)	0.5289 *** (0.0000)
lnurb				−0.0077 (0.4813)	−0.0062 (0.5697)
lnedu_high					−0.1832 *** (0.0064)
时间固定效应	是	是	是	是	是
地区固定效应	是	是	是	是	是
常数项	−4.3840 *** (0.0000)	−4.4129 *** (0.0000)	−3.4263 *** (0.0000)	−3.4412 *** (0.0000)	−4.5089 *** (0.0000)
R-squared	0.3370	0.3752	0.4113	0.4119	0.4214
样本量	510	510	510	510	510

注：括号里表示 p 值；*** 表示 1% 水平上显著。

在表 7 – 13 中，通过逐步加入控制变量进行知识产权保护对外贸结构影响的稳健性检验。表 7 – 13 中呈现了 5 列回归估计结果，每一列回归估计结果均同时控制了时间和地区固定效应。第（1）列只加入了知识产权保护来考察其对外贸结构的影响。通过对估计结果的观察能够看出，知识产权保护的估计系数为正数，而且是显著的，由此可以说明知识产权保护能够有效地促进我国外贸结构的优化。第（2）列是在第（1）列的基础上加入了金融发展水平，第（3）列是在第（2）列的基础上加入了财政支出占比，第（4）列是在第（3）列的基础上加入了城镇化水平，第（5）列是在第（4）列的基础上加入了人力资本。对第（2）~（5）列回归估计结果进行观察能够看出，对模型式（7 – 4）依次加入控制变量得到的知识产权保护的回归估计系数均为显著的正数，这支撑了知识产权保护能够有效促进我国外贸结构优化的结果具有一定的稳健性。

从控制变量的系数估计值分析，金融发展水平对外贸结构的作用在 1%

的置信水平上显著为负，说明金融的过度发展会对产业基础中制造业的占比进行挤压效应，同时对外贸商品结构产生了负效应。财政支出占比对外贸结构的优化作用在1%的置信水平上显著为正，说明政府的财政支持对于外贸结构发挥了重要的正向效应。城镇化水平对我国外贸结构的影响作用呈现负效应，但是不显著，这可能是因为城镇化的产出效果需要较长的周期或者城镇化发展还不足。人力资本对我国外贸结构的影响呈现显著负效应，可能的原因是人力资本的发展不足，使得其对外贸结构产生负面影响。

三、不同区域间的异质性分析

在用全部样本数据考察了知识产权保护对我国整体外贸结构的影响之后，考虑到我国各地区之间知识产权保护和外贸结构都存在差异，于是，本部分通过东、中、西部样本分别进行回归估计，考察知识产权保护对外贸结构影响的区域异质性。

表7－14呈现了知识产权保护分别对东、中、西部外贸结构影响的固定效应回归估计结果，其中，第（1）列、第（2）列、第（3）列分别对应东部、中部和西部地区。对回归估计结果进行观察可以发现，对于东、中、西部地区来说，知识产权保护的估计系数均为正数。将三个区域的估计结果进行比较，发现知识产权保护对中部地区外贸结构影响的估计系数最大，第二是东部地区，对西部地区的影响虽然是正的，但是并不显著，这说明知识产权保护对中部地区外贸结构影响的优化效果更好。

表7－14 知识产权保护对外贸结构影响的区域异质性分析

变量	(1)	(2)	(3)
	lntrade_1		
	东部地区	中部地区	西部地区
lnipp	0.9669 *** (0.0000)	1.3815 *** (0.0028)	0.3816 (0.1508)
lnfin	− 0.3033 *** (0.0013)	− 0.2769 *** (0.0032)	− 0.2806 * (0.0525)

变量	（1）	（2）	（3）
	lntrade_1		
	东部地区	中部地区	西部地区
lngov	0.4519*** （0.0001）	0.2564 （0.4341）	0.4849** （0.0126）
lnurb	0.0042 （0.7618）	0.0146 （0.6507）	−0.0218 （0.3297）
lnedu_high	−0.2703*** （0.0001）	0.1862 （0.4240）	−0.1465 （0.3392）
时间固定效应	是	是	是
地区固定效应	是	是	是
常数项	−4.2614*** （0.0000）	−3.6370** （0.0178）	−4.4700*** （0.0000）
R-squared	0.4111	0.6527	0.3514
样本量	187	136	187

注：括号里表示 p 值；*、**、*** 分别表示 10%、5%、1% 水平上显著。

对于东部地区来说，提高其知识产权保护水平，可以促进尖端技术产品进口，促进产业结构升级转型，同时也会增加对新技术引进和模仿的成本。从实证结果可以看出，增强东部地区知识产权保护水平，对外贸高质量发展的促进效应更强，表现为市场扩张效应。

四、内生性问题的处理

为了消除本节面板数据回归可能存在的内生性问题，本部分将知识产权保护数据替换成滞后一期的知识产权保护数据，进行上述回归结果的稳健性检验，回归估计结果如表 7 - 15 所示。从第（1）~（4）列回归结果可以看出，滞后一期的知识产权保护对全国整体、东、中、西部地区外贸结构的优化效应都产生了显著促进作用。因此，就算考虑了内生性问题，本节前文的回归估计的结论也没有发生改变，这支撑了前文中应用当期知识产权保护对外贸结构进行回归的结果是稳健的。

表 7 – 15　　　　　　知识产权保护对外贸结构影响的内生性检验

变量	(1)	(2)	(3)	(4)
	lntrade_1			
	全国整体	东部地区	中部地区	西部地区
滞后一期 lnipp	1.1059 *** (0.0000)	0.7468 *** (0.0002)	1.4977 *** (0.0009)	0.5507 ** (0.0405)
lnfin	− 0.3491 *** (0.0000)	− 0.2240 ** (0.0186)	− 0.2772 *** (0.0035)	− 0.2591 * (0.0879)
lngov	0.5684 *** (0.0000)	0.5206 *** (0.0000)	0.3247 (0.3224)	0.4854 ** (0.0159)
lnurb	− 0.0027 (0.8013)	0.0097 (0.4716)	0.0203 (0.5342)	− 0.0206 (0.3523)
lnedu_high	− 0.1791 ** (0.0131)	− 0.2725 *** (0.0003)	0.1377 (0.5792)	− 0.1746 (0.2847)
时间固定效应	是	是	是	是
地区固定效应	是	是	是	是
常数项	− 4.3519 *** (0.0000)	− 3.8018 *** (0.0000)	− 3.8522 ** (0.0114)	− 4.7105 *** (0.0000)
R-squared	0.3785	0.3624	0.6195	0.3330
样本量	480	176	128	176

注：括号里表示 p 值；*、**、***分别表示10%、5%、1%水平上显著。

第四节　知识产权保护对外贸
效益影响的实证分析

一、计量模型设定

为了分析知识产权保护对我国外贸效益的影响，根据前文的理论分析，通过对相关文献的借鉴，本节建立了知识产权保护对我国外贸效益影响的计量模型，具体模型形式如式（7-5）所示。

$$\ln trade\_2_{it} = \alpha_0 + \alpha_1 \ln edu\_high_{it} + \alpha_2 \ln gov_{it} + \alpha_3 \ln fin_{it}$$
$$+ \alpha_4 \ln urb_{it} + \alpha_5 \ln ipp_{it} + \gamma_i + \eta_t + \varepsilon_{it} \qquad (7-5)$$

其中，i 表示各省份，t 表示时间。模型的被解释变量 $\ln trade\_2_{it}$ 表示中国各省份外贸效益，模型的核心解释变量 $\ln ipp_{it}$ 表示各省份知识产权保护水平，控制变量包括金融发展水平 $\ln fin_{it}$、财政支出占比 $\ln gov_{it}$、城镇化水平 $\ln urb_{it}$ 和人力资本 $\ln edu\_high_{it}$，α_0 表示常数项，γ_i 表示地区固定效应，η_t 表示时间固定效应，ε_{it} 为残差项。

二、基准回归与稳健性检验

知识产权保护对外贸效益的影响固定效应[1]回归估计结果如表7-16所示。在表7-16中，通过逐步加入控制变量进行知识产权保护对外贸效益影响的稳健性检验。表7-16中呈现了5列回归估计结果，每一列回归估计结果均同时控制了时间和地区固定效应。第（1）列只加入了知识产权保护来考察其对外贸效益的影响。通过对估计结果的观察能够看出，知识产权保护的估计系数为正数，而且是显著的，由此可以说明知识产权保护能够有效地促进我国外贸效益的增长。第（2）列是在第（1）列的基础上加入了金融发展水平，第（3）列是在第（2）列的基础上加入了财政支出占比，第（4）列是在第（3）列的基础上加入了城镇化水平，第（5）列是在第（4）列的基础上加入了人力资本。对第（2）~（5）列的回归估计结果进行观察能够看出，对模型式（7-5）依次加入控制变量得到的知识产权保护的估计系数均为显著的正数，这支撑了知识产权保护能够有效促进我国外贸效益增长的结果具有一定的稳健性。

---

① 由于 Hausman 检验的 $P = 0.0000$，所以选择了固定效应模型。

表 7 – 16　　　　知识产权保护对外贸效益影响的基准回归及稳健性检验

变量	(1)	(2)	(3)	(4)	(5)
	lntrade_2				
ln*ipp*	1. 0323 *** (0. 0000)	1. 0751 *** (0. 0000)	1. 0743 *** (0. 0000)	1. 0654 *** (0. 0000)	1. 0481 *** (0. 0000)
ln*fin*		– 0. 1624 *** (0. 0002)	– 0. 1818 *** (0. 0001)	– 0. 1782 *** (0. 0002)	– 0. 1775 *** (0. 0002)
ln*gov*			0. 0936 (0. 2894)	0. 0958 (0. 2781)	0. 0944 (0. 2876)
ln*urb*				0. 0115 (0. 2516)	0. 0114 (0. 2568)
ln*edu_high*					0. 0120 (0. 8471)
时间固定效应	是	是	是	是	是
地区固定效应	是	是	是	是	是
常数项	– 4. 3840 *** (0. 0000)	– 4. 4129 *** (0. 0000)	– 3. 4263 *** (0. 0000)	– 3. 4412 *** (0. 0000)	– 4. 5089 *** (0. 0000)
R-squared	0. 3370	0. 3752	0. 4113	0. 4119	0. 4214
样本量	510	510	510	510	510

注：括号里表示 *p* 值；*** 表示 1% 水平上显著。

从控制变量的系数估计值分析，金融发展水平对我国外贸效益的影响在 1% 的置信水平上显著为负，说明金融的过度发展对外贸效益的影响是负面的。财政支出占比对外贸效益的影响虽然是正向的，但是不显著，说明政府的财政支持对于外贸效益的增长发挥不明显且有微弱的正向效应。城镇化水平对我国外贸效益的影响作用呈现正向效应，但是不显著，这可能是因为城镇化的发展还不充足。人力资本对我国外贸效益的影响呈现正向效应，但是也不显著，这可能是因为人力资本的发展对外贸效益产生的影响相对较弱使得促进效应不强劲。

三、不同区域间的异质性分析

在用全部样本数据考察了知识产权保护对我国整体外贸效益的影响之

后，考虑到我国各地区之间知识产权保护和外贸效益都存在差异，于是，本部分通过东、中、西部样本分别进行回归估计，考察知识产权保护对外贸效益影响的区域异质性。

表7-17呈现了知识产权保护分别对东、中、西部外贸效益影响的固定效应回归估计结果，其中，第（1）列、第（2）列、第（3）列分别对应东部、中部和西部地区。对回归估计结果进行观察可以发现，对于东、中、西部地区来说，知识产权保护的估计系数均为显著的正数。将三个区域的回归估计结果进行比较，发现知识产权保护对中部地区外贸效益影响的估计系数最大，其次是西部地区，最后是东部地区，这说明知识产权保护对中部地区外贸效益影响的促进作用最好。

表 7-17　　　　知识产权保护对外贸效益影响的区域异质性分析

变量	(1)	(2)	(3)
	lntrade_2		
	东部地区	中部地区	西部地区
lnipp	0.3881 ** (0.0385)	0.9752 *** (0.0050)	0.6365 ** (0.0317)
lnfin	0.1297 (0.1367)	-0.1752 ** (0.0127)	-0.5295 *** (0.0011)
lngov	0.1199 (0.2444)	0.2831 (0.2515)	0.3378 (0.1154)
lnurb	0.0242 * (0.0647)	0.0305 (0.2116)	0.0391 (0.1166)
lnedu_high	-0.1443 ** (0.0230)	0.5106 *** (0.0042)	0.1587 (0.3515)
时间固定效应	是	是	是
地区固定效应	是	是	是
常数项	-3.8221 *** (0.0000)	-2.0667 * (0.0719)	-3.6441 *** (0.0024)
R-squared	0.4200	0.4751	0.3095
样本量	187	136	187

注：括号里表示 p 值；*、**、*** 分别表示10%、5%、1%水平上显著。

对于东部地区来说，提高其知识产权保护水平对外贸高质量发展的促进作用，在东、中、西部地区中相对较弱。这可能是因为东部地区的经济规模、外贸规模较大，上升空间较小，对于产业和产品更重视绿色效益，以可持续发展为主，减少粗放型、污染型技术产品的生产而产生的结果。

四、内生性问题的处理

为了消除本节面板数据回归可能存在的内生性问题，将知识产权保护数据替换成滞后一期的知识产权保护数据，进行上述回归结果的稳健性检验，回归估计结果如表 7－18 所示。从第（1）~（4）列的回归结果可以看出，滞后一期的知识产权保护对全国整体、东、中、西部地区外贸效益增长都产生了显著的促进作用。因此，就算考虑了内生性问题，本节前文的回归估计的结论也没有发生改变，这支撑了前文中应用当期知识产权保护对外贸效益进行回归的结果是稳健的。

表 7－18　　　　　知识产权保护对外贸效益影响的内生性检验

变量	(1)	(2)	(3)	(4)
	lntrade_2			
	全国整体	东部地区	中部地区	西部地区
滞后一期 lnipp	1.0929 *** (0.0000)	0.3062 * (0.0855)	0.7735 ** (0.0238)	1.1215 *** (0.0001)
lnfin	−0.1822 *** (0.0001)	0.1109 (0.1975)	−0.1830 ** (0.0120)	−0.5244 *** (0.0016)
lngov	0.1003 (0.2767)	0.0921 (0.3787)	0.3593 (0.1567)	0.2403 (0.2647)
lnurb	0.0124 (0.2077)	0.0269 ** (0.0289)	0.0378 (0.1351)	0.0365 (0.1268)
lnedu_high	0.0590 (0.3705)	−0.0774 (0.2448)	0.5395 *** (0.0057)	0.0370 (0.8331)
时间固定效应	是	是	是	是
地区固定效应	是	是	是	是

续表

变量	(1)	(2)	(3)	(4)
	lntrade_2			
	全国整体	东部地区	中部地区	西部地区
常数项	−4.3188 *** (0.0000)	−3.4544 *** (0.0000)	−1.7002 (0.1432)	−4.6641 *** (0.0001)
R-squared	0.2872	0.4580	0.4264	0.3437
样本量	480	176	128	176

注：括号里表示 p 值；*、**、*** 分别表示 10%、5%、1% 水平上显著。

第五节　知识产权保护对外贸竞争力
影响的实证分析

一、计量模型设定

为了分析知识产权保护对我国外贸竞争力的影响，根据前文的理论分析，通过对相关文献的借鉴，本节建立了知识产权保护对我国外贸竞争力影响的计量模型，具体模型形式如式（7-6）所示。

$$lntrade\_3_{it} = \alpha_0 + \alpha_1 lnedu\_high_{it} + \alpha_2 lngov_{it} + \alpha_3 lnfin_{it}$$
$$+ \alpha_4 lnurb_{it} + \alpha_5 lnipp_{it} + \gamma_i + \eta_t + \varepsilon_{it} \qquad (7-6)$$

其中，i 表示各省份，t 表示时间。模型的被解释变量 $lntrade\_3_{it}$ 表示中国各省份外贸竞争力，模型的核心解释变量 $lnipp_{it}$ 表示各省份知识产权保护水平，控制变量包括金融发展水平 $lnfin_{it}$、财政支出占比 $lngov_{it}$、城镇化水平 $lnurb_{it}$ 和人力资本 $lnedu\_high_{it}$，α_0 表示常数项，γ_i 表示地区固定效应，η_t 表示时间固定效应，ε_{it} 为残差项。

二、基准回归与稳健性检验

知识产权保护对外贸竞争力的影响固定效应①回归估计结果如表 7-19

---

① 由于 Hausman 检验的 $P = 0.0000$，所以选择了固定效应模型。

所示。

表7－19　　　知识产权保护对外贸竞争力影响的基准回归及稳健性检验

变量	(1)	(2)	(3)	(4)	(5)
	lntrade_3				
ln*ipp*	0.4911 *** (0.0000)	0.5078 *** (0.0000)	0.5045 *** (0.0000)	0.5097 *** (0.0000)	0.3366 ** (0.0160)
ln*fin*		−0.0635 (0.1440)	−0.1496 *** (0.0013)	−0.1518 *** (0.0011)	−0.1450 *** (0.0018)
ln*gov*			0.4151 *** (0.0000)	0.4138 *** (0.0000)	0.3994 *** (0.0000)
ln*urb*				−0.0068 (0.4965)	−0.0078 (0.4347)
ln*edu_high*					0.1201 * (0.0510)
时间固定效应	是	是	是	是	是
地区固定效应	是	是	是	是	是
常数项	−3.8516 *** (0.0000)	−3.8588 *** (0.0000)	−3.0531 *** (0.0000)	−3.0662 *** (0.0000)	−2.3662 *** (0.0000)
R-squared	0.7365	0.7377	0.7500	0.7502	0.7523
样本量	510	510	510	510	510

注：括号里表示 p 值；*、**、*** 表示10%、5%、1%水平上显著。

在表7－19中，通过逐步加入控制变量进行知识产权保护对外贸竞争力影响的稳健性检验。表7－19中呈现了5列回归估计结果，每一列回归估计结果均同时控制了时间和地区固定效应。第（1）列只加入了知识产权保护来考察其对外贸竞争力的影响。通过对估计结果的观察能够看出，知识产权保护的估计系数为正数，而且是显著的，由此可以说明知识产权保护能够有效地促进我国外贸竞争力的增强。第（2）列是在第（1）列的基础上加入了金融发展水平，第（3）列是在第（2）列的基础上加入了财政支出占比，第（4）列是在第（3）列的基础上加入了城镇化水平，第（5）列是在第（4）列的基础上加入了人力资本。对第（2）~（5）列估计结果进行观察能够看出，对模型式（7-6）依次加入控制变量得到的知识产权保护的估计系数均为显著的正数，这支撑了知识产权保护能够有效促进我国外贸竞争力增强的结果具有一定的稳健性。

从控制变量的系数估计值分析，金融发展水平对我国外贸竞争力的影响为负效应。财政支出占比对外贸竞争力的影响存在显著的正向效应，说明政府的财政支持对于外贸竞争力的增强发挥了较强的正向效应，这可能是因为对于基础建设方面的促进更多一些。城镇化水平对我国外贸竞争力的影响作用呈现微弱的、不显著的负效应。人力资本对我国外贸竞争力的影响呈现正向效应，而且是显著的，可能的原因是人力资本对外贸发展新动能中的技术创新等产生的促进效应对外贸竞争力的支撑作用。

三、不同区域间的异质性分析

在用全部样本数据考察了知识产权保护对我国整体外贸竞争力的影响之后，考虑到我国各地区之间知识产权保护和外贸竞争力都存在差异，于是，本部分通过东、中、西部地区样本分别进行回归估计，考察知识产权保护对外贸竞争力影响的区域异质性。

表7-20呈现了知识产权保护分别对东、中、西部地区外贸竞争力影响的固定效应回归估计结果，其中，第（1）列、第（2）列、第（3）列分别对应东部、中部和西部地区。对回归估计结果进行观察可以发现，对于东、中、西部地区来说，知识产权保护的估计系数略有不同。对于东部地区来说，知识产权保护对外贸竞争力影响呈现负向效应，虽然不显著，但是说明知识产权保护对东部地区外贸竞争力的发展有阻碍作用；知识产权保护对中部地区、西部地区外贸竞争力呈现显著的促进作用，将中、西部两个区域的估计结果进行比较，发现知识产权保护对中部地区外贸效益影响的估计系数更大一些，这说明知识产权保护对中部地区外贸竞争力影响的促进作用更强一些。

表 7 – 20　　　　　知识产权保护对外贸竞争力影响的区域异质性分析

变量	(1)	(2)	(3)
	lntrade_3		
	东部地区	中部地区	西部地区
ln*ipp*	– 0. 0321 (0. 9260)	0. 4759 ** (0. 0482)	0. 3287 * (0. 0633)
ln*fin*	– 0. 2769 * (0. 0871)	0. 0334 (0. 4918)	– 0. 4163 *** (0. 0000)
ln*gov*	0. 7937 *** (0. 0001)	0. 1392 (0. 4206)	0. 1140 (0. 3735)
ln*urb*	0. 0196 (0. 4198)	0. 0025 (0. 8811)	– 0. 0233 (0. 1182)
ln*edu_high*	– 0. 0492 (0. 6735)	0. 5146 *** (0. 0001)	– 0. 1335 (0. 1908)
时间固定效应	是	是	是
地区固定效应	是	是	是
常数项	– 1. 2740 * (0. 0816)	– 1. 2748 (0. 1125)	– 4. 5695 *** (0. 0000)
R-squared	0. 6064	0. 8951	0. 8910
样本量	187	136	187

注：括号里表示 p 值；*、**、*** 分别表示10%、5%、1%水平上显著。

提升东部地区知识产权保护水平，对其外贸竞争力产生不显著的负向效应，可能是引进高新技术后，增加了模仿或技术外溢的成本，同时我国对外贸易发展不平衡，真正的高尖端技术并不容易引进，自主创新能力还有待提升，因而对外贸竞争力产生了负向效应。由此可见过度加强的知识产权保护不利于外贸竞争力的发展。

四、内生性问题的处理

为了消除本节面板数据回归可能存在的内生性问题，将知识产权保护数据替换成滞后一期的知识产权保护数据，进行上述回归结果的稳健性检验，回归估计结果如表 7 – 21 所示。从第（1）~（4）列的回归结果可以看出，滞后一期的知识产权保护对全国整体、中、西部地区外贸竞争力的增强都产生了显著的促进作用，但是对东部地区外贸竞争力的影响表现出不显著的阻碍作用。因此，就算考虑了内生性问题，本节前文的回归估计的结论并没有发生改变，这支撑了前文中应用当期知识产权保护对外贸竞争力的影响进行回归的结果是稳健的。

表 7 – 21   知识产权保护对外贸竞争力影响的内生性检验

变量	（1）	（2）	（3）	（4）
	$\ln trade\_3$			
	全国整体	东部地区	中部地区	西部地区
滞后一期 $\ln ipp$	0.2709 * (0.0536)	− 0.3792 (0.2549)	0.5687 ** (0.0123)	0.4072 ** (0.0225)
$\ln fin$	− 0.1368 *** (0.0035)	− 0.2459 (0.1283)	0.0442 (0.3525)	− 0.4168 *** (0.0001)
$\ln gov$	0.3911 *** (0.0000)	0.7278 *** (0.0003)	0.1097 (0.5118)	0.0469 (0.7226)
$\ln urb$	− 0.0071 (0.4614)	0.0184 (0.4240)	0.0072 (0.6662)	− 0.0234 (0.1121)
$\ln edu\_high$	0.1754 *** (0.0070)	0.0527 (0.6727)	0.5137 *** (0.0001)	− 0.2408 ** (0.0269)
时间固定效应	是	是	是	是
地区固定效应	是	是	是	是
常数项	− 2.0458 *** (0.0000)	− 0.6072 (0.3970)	− 1.4954 * (0.0527)	− 5.1876 *** (0.0000)
R-squared	0.7602	0.6282	0.9011	0.8935
样本量	480	176	128	176

注：括号里表示 p 值；*、**、*** 分别表示 10%、5%、1% 水平上显著。

第八章

结论与政策建议

　　本书的研究对象是知识产权保护对我国外贸高质量发展的影响。首先，对知识产权保护和对外贸易相关的理论和文献进行梳理研究，再对我国知识产权保护与对外贸易的历史发展过程进行回顾，继而从理论上探究知识产权保护对外贸高质量发展的作用机理。其次，本书应用修正的 GP 指数法对我国知识产权保护水平进行测度及分析，并通过构建中国外贸高质量发展水平评价指标体系对我国外贸高质量发展水平进行测度及分析。最后，在上述研究的基础之上，分析我国知识产权保护与外贸高质量发展的综合协调关系，并通过实证检验就知识产权保护对我国外贸高质量发展的影响进行分析。

　　研究结果表明：第一，我国知识产权保护水平呈逐年上升的态势，省域知识产权保护水平发展不均衡；第二，我国外贸高质量发展水平呈增长趋势，但省域外贸高质量发展不均衡；第三，知识产权保护的提升能够有效促进我国外贸高质量发展。作为本书最后一个章节，本章首先对本书研究的主要结论进行论述，在此基础之上提出相关的政策建议。

第一节　主　要　结　论

　　2019 年 11 月，商务部发布中共中央、国务院《关于推进贸易高质量发展的指导意见》（以下简称《意见》），《意见》指出推进新时代中国特色社会主义事业，必须要加快培育贸易竞争新优势，推进外贸高质量发展。2019

年 12 月，国家知识产权局根据《意见》就推进外贸高质量发展，对知识产权保护工作进行了部署。本书根据文件精神并结合我国基本国情和区域发展的特点，分别对知识产权保护与外贸高质量发展进行了分析与测度，并且通过实证分析考察了知识产权保护对我国外贸高质量发展的影响。

一、实 证 结 论

通过 2002 ~ 2018 年全国 30 个省份数据的实证结果可以发现，知识产权保护的提升能够有效促进我国外贸高质量发展。

第一，增强我国知识产权保护水平，对外贸高质量发展产生有效的促进作用。同时，研究还发现知识产权保护对东、中、西部地区外贸高质量发展均有不同程度的促进作用，对中部地区外贸高质量发展的促进效果最好，对西部地区外贸高质量发展的促进效果最差。

第二，本书首先以实际人均 GDP 和外贸开放度为门槛变量，通过分析知识产权保护对外贸高质量发展影响的门槛效应结果可知，随着经济发展水平的变化，知识产权保护对外贸高质量发展的影响表现出显著正向且边际效率递增的非线性规律；知识产权保护在外贸开放程度高的阶段比在外贸开放程度低的阶段更有利于外贸高质量发展水平的提升。其次以实际人均 GDP 为门槛变量时，研究发现东、中部地区经济发展水平越高其知识产权保护对外贸高质量发展的推动作用越强；以外贸开放度为门槛变量时，三大地区知识产权保护对外贸高质量发展的促进作用随着外贸开放程度增强而提升。

第三，增强我国知识产权保护水平，对外贸结构产生有效的促进作用。同时发现知识产权保护对东、中、西部地区外贸结构均有不同程度的促进作用，对中部地区外贸结构的促进效果最好，对西部地区外贸结构的促进效果最差。

第四，增强我国知识产权保护水平，对外贸效益产生有效的促进作用。同时发现知识产权保护对东、中、西部地区外贸效益均有不同程度的促进作用，对中部地区外贸效益的促进效果最好，对东部地区外贸效益的促进效果最差。

第五，增强我国知识产权保护水平，对外贸竞争力产生有效的促进作用。同时发现知识产权保护对中、西部地区外贸竞争力具有促进作用，对东部地区外贸竞争力产生不显著的抑制作用。

第六，我国知识产权保护与外贸高质量发展、外贸结构、外贸效益和外贸竞争力的协调关系均呈现出越来越好的状态，但协调程度都不高。其中，知识产权保护与外贸竞争力的协调关系最好，与外贸效益的协调关系最差。

总之，通过本书的实证研究，验证了知识产权保护是在经济发展到一定程度之后，才会逐渐开始对外贸质量的发展产生正向的促进作用。

二、关于中国知识产权保护的结论

本书通过修正的 GP 指数法对我国整体和省域知识产权保护水平进行了测度。从测度结果可以看出，我国知识产权保护水平呈逐年上升的态势，省域知识产权保护水平发展不均衡。

东部地区知识产权保护水平指数均值远高于中部、西部地区的均值；除2015 年、2017 年和 2018 年以外的其他年份，中部地区知识产权保护水平指数的均值均略高于西部地区。全国各省份知识产权保护水平均有不同程度的差异，京津冀经济圈、长江三角洲经济圈和珠江三角洲经济圈等的核心省份知识产权保护水平明显较高。

三、关于中国外贸高质量发展的结论

本书通过外贸结构、外贸效益和外贸竞争力三个维度对我国外贸高质量发展水平构建评价指标体系并进行测度分析。从测度结果可以看出，除2009 年外，我国外贸高质量发展水平呈增长趋势，但省域外贸高质量发展不均衡。

东部地区的外贸高质量发展水平最高，特别是以上海等为核心的经济圈省份。东部地区内部省份之间外贸高质量发展水平的差距最大，但正在逐渐缩小；中部地区内部省份间外贸高质量发展水平差异趋于均衡；西部地区内部各省份间外贸高质量发展水平差异逐年增大。东部和西部地区间外贸高质量发展水平差距最大；三大区域之间的外贸高质量发展水平的差距是造成我国整体外贸高质量发展水平差异的主要原因。

总之，我国的知识产权保护水平和外贸高质量发展水平均存在不均衡不充分的问题，这也与党的十九大提出的要解决发展中不均衡不充分的方针相印证。

第二节　政策建议

基于上述结论，本书提出的政策建议有以下几点。

第一，总体上，中国应当加强知识产权保护。根据本书的结论可知，知识产权保护对我国外贸高质量发展产生显著的正向影响。加强知识产权保护能够促进中国外贸高质量发展水平的提升，所以我国可以通过提升知识产权保护水平推进外贸高质量发展。同时，研究发现加强知识产权保护水平，能够促进外贸结构、外贸效益和外贸竞争力的提升。由于我国外贸结构、外贸效益和外贸竞争力发展程度不同，知识产权保护的促进效果也有差异，因此，可以针对每一个维度的具体情况，打造异质化的知识产权保护策略。

第二，研究发现经济发展水平越高，知识产权保护对外贸高质量发展的促进效果越好，所以我国应当不断推动技术革新，提升我国在全球价值链中的地位，进一步推动经济发展。同时，我国还应加大外贸开放程度，随着外贸开放程度的增大，知识产权保护对外贸高质量发展的正向影响也将越大。

第三，从地区视角出发，我国应当制定异质化的政策，以适合不同地区对知识产权保护的需求以及经济发展的要求，进而有针对性地促进地区外贸高质量发展。对于东部地区来说，增强知识产权保护水平，能够促进其外贸结构的优化、提升外贸效益的增长，但也会抑制其外贸竞争力的发展，因此，东部地区的知识产权保护可针对不同维度制定相应的政策或调整现有政策，以适应不断动态变化的外贸高质量发展。对于中、西部地区来说，知识产权保护对外贸高质量发展、外贸结构、外贸效益和外贸竞争力都呈现促进作用，只是促进效果有强有弱。因此，对于中、西部地区，应该继续提升知识产权保护水平，如果能够根据各维度促进的效果有侧重的一一对应制定相应政策，那么中、西部地区外贸高质量发展水平提升会更快。

第四，知识产权保护的本质其实就是公共政策，是政府对市场的一种干预手段，如何有效调控经济发展又能保障市场的自由是任何经济主体都应当重视的命题。不断增强知识产权保护与外贸高质量发展的协调程度，就要根据外贸高质量发展的情况，适度地提升或者调整知识产权保护水平，因时夺势，因事夺势，寻找并制定最适合我国的知识产权保护政策，促进外贸高质量发展，推动经济高质量发展。

那么应该如何提高中国的知识产权保护水平，助力外贸高质量发展？

第一，发挥外贸的区域协调效应。具体而言，首先，外贸发达的东部地区的外贸质量需要在提高的同时保持稳定，以应对保护主义、单边主义抬头的世界贸易新格局，优化外贸结构，增强外贸竞争力为重点。其次，实施差异化政策，提高整体外贸质量。中共中央、国务院《关于推进贸易高质量发展的指导意见》中已明确指出9点，即：加快创新驱动、优化贸易结构、促进均衡协调、培育新业态、建设平台体系、营造法治化国际化便利化的贸易环境、深化"一带一路"经贸合作、拓展贸易发展新空间和加强组织实施、健全保障体系，这9点意见均具有较强的指导意义。在具体实施上，需要针对上述两个约束，对不同地区有不同侧重：中西部地区尤其需要加大营造法治化国际化便利化的贸易环境和加强组织实施、健全保障体系，以具备与东部地区协同的制度基础；东部地区应充分利用现有的外贸竞争力优势，在加快创新驱动、优化外贸结构、促进均衡协调方面发挥积极的引领作用。

第二，放大知识产权保护的外贸高质量发展促进效应。尽管知识产权保护对外贸发展质量在不同地区随着不同经济发展水平和外贸开放度有着不同的促进效应，但总体上，在全国各省份基本都跨越过门槛值之后，经济发展水平越高、外贸开放度越高、知识产权保护强度越高，知识产权保护的外贸高质量发展促进效应就越明显。因此，在步入新时代之后，经济发展水平、外贸开放程度和知识产权保护强度的"三提高"是放大知识产权保护的外贸高质量发展促进效应的根本保障。基于此，本书认为首先，应当进一步提升经济发展水平。强大的经济实力是外贸发展的后盾，只有经济持续高质量发展，才能促使知识产权保护对外贸高质量发展水平的正向影响进一步提升。其次，进一步提高对外开放水平。高质量的对外开放，既要考虑开放的程度，又要警惕开放的安全，因此只有选择合适的开放方式、强度、对象，才能保证知识产权保护对外贸高质量发展水平的促进作用。实证研究表明，中部崛起、"一带一路"、西部大开发等战略的实施，对提升中西部外贸质量有明显效果。"十四五"期间在共建"一带一路"的过程中，以优化对外开放布局为建设重点，为实现外贸高质量发展逐步拓展多元经贸合作范围，进一步对接共建国家发展战略，增进相互之间的战略信任与协调，重点以"六廊六路多国多港"为主体框架，通过与共建国家就优惠贸易安排和投资保护协定进行商谈，在政策沟通和外贸畅通等多方面，将"一带一路"建成开放之路及创新之路。再其次，进一步增强知识产权保护水平。根据本书的研究结果，当知识产权保护水平提升时，无论对全国整体还是各地区的外贸高质量发展水平都具有显著的促进作用。因此，提高我国知识产权保护的实际执法力度是关键。对于我国东、中、西部地区及各省份，可根据具体情况出台联合执法政策或者措施，对相应知识产权保护执法强度进行有侧重的部署和规划，推进知识产权保护执法水平的提升。最后，注重知识产权保护水平区域发展的差异，采取差异化的政策措施，理性看待区域差异。基于知识产权保护水平的现状，不断提升知识产权保护执法水平，针对各省份外贸产业的优势适度调整，使不同地区的知识产权保护水平适度而合理地服务于外贸发展，尽可能地保证我国对外贸易发展的稳定，推进高质量对外贸易的发展。

参 考 文 献

[1] 阿兰·华特斯. 发展经济学的革命 [M]. 上海：上海三联书店，2000.

[2] 埃里克·S. 赖纳特. 富国为什么富穷国为什么穷 [M]. 杨虎涛，陈国涛，译，北京：中国人民大学出版社，2010.

[3] 保罗·克鲁格曼. 战略性贸易政策与新国际经济学 [M]. 北京：中信出版社，2010.

[4] 陈劲，贾根良. 理解熊彼特 [M]. 北京：清华大学出版社，2013.

[5] 程恩富，马艳. 高级现代政治经济学 [M]. 上海：上海财经大学出版社，2012.

[6] 大卫·哈维. 跟大卫·哈维读《资本论》（第二卷）[M]. 上海：上海译文出版社，2016.

[7] 大卫·哈维. 跟大卫·哈维读《资本论》（第一卷）[M]. 上海：上海译文出版社，2014.

[8] 大卫·哈维. 资本的限度 [M]. 张寅，译，北京：中信出版社，2017.

[9] 大卫·兰德斯. 解除束缚的普罗米修斯（第二版）[M]. 谢怀筑，译，北京：华夏出版社，2007.

[10] 道格拉斯·诺思. 经济史中的结构与变迁 [M]. 上海：上海三联书店，1991.

[11] 多西. 技术进步与经济理论 [M]. 北京：经济科学出版社，1992.

[12] 列宁. 列宁全集（第四十二卷）[M]. 北京：人民出版社，1987.

[13] 刘凤芹. 新制度经济学 [M]. 北京：中国人民大学出版社，2015.

［14］卢现祥，刘大洪．法经济学［M］．北京：北京大学出版社，2007.

［15］卢现祥，朱巧玲．新制度经济学［M］．北京：北京大学出版社，2012.

［16］马克思，恩格斯．德意志意识形态（节选本）［M］．北京：人民出版社，2018.

［17］马克思，恩格斯．马克思恩格斯文集（第二卷）［M］．北京：人民出版社，2009.

［18］马克思，恩格斯．马克思恩格斯文集（第一卷）［M］．北京：人民出版社，2009.

［19］马克思，恩格斯．马克思恩格斯文集（第五卷）［M］．北京：人民出版社，2009.

［20］马克思，恩格斯．马克思恩格斯文集（第七卷）［M］．北京：人民出版社，2009.

［21］马克思，恩格斯．马克思恩格斯文集（第八卷）［M］．北京：人民出版社，2009.

［22］马克思，恩格斯．马克思恩格斯文集（第九卷）［M］．北京：人民出版社，2009.

［23］马克思，恩格斯．马克思恩格斯全集（第三卷）［M］．北京：人民出版社，1960.

［24］马克思，恩格斯．马克思恩格斯全集（第三十卷）［M］．北京：人民出版社，1995.

［25］马克思，恩格斯．马克思恩格斯全集（第四十六卷）（上册）［M］．北京：人民出版社，1979.

［26］马克思，恩格斯．马克思恩格斯选集（第四卷）［M］．北京：人民出版社，1995.

［27］马克思，恩格斯．马克思恩格斯全集（第二十六卷）（第三册）［M］．北京：人民出版社，1974.

［28］迈克尔·波特．国家竞争优势［M］．北京：华夏出版社，2002.

［29］让·梯若尔，寇宗来，张艳华．创新、竞争与平台经济［M］．北京：法律出版社，2017.

［30］万鄂湘．国际知识产权法［M］．湖北：湖北人民出版社，2001.

［31］朱巧玲．政治经济学［M］．湖北：华中科技大学出版社，2010.

［32］白丽．知识产权推动创新型经济发展的路径分析［J］．经济问题，2020（11）：76 - 84.

［33］蔡小鹏．促进知识产权保护，加强国际合作交流，纪念《建立世界知识产权组织公约》签署30周年及中国与世界知识产权组织合作17周年［J］．知识产权，1997（4）：35 - 39.

［34］陈基纯，陈忠暖．中国房地产业与区域经济耦合协调度研究［J］．商业研究，2011（4）：112 - 117.

［35］程恩富，丁晓钦．构建知识产权优势理论与战略——兼论比较优势和竞争优势理论［J］．当代经济研究，2003（9）：20 - 25，73.

［36］程恩富，廉淑．比较优势、竞争优势与知识产权优势理论新探——海派经济学的一个基本原理［J］．求是学刊，2004（6）：73 - 78.

［37］程艺，刘慧，宋涛，刘海猛，唐志鹏，湛东升．中国西南地区对外经济发展的时空格局及驱动因素［J］．世界地理研究，2018，27（4）：77 - 89.

［38］崔日明，张玉兰，耿景珠．知识产权保护对新兴经济体贸易的影响——基于贸易引力模型的扩展［J］．经济与管理评论，2019，35（3）：135 - 146.

［39］戴翔，宋婕．我国外贸转向高质量发展的内涵、路径及方略［J］．宏观质量研究，2018，6（3）：22 - 31.

［40］范爱军，刘云英．外贸增长方式评价指标体系的构建及实际运用——以山东省为例［J］．国际贸易问题，2007（8）：35 - 40.

［41］冯晓青．中国70年知识产权制度回顾及理论思考［J］．社会科学战线，2019（6）：25 - 37.

［42］高金田，孙剑锋．我国贸易宏观质量综合评价探究［J］．中国经贸导刊（中），2019（6）：4 - 9.

［43］葛天慧．日本"知识产权立国"战略及启示［J］．中国发明与专利，2010（3）：44 - 46.

［44］龚云．论邓小平共同富裕理论［J］．马克思主义研究，2012（1）：46 - 55.

[45] 谷志红，牛东晓，王会青. 对外贸易可持续发展的评价指标体系及模型 [J]. 统计与决策，2005 (9)：18 - 19.

[46] 顾晓燕，庄雷. 知识产权保护提升出口技术复杂度的作用机制研究 [J]. 现代经济探讨，2020 (11)：89 - 97.

[47] 关成华，袁祥飞，于晓龙. 创新驱动、知识产权保护与区域经济发展——基于 2007—2015 年省级数据的门限面板回归 [J]. 宏观经济研究，2018 (10)：86 - 92.

[48] 韩汉君，曹国琪. 现代产业标准战略：技术基础与市场优势 [J]. 社会科学，2005 (1)：15 - 21.

[49] 韩剑，冯帆，李妍. FTA 知识产权保护与国际贸易：来自中国进出口贸易的证据 [J]. 世界经济，2018，41 (9)：51 - 74.

[50] 韩秀成. 沧桑巨变：知识产权与改革开放四十年 [J]. 知识产权，2018 (9)：18 - 28.

[51] 韩玉雄，李怀祖. 关于中国知识产权保护水平的定量分析 [J]. 科学学研究，2005 (3)：377 - 382.

[52] 郝梦琪，王婷. 基于 LPI 指数的贸易便利化水平评价指标体系研究 [J]. 价格月刊，2019 (2)：84 - 90.

[53] 何莉. 中国对外贸易发展省际差异的空间统计分析 [J]. 统计与决策，2019，35 (18)：125 - 129.

[54] 何莉. 中国进出口贸易发展地区差距及其结构分解 [J]. 国际经贸探索，2007 (7)：28 - 32.

[55] 胡鞍钢. 中国特色自主创新道路 (1949 - 2012) [J]. 中国科学院院刊，2014，29 (2)：141 - 157.

[56] 胡方，曹情. 中国知识产权保护对出口贸易的影响及其地区差异——基于省级面板数据的实证研究 [J]. 国际商务 (对外经济贸易大学学报)，2016 (5)：66 - 75.

[57] 胡庆江，王泽寰. 基于层次分析法的沿海五省对外贸易可持续发展评价研究 [J]. 国际商务 (对外经济贸易大学学报)，2011 (4)：37 - 45.

[58] 黄汉民，孔令乾，鲁彦秋. 新中国成立 70 年来的外贸体制变迁：回顾与展望 [J]. 中南财经政法大学学报，2019 (5)：19 - 30，42，158.

［59］黄新华.制度创新的经济学理论［J］.理论学刊，2004（1）：32 - 36.

［60］贾怀勤，吴珍倩.我国贸易质量综合评价初探［J］.国际贸易，2017（4）：40 - 44.

［61］简新华，聂长飞.中国高质量发展的测度：1978—2018［J］.经济学家，2020（6）：49 - 58.

［62］蒋玉宏，单晓光.区域知识产权发展和保护绩效评价——指标体系与评价方法［J］.科技进步与对策，2009，26（22）：144 - 146.

［63］金碚.关于"高质量发展"的经济学研究［J］.中国工业经济，2018（4）：5 - 18.

［64］亢梅玲，冯静云，田子凤.出口贸易流量与知识产权保护——来自中国的经验分析［J］.商业研究，2016（1）：117 - 125.

［65］来特，王国顺.对外贸易评价体系的构建及我国对外贸易关系现状评析［J］.国际商务.对外经济贸易大学学报，2006（3）：11 - 18.

［66］李鸿阶，张旭华.对外贸易发展质量省际比较与提升路径选择——基于福建与广东、江苏、浙江比较［J］.福建论坛（人文社会科学版），2019（1）：187 - 194.

［67］李金昌，史龙梅，徐蔼婷.高质量发展评价指标体系探讨［J］.统计研究，2019，36（1）：4 - 14.

［68］李静晶，庄子银.知识产权保护对我国区域经济增长的影响［J］.科学学研究，2017，35（4）：557 - 564.

［69］李凯杰，曲如晓.中国对外贸易可持续发展影响因素的实证分析［J］.经济学家，2012（7）：53 - 61.

［70］李明生，何天祥.区域对外贸易可持续发展综合评价［J］.求索，2005（2）：8 - 11.

［71］李娜，陈伟，朱树林.知识产权保护对出口商品结构的影响研究——基于中、西部的区域比较［J］.湖北社会科学，2018（10）：50 - 55.

［72］李士梅，尹希文.知识产权保护强度对产业结构升级的影响及对策［J］.福建师范大学学报（哲学社会科学版），2018（2）：1 - 9.

［73］李伟.毛泽东对外贸易思想评议［J］.福建党史月刊，2009（20）：12 - 13.

[74] 李霞，邵建春. 中国知识产权保护对出口技术复杂度提升的异质性影响 [J]. 浙江学刊，2021 (1)：116-124.

[75] 李莹，沙文兵，董春卫. 基于混合模型的对外贸易可持续发展综合评价 [J]. 统计与决策，2017 (3)：160-163.

[76] 梁心新. 知识产权制度未来发展试析——基于辩证唯物主义观视角 [J]. 知识产权，2016 (1)：123-126.

[77] 林江. 论我国应对贸易摩擦预警指标体系的构建 [J]. 国外理论动态，2010 (5)：78-83.

[78] 林哲元. 从当代资本主义的四种对抗到新无产阶级——论齐泽克的革命主体论 [J]. 国外理论动态，2017 (7)：49-57.

[79] 刘刚. 工资增速超过劳动生产率的政治经济学解读——基于知识产权优势视角 [J]. 马克思主义研究，2016 (10)：75-85.

[80] 刘建国. 绩效衰退与企业创新行为——基于中国上市公司的实证分析 [J]. 南开管理评论，2017，20 (4)：140-152.

[81] 刘晋飞. 制造业跨境电商企业竞争力的指标体系构建与评估 [J]. 改革，2018 (5)：97-106.

[82] 刘莉，刘颖. 技术创新能力可以解释服务贸易与货物贸易的发展失衡吗？——基于全球价值链视角 [J]. 商业研究，2018 (9)：21-27.

[83] 刘强，孙青山.《民法典》知识产权条款立法研究——兼论“民商知合一”立法体例的构建 [J]. 中南大学学报（社会科学版），2020，26 (6)：62-74.

[84] 刘晴，胡甜甜，邵智. 交通基础设施对企业内外销关系的影响机制分析：基于新经济地理运输成本的视角 [J]. 世界经济研究，2020 (5)：17-33，135.

[85] 刘淑芳，杨虎涛. 新中国 70 年的系统回顾与展望——中国政治经济学界的研究 [J]. 政治经济学评论，2020，11 (3)：81-113.

[86] 刘亚军. 文化创意产业的知识产权保护 [J]. 社会科学辑刊，2015 (3)：60-65.

[87] 刘云开，郭雨笛. 新时代科技革命与知识产权研讨 [J]. 国际学术动态，2019 (1)：1-5.

[88] 逯进，刘璐，周惠民. 人口结构、产业发展与供求协同：系统耦

合与匹配视角 [J]. 现代财经（天津财经大学学报），2018，38（4）：61 - 74.

[89] 罗云，戴轶，蒋琳莉. 论经典马克思主义的国际贸易思想 [J]. 人民论坛，2020（Z1）：150 - 151.

[90] 马林静. 外贸高质量发展：内涵、路径及对策 [J]. 现代经济探讨，2020（7）：84 - 91.

[91] 马林静. 基于高质量发展标准的外贸增长质量评价体系的构建与测度 [J]. 经济问题探索，2020（8）：33 - 43.

[92] 马凌远. 知识产权保护与中国服务贸易进口增长 [J]. 科学学研究，2014，32（3）：366 - 373.

[93] 马一德. 创新驱动发展与知识产权战略实施 [J]. 中国法学，2013（5）：21 - 40.

[94] 马志桥，杨柠，胡豪，王一涛，阿尔帕提·沙迪克. 知识基础转移与传统产业转型：以新疆维吾尔医药产业为例 [J]. 科技进步与对策，2014，31（2）：144 - 148.

[95] 迈克尔·皮瑞曼，靳立新. 知识产权与马克思的价值理论 [J]. 国外理论动态，2004（8）：16 - 18，47.

[96] 毛群英. 衡量贸易竞争力的指标体系及评价方法探析 [J]. 经济管理，2008（3）：11 - 15.

[97] 聂长飞，简新华. 中国高质量发展的测度及省际现状的分析比较 [J]. 数量经济技术经济研究，2020，37（2）：26 - 47.

[98] 欧阳强，谢兮晨. 对外贸易可持续发展评价指标体系的构建及运用——以湖南省为例 [J]. 国际商务（对外经济贸易大学学报），2012（1）：15 - 25.

[99] 欧阳湘，石慧. 20 世纪 50 年代中国外贸格局的调适——以发展对资贸易政策为中心的历史考察 [J]. 党的文献，2020（3）：95 - 103.

[100] 逢先知. 毛泽东关于建设社会主义的一些思路和构想 [J]. 党的文献，2009（6）：29 - 43.

[101] 裴长洪，刘斌. 中国对外贸易的动能转换与国际竞争新优势的形成 [J]. 经济研究，2019，54（5）：4 - 15.

[102] 裴长洪，刘洪愧. 中国外贸高质量发展：基于习近平百年大变

局重要论断的思考 [J]. 经济研究, 2020, 55 (5): 4-20.

[103] 彭静, 顾国达. 区域对外贸易可持续发展指标体系研究——基于浙江省的实证分析 [J]. 商业经济与管理, 2010 (12): 46-50.

[104] 彭羽, 陈争辉. 中国 (上海) 自由贸易试验区投资贸易便利化评价指标体系研究 [J]. 国际经贸探索, 2014, 30 (10): 63-75.

[105] 蒲艳萍, 王玲. 我国对外贸易可持续发展能力的综合评价 [J]. 国际贸易问题, 2007 (7): 77-82, 88.

[106] 柴江艺, 许和连, 赖明勇. 知识产权保护与我国进口贸易结构转变 [J]. 科技进步与对策, 2011, 28 (5): 20-25.

[107] 柴江艺, 许和连. 知识产权政策的进口贸易效应: 扩张或垄断? ——基于中国高技术产品进口贸易的实证研究 [J]. 财经研究, 2011, 37 (1): 68-78.

[108] 曲维玺, 崔艳新, 马林静, 赵新泉. 我国外贸高质量发展的评价与对策 [J]. 国际贸易, 2019 (12): 4-11.

[109] 任洲鸿, 尹振宇. 知识产权的政治经济学分析: 以微笑曲线为例 [J]. 当代经济研究, 2016 (1): 71-76.

[110] 单晓光. 新一轮科技革命与中国的知识产权战略 [J]. 人民论坛·学术前沿, 2019 (13): 23-31.

[111] 单晓光. 中美贸易战中的知识产权问题分析 [J]. 人民论坛·学术前沿, 2018 (17): 18-26.

[112] 沈国兵, 储灿. 知识产权保护对一般贸易出口产品质量的影响——基于中国省级行业面板数据的实证分析 [J]. 浙江学刊, 2019 (5): 54-64.

[113] 沈国兵, 刘佳. TRIPS 协定下中国知识产权保护水平和实际保护强度 [J]. 财贸经济, 2009 (11): 66-71, 60, 136-137.

[114] 沈国兵, 姚白羽. 知识产权保护与中国外贸发展: 以高技术产品进口贸易为例 [J]. 南开经济研究, 2010 (3): 135-152.

[115] 盛斌, 魏方. 新中国对外贸易发展 70 年: 回顾与展望 [J]. 财贸经济, 2019 (10): 36-51.

[116] 盛斌. "稳中求进" 与中国对外贸易基本面 [J]. 人民论坛·学术前沿, 2019 (10): 28-33.

[117] 师博，任保平. 中国省际经济高质量发展的测度与分析 [J]. 经济问题，2018 (4)：1 - 6.

[118] 施炳展，方杰炜. 知识产权保护如何影响发展中国家进口结构 [J]. 世界经济，2020，43 (6)：123 - 145.

[119] 施炳展. 中国出口增长的三元边际 [J]. 经济学（季刊），2010，9 (4)：1311 - 1330.

[120] 宋伟良，王焱梅. 进口国知识产权保护对中国高技术产品出口的影响——基于贸易引力模型的扩展 [J]. 宏观经济研究，2016 (9)：162 - 175.

[121] 孙赫. 知识产权保护强度测量方法研究述评 [J]. 科学学研究，2014，32 (3)：359 - 365.

[122] 孙治宇，赵曙东. 对外贸易可持续发展评价指标体系研究——以江苏省为案例 [J]. 南京社会科学，2010 (6)：6 - 13.

[123] 谈萧. 评马克思的知识产权观 [J]. 云南大学学报（法学版），2011，24 (6)：65 - 70.

[124] 谭飞燕，张力，李孟刚. 基于国际竞争新优势的贸易强国指标体系构建与实证 [J]. 统计与决策，2019，35 (22)：27 - 31.

[125] 汤婧，夏杰长. 我国服务贸易高质量发展评价指标体系的构建与实施路径 [J]. 北京工业大学学报（社会科学版），2020，20 (5)：47 - 57.

[126] 唐保庆，韩守习，陈启斐. 知识产权保护制度促进服务业内部结构升级吗？[J]. 现代经济探讨，2018 (1)：69 - 79.

[127] 唐保庆，黄繁华，杨继军. 服务贸易出口、知识产权保护与经济增长 [J]. 经济学（季刊），2012，11 (1)：155 - 180.

[128] 唐保庆，黄繁华. 国际贸易结构、知识产权保护与国际 R&D 溢出效应 [J]. 财贸经济，2009 (9)：108 - 113.

[129] 唐保庆，吴飞飞. 知识产权保护、地方保护主义与区域间服务业结构发散 [J]. 经济学动态，2018 (7)：82 - 100.

[130] 唐海燕，程新章. 东道国知识产权保护对跨国公司直接投资的影响 [J]. 国际商务研究，2005 (4)：1 - 8.

[131] 唐礼智，邢春娜，刘玉. 知识产权保护的经济增长效应研究——

基于人力资本的验证 [J]. 南京社会科学, 2019 (3): 10 - 17, 25.

[132] 唐晓华, 张欣珏, 李阳. 中国制造业与生产性服务业动态协调发展实证研究 [J]. 经济研究, 2018, 53 (3): 79 - 93.

[133] 屠年松, 曹宇芙. 知识产权保护对服务业全球价值链地位的影响研究——基于 OECD 国家面板数据的实证研究 [J]. 软科学, 2019, 33 (6): 37 - 41, 48.

[134] 万君康, 李华威. 知识产权与贸易相关性的理论与实证分析 [J]. 国际经贸探索, 2005 (2): 35 - 39.

[135] 王国柱, 李建华. 中国特色社会主义知识产权法学理论研究 [J]. 当代法学, 2013, 27 (1): 3 - 13.

[136] 王海成, 吕铁. 知识产权司法保护与企业创新——基于广东省知识产权案件"三审合一"的准自然试验 [J]. 管理世界, 2016 (10): 118 - 133.

[137] 王希元. 创新驱动产业结构升级的制度基础——基于门槛模型的实证研究 [J]. 科技进步与对策, 2020, 37 (6): 102 - 110.

[138] 王雄元, 卜落凡. 国际出口贸易与企业创新——基于"中欧班列"开通的准自然实验研究 [J]. 中国工业经济, 2019 (10): 80 - 98.

[139] 魏浩, 李晓庆. 知识产权保护与中国创新企业的就业增长 [J]. 中国人口科学, 2017 (4): 41 - 53, 127.

[140] 魏浩. 知识产权保护强度与中国的高新技术产品进口 [J]. 数量经济技术经济研究, 2016, 33 (12): 23 - 41.

[141] 魏金义, 祁春节. 农业技术进步与要素禀赋的耦合协调度测度 [J]. 中国人口·资源与环境, 2015, 25 (1): 90 - 96.

[142] 魏敏, 李书昊. 新时代中国经济高质量发展水平的测度研究 [J]. 数量经济技术经济研究, 2018, 35 (11): 3 - 20.

[143] 文东伟, 冼国明, 马静. FDI、产业结构变迁与中国的出口竞争力 [J]. 管理世界, 2009 (4): 96 - 107.

[144] 翁润, 代中强. 知识产权保护对中国出口增长三元边际的影响研究 [J]. 当代财经, 2017 (2): 100 - 113.

[145] 巫景飞, 郝亮. 产业升级的制度基础: 微观视角下的理论分析与实证研究 [J]. 经济问题探索, 2016 (10): 57 - 65.

[146] 吴超鹏，唐菂. 知识产权保护执法力度、技术创新与企业绩效——来自中国上市公司的证据 [J]. 经济研究，2016，51 (11)：125 - 139.

[147] 吴汉东. 知识产权制度运作：他国经验分析与中国路径探索 [J]. 中国版权，2007 (2)：5 - 8.

[148] 夏先良. 知识产权天生论——与知识产权代价论、对价论和利益平衡论商榷 [J]. 财贸经济，2009 (8)：65 - 73，137.

[149] 向征，张晓辛. 中国省域知识产权保护能力研究 [J]. 技术经济与管理研究，2015 (11)：50 - 54.

[150] 徐明霞. 知识产权对制造业服务化转型升级的驱动：基于政治经济学属性特征的诠释 [J]. 科技进步与对策，2019，36 (6)：58 - 65.

[151] 许陈生，高琳. 我国知识产权保护与高技术产品进口 [J]. 国际商务 (对外经济贸易大学学报)，2012 (6)：36 - 46.

[152] 许春明，陈敏. 中国知识产权保护强度的测定及验证 [J]. 知识产权，2008 (1)：27 - 36.

[153] 许春明，单晓光. 中国知识产权保护强度指标体系的构建及验证 [J]. 科学学研究，2008 (4)：715 - 723.

[154] 许兴亚. 马克思经济学著作的"六册计划"与《资本论》——读《〈资本论〉续篇探索》一书的思考 [J]. 中国社会科学，1997 (3)：18 - 31.

[155] 杨朝均，杨文珂，李宁. 中国区域对外开放度的差异分解及空间收敛性研究 [J]. 研究与发展管理，2018，30 (1)：115 - 125.

[156] 杨丹辉. 新中国 70 年对外贸易的成就、经验及影响 [J]. 经济纵横，2019 (8)：2，26 - 37.

[157] 杨虎涛. 高质量经济活动：机制、特定性与政策选择 [J]. 学术月刊，2020，52 (4)：35 - 44.

[158] 杨虎涛. 数字经济的增长效能与中国经济高质量发展研究 [J]. 中国特色社会主义研究，2020 (3)：21 - 32.

[159] 姚利民，饶艳. 中国知识产权保护的水平测量和地区差异 [J]. 国际贸易问题，2009 (1)：114 - 120.

[160] 姚利民，饶艳. 中国知识产权保护地区差异与技术引进的实证

研究 [J]. 科学学研究, 2009, 27 (8): 1177 - 1184.

[161] 易继明, 初萌. 后 TRIPS 时代知识产权国际保护的新发展及我国的应对 [J]. 知识产权, 2020 (2): 3 - 16.

[162] 易靖韬, 蔡菲莹. 企业创新与贸易方式转型: 知识产权保护和贸易自由化的调节作用 [J]. 中国软科学, 2019 (11): 119 - 128.

[163] 易先忠, 张亚斌, 刘智勇. 自主创新、国外模仿与后发知识产权保护 [J]. 世界经济, 2007 (3): 31 - 40.

[164] 易先忠, 张亚斌. 技术差距、知识产权保护与后发国技术进步 [J]. 数量经济技术经济研究, 2006 (10): 111 - 121.

[165] 尹锋林, 肖尤丹. 以人工智能为基础的新科技革命对知识产权制度的挑战与机遇 [J]. 科学与社会, 2018, 8 (4): 30 - 40.

[166] 于明, 邱秀华. 毛泽东对外贸易统制政策理论及其现实意义 [J]. 毛泽东思想研究, 2003 (5): 50 - 52.

[167] 于鹏. 中国对外贸易市场结构优化研究 [J]. 国际经济合作, 2014 (4): 15 - 20.

[168] 于洋. 中国省际贸易流量再估算与区间分解 [J]. 中国经济问题, 2013 (5): 100 - 108.

[169] 余长林. 知识产权保护、东道国特征与出口贸易 [J]. 世界经济研究, 2010 (5): 39 - 44, 51, 88.

[170] 余长林. 知识产权保护如何影响了中国的出口边际 [J]. 国际贸易问题, 2015 (9): 43 - 54.

[171] 余长林. 知识产权保护与我国的进口贸易增长: 基于扩展贸易引力模型的经验分析 [J]. 管理世界, 2011 (6): 11 - 23.

[172] 余长林. 知识产权保护与中国企业出口增长的二元边际 [J]. 统计研究, 2016, 33 (1): 35 - 44.

[173] 余振, 王净宇. 中国对外贸易发展 70 年的回顾与展望 [J]. 南开学报 (哲学社会科学版), 2019 (4): 36 - 47.

[174] 喻志军, 姜万军. 中国对外贸易质量剖析 [J]. 统计研究, 2013, 30 (7): 25 - 32.

[175] 曾繁清, 叶德珠. 金融体系与产业结构的耦合协调度分析——基于新结构经济学视角 [J]. 经济评论, 2017 (3): 134 - 147.

［176］张军扩，侯永志，刘培林，何建武，卓贤．高质量发展的目标要求和战略路径［J］.管理世界，2019，35（7）：1－7.

［177］张俊山．对经济高质量发展的马克思主义政治经济学解析［J］.经济纵横，2019（1）：36－44.

［178］张伟，祝红霞，曹丹，张海英．知识产权概念新论［J］.科技管理研究，2006（2）：163－165，183.

［179］张夏准，郝正非．撤掉经济发展的梯子：知识产权保护的历史教训［J］.国际经济评论，2002（6）：16－22.

［180］张小宇，刘永富，周锦岚．70年中国对外贸易与经济增长的动态关系研究［J］.世界经济研究，2019，308（10）：5－16，68，136.

［181］张亚斌，易先忠．南方国家知识产权保护与南北经济收敛［J］.财经研究，2006（6）：132－143.

［182］张幼文．70年中国与世界经济关系发展的决定因素与历史逻辑［J］.世界经济研究，2019（7）：5－14，136.

［183］张玉敏．知识产权的概念和法律特征［J］.现代法学，2001（5）：103－110.

［184］张源媛，兰宜生．知识产权保护对我国高新技术产品进口的影响［J］.中国流通经济，2013，27（8）：113－118.

［185］赵多平，曹兰州，高楠．阿拉伯国家至宁夏入境旅游和进出口贸易耦合关系［J］.经济地理，2017，37（12）：226－231.

［186］中共中央、国务院关于推进贸易高质量发展的指导意见［N］.人民日报，2019－11－29（001）.

［187］周德田，冯超彩．科技金融与经济高质量发展的耦合互动关系——基于耦合度与PVAR模型的实证分析［J］.技术经济，2020，39（5）：107－115，141.

［188］周文，李思思．高质量发展的政治经济学阐释［J］.政治经济学评论，2019，10（4）：43－60.

［189］周艳梅．外商直接投资对我国制造业自主创新投入的影响［J］.技术经济与管理研究，2011（3）：43－46.

［190］朱启荣，言英杰．中国外贸增长质量的评价指标构建与实证研究［J］.财贸经济，2012（12）：87－93.

［191］朱树林. 知识产权保护对我国出口商品结构的影响研究 ［J］. 湖南大学学报 (社会科学版)，2013，27 (2)：61 - 67.

［192］朱艳丽，向欣宇，孙英楠. 中国省际知识产权保护空间关联网络研究 ［J］. 科技进步与对策，2020，37 (13)：54 - 63.

［193］Drahos Peter. A Philosophy of Intellectual Property ［M］. London：Taylor and Francis，2016.

［194］Amy Jocelyn Glass，Kamal Saggi. Intellectual property rights and foreign direct investment ［J］. Journal of International Economics，2002，56 (2)：387 - 410.

［195］Anderson J E. A Theoretical Foundation for the Gravity Equation ［J］. American Economic Review，1979，69 (1)：106 - 116.

［196］Awokuse T O，Yin H. Do Stronger Intellectual Property Rights Protection Induce More Bilateral Trade? Evidence from China's Imports ［J］. World Development，2010，38 (8)：1094 - 1104.

［197］Baldwin R，Taglioni D. Gravity for Dummies and Dummies for Gravity Equations ［J］. NBER Working Papers，2006.

［198］Barro R J，Sala - I - Martin X. Technological Diffusion，Convergence，and Growth ［J］. Journal of Economic Growth，1997，2 (1)：1 - 26.

［199］Branstetter L，Fisman R，Foley C F，et al. Intellectual Property Rights，Imitation，and Foreign Direct Investment：Theoryand Evidence ［J］. NBER Working Papers，2007.

［200］Chin J C，Grossman G M. Intellectual Property Rights and North - South Trade ［J］. Social ence Electronic Publishing，1988，13：87 - 92.

［201］Chudi. C. Nwabachili，Chioma O. Nwabachili. Intellectual Property Rights and Economic Development ［J］. Journal of Economics and Sustainable Development，2015，6 (14)：216 - 219.

［202］Co C Y. Do Patent Rights Regimes Matter? ［J］. Review of International Economics，2010，12 (3)：359 - 373.

［203］Coase R H. The Problem of Social Cost ［J］. Journal of Law and Economics，2013，4：837 - 877.

［204］Coe，Boffmaister. North South Spillovers ［J］. Economic Journal，

1997 (107): 134 – 149.

[205] Das. Externalities and Technology Transfer through Multinational Corporations: A Theoretical Analysis [J]. Journal of International Economics, 1987 (22): 171 – 182.

[206] David Hummels, Peter J Klenow. The Variety and Quality of a Nation's Exports [J]. American Economic Review, 2005, 95 (3): 704 – 723.

[207] Debasis Mondal, Manash Ranjan Gupta. Innovation, Imitation and Intellectual Property Rights: A Note on Helpman's Model [J]. Journal of Economics, 2006, 87 (1): 29 – 53.

[208] Ferrantino M. The Effect of Intellectual Property Rights on International Trade and Investment [J]. Weltwirtschaftliches Archiv, 1993, 129 (2): 300 – 331.

[209] Fink C, Braga C. How Stronger Protection of Intellectual Property Rights Affects International Trade Flows [J]. Policy Research Working Paper, 1999.

[210] Ginarte J C, Park W G. Determinants of Patent Rights: A Cross – National Study [J]. Research Policy, 1997, 26 (3): 283 – 301.

[211] Grossman G, Lai E. International Protection of Intellectual Property [J]. The American Economic Review, 2004, 94 (5): 1635 – 1653.

[212] Hansen B E. Threshold effects in non-dynamic panels: Estimation, testing, and inference [J]. Journal of Econometrics, 1999, 93 (2): 345 – 368.

[213] Helpman E. Innovation, Imitation, and Intellectual Property Rights [J]. Econometrica, 1993, 61 (6): 1247 – 1280.

[214] Ishac Diwan, Dani Rodrik. Patents, appropriate technology, and North – South trade [J]. Journal of International Economics, 1991, 30 (1 – 2): 27 – 47.

[215] James E Anderson, Eric van Wincoop. Gravity with Gravitas: A Solution to the Border Puzzle [J]. American Economic Review, 2003, 93 (1): 170 – 192.

[216] Keith E. Maskus and Mohan Penubarti. How trade-related are intellec-

tual property rights? [J]. Journal of International Economics, 1995, 39 (3): 227 - 248.

[217] Keller, Wolfgang. Trade and the Transmission of Technology [J]. Journal of Economic Growth, 2002 (7): 5 - 24.

[218] Kenneth J. Arrow. The Economic Implications of Learning by Doing [J]. The Review of Economic Studies, 1962, 29 (3): 155 - 173.

[219] Krugman, P. Scale Economics, Product Differentiation and the Pattern of International Trade [J]. American Economic Review, 1980, 70: 950 - 959.

[220] Lee K, Lim C. Technological regimes, and leapfrogging: Findings from the Korean industries [J]. Research Policy, 1999, 30 (3): 459 - 483.

[221] Lei Yang, Keith E, Maskus. Intellectual property rights, technology transfer and exports in developing countries [J]. Journal of Development Economics, 2008, 90 (2): 231 - 236.

[222] Marrewijk, C van, J Stibora, AdeVaal, J M Viaene. Producer Services, Comparative Advantage, and International Trade Patterns [J]. Journal of International Economics, 1997, 42: 195 - 220.

[223] Maskus K E. Intellectual Property Rights and Economic Development [J]. Case Western Reserve Journal of International Law, 2000, 32 (3): 471 - 506.

[224] Michael J. Ferrantino. The effect of intellectual property rights on international trade and investment [J]. Weltwirtschaftliches Archiv, 1993, 129 (2): 300 - 331.

[225] Mowery D, Rosenberg N. The influence of market demand upon innovation: A critical review of some recent empirical studies [J]. Research Policy, 2006, 8 (2): 102 - 153.

[226] Munshifwa E K, Mooya M M. Property rights and the production of the urban built environment, Evidence from a Zambian city [J]. Habitat International, 2016, 51: 133 - 140.

[227] Pamela J Smith. Are weak patent rights a barrier to U. S. exports? [J]. Journal of International Economics, 1999, 48 (1): 151 - 177.

［228］ Rafiquzzaman M. The impact of patent rights on international trade：Evidence from Canada ［J］. Canadian Journal of Economics/revue Canadienne Déconomique, 2002, 35 (2): 307 –330.

［229］ Rapp R T, Rozek R P. Benefits and costs of intellectual property protection in developing countries ［J］. Journal of World Trade, 1990, 24 (5): 75 – 102.

［230］ Robert L. Ostergard. The Measurement of Intellectual Property Rights Protection ［J］. Journal of International Business Studies, 2000, 31 (2): 349 – 360.

［231］ Rogers. Informatization, Globalization, and Privitization in the New Millenium ［J］. Asian Journal of Communication, 2000, 10 (2): 71 –92.

［232］ Romer P M. Endogenous Technological Change ［J］. Nber Working Papers, 1989, 98 (98): 71 –102.

［233］ Romer P M. Increasing returns and long-run growth ［J］. Journal of Political Economy, 1986, 94 (5): 1002 –1037.

［234］ Schmitz, Knotringa. Learning from Global Buyers ［J］. Journal of Development Studies, 2000, 37 (2): 177 –205.

［235］ Taylor M S. TRIPS, trade, and technology transfer ［J］. The Canadian Journal of Economics, 1993, 26 (3): 625 –637.

［236］ Thomas O. Bayard. Aggressive unilateralism：America's 301 trade policy and the world trading system: Jagdish Bhagwati and Hugh T. Patrick, eds. , (University of Michigan Press, Ann Arbor, 1990) pp. xii +268, $ 14.95. ［J］. Journal of International Economics, 1991, 31 (3 –4): 387 –389.

［237］ Titus O, Awokuse, Hong Yin. Does Stronger Intellectual Property Rights Protection Induce More Bilateral Trade? Evidence from China's Imports ［J］. World Development, 2009, 38 (8): 1094 –1104.

［238］ Wagner B J. Export Entry and Exit by German Firms ［J］. Weltwirtschaftliches Archiv, 2001, 137 (1): 105 –123.

［239］ Zhang W J. The "Sophistication" of Exports: A New Measure Of Product Characteristics ［J］. QEH Working Papers, 2005, 34 (2): 222 –237.

后　记

　　本书以我的博士论文为基础，通过不断修改而成稿，从开始修改此论文，我就一直很期待开启后记环节，好像一直也在思考后记需要添加的内容。每每在看书时，我都会顺便看一看作者的后记，想了解作者写书的初衷和感想。但是，时至今日，当我开始书写后记部分的时候，脑海中瞬间呈现出一帧一帧的、不断播放的回忆画面，这些画面仿佛既清晰又模糊，使我一下子不知道应该从哪里开始。

　　还记得2018年9月刚开始博士阶段的学习生活时，我的恩师杨虎涛教授组织同学们开读书会的情景，老师精选了《资本的限度》等书中的章节，给大家示范怎样精读、怎样思考，使大家真正明白只有通过大量阅读才可能与大师名家的思想产生碰撞，边读边要总结记录自己的想法，为后续的学习、工作打基础，这样的读书会对于我来说，真的像及时雨一样珍贵。同时，杨老师还根据每位同学的学习背景，推荐了不同的书目与期刊，鼓励大家坚持不懈地进行文献阅读。于细微处见真章，我每每想起这些，都觉得杨老师将自己实践总结的学术经验都无私地分享、讲授给学生，真的很伟大。随后，我的小论文的撰写、大论文的撰写，都是在杨老师科学而有计划的指导下进行的。特别是我开始写大论文的时候，老师身处疫情严重的武汉，但依然不间断地进行科研，还鼓励学生们在家也努力学习。在我写作过程中，每每遇到困难，不断否定自己的时候，杨老师都会以欣赏的眼光、鼓励的语言帮助我再次充满信心地继续写，还会针对我的问题和不足推荐相应的文献和书籍，使我少走了很多弯路；大到论文框架逻辑小到每一章节的标点符号，杨老师都逐字逐句地进行过批阅修改，有的部分修改了很多遍。尤其我是理科出身，思维跳跃，理论基础薄弱，文笔不好，但是老师每次都很宽容，每次给予我的都是鼓励和无私帮助，能成为杨门学子，深感荣幸。杨老师，深深地感谢您！

在武汉的三年中，优雅智慧的朱巧玲老师为我树立了一个完美而努力的优秀女性榜样，感谢朱老师在我心里种下了一颗要优雅生活、努力工作的种子。还要感谢博学的曾繁华老师、儒雅的尹汉宁老师，也要感谢在学习过程中讲授知识和提供帮助的所有授课老师和辅导员老师，谢谢他们辛勤的付出。

感谢一直包容我的室友蕾姐、博学的石磊、活泼的雨荷和稳重的钟哥，感谢同门师兄弟蕴琦、鹏程、鹏辉和大勇，还有在写论文过程中互相鼓励互相取暖的婷婷、晓玲、玉姣、永芹、江花、晓慧，感谢大家给予我的每一次鼓励与帮助。

特别要感谢我的家人，感谢爸爸妈妈放弃了自己的爱好和时间一直帮我照顾孩子，感谢丈夫一直以来的付出，感谢妹妹妹夫的鼎力支持，也感谢家里小朋友的理解。在此，深深地表示感谢！

感谢宁夏大学马克思主义学院的各位领导，特别是范映渊院长、党锐锋书记的鼓励和支持，还有学院每一位善良、真诚的同仁的帮助。

正如杨老师所说的，科研之路才开始，以后要更加的努力。

刘淑芳

2022 年 1 月 9 日